本书为国家社会科学基金西部项目《中国莽人社会文化变迁研究》（11XMZ063）的最终成果

莽人的社会文化变迁

——基于仪式的人类学研究

方明 著

中国社会科学出版社

图书在版编目（CIP）数据

莽人的社会文化变迁：基于仪式的人类学研究 / 方明著 . —北京：中国社会科学出版社，2017.8

ISBN 978 - 7 - 5161 - 9517 - 8

Ⅰ.①莽… Ⅱ.①方… Ⅲ.①布朗族 - 仪式 - 少数民族风俗习惯 - 研究 - 金平苗族瑶族傣族自治县 Ⅳ.①K892.361

中国版本图书馆 CIP 数据核字（2016）第 325549 号

出 版 人 赵剑英
责任编辑 宫京蕾
责任校对 秦 婵
责任印制 李寡寡

出　　版　中国社会科学出版社
社　　址　北京鼓楼西大街甲 158 号
邮　　编　100720
网　　址　http://www.csspw.cn
发 行 部　010 - 84083685
门 市 部　010 - 84029450
经　　销　新华书店及其他书店

印刷装订　北京君升印刷有限公司
版　　次　2017 年 8 月第 1 版
印　　次　2017 年 8 月第 1 次印刷

开　　本　710 × 1000　1/16
印　　张　18
插　　页　2
字　　数　326 千字
定　　价　79.00 元

献给远在天国的父、母亲

——方伯送、胡国枝

目 录

第一章 导论

一切文化总是处在适应外力与内力作用的变动之中，也就是说文化变迁是社会文化的常态。而若要确切定义社会文化变迁，则无疑是一项严峻的挑战工作，因为该定义既不能过于狭隘，又不可过于模糊。有鉴于此，只要我们心中明了社会文化变迁无所不包，不如暂且悬置定义，直接面对研究主题。

在社会文化变迁的著作中，我偏爱科塔克（Kottak）的《远逝的天堂》①。他以长期的田野调查为基础，简明扼要又形象生动地描述了巴西阿伦贝皮（Arembepe）村庄40余年的社会变迁。但如此长期的田野调查实属不易，替代之法可采用再研究（restudy），即后人对前贤的田野调查点进行后续研究，以期展开学术对话。这方面的经典案例很多，如韦娜（Weiner）对马林诺夫斯基（Malinowski）在特罗布里恩群岛（Trobriand Islands）的再研究，修正了马林诺夫斯基对特罗布里恩人的政治经济状况与交换体系的认知②。这一范本给我诸多启示，并因机缘选择云南省红河哈尼族彝族自治州金平苗族瑶族傣族自治县（以下简称红河州、金平县）的特有族群——莽人③而欣喜。

莽人是我国少数民族中人口最少的一个跨境族群，现有750余人。新中国成立前尚处于简单社会之中，主要以刀耕火种维生，辅之以采集狩猎。直至20世纪50年代末期才结束游耕游居，"直接过渡"到社会主义社会，逐步开始并村定耕生产；在"全国一盘棋"的局势下，成立互助组与合作社；1981年实行土地家庭联产承包责任制后，又在市场经济体

---

① Conrad Phillip Kottak, *Assault on Paradise*：*Social Change in a Brazilian Village*, New York：Random House, 2004.

② Annette Weiner, *The Trobrianders of Papua New Guinea*, New York：Holt, Rinehart and Winston, 1988.

③ 莽人有芒人、岔满、插满、曼人等多种用语，除引用文献时以原文用名外，其他均统一为莽人。

系中浮沉。以莽人村寨为田野点，以莽人为研究对象，研究其社会文化变迁一定别有意义，也会有诸多新的发现。

第一节　问题的提出

生活在中越边境的莽人极为特殊，在语言学分类上，莽语不同于邻近的拉祜族、瑶族、哈尼族、苗族、彝族的语言。与前述民族相比，在风俗习惯上莽人亦彰显自身的文化特色。更因地处西南边疆，经历过傣族土司与国民党的统治，1957年中共民族工作队深入苦聪人地区之时，才"顺便"访问了莽人村寨，这也充分反映在20世纪60年代之后的莽人研究上（详见后文文献回顾）。阅读这些文献，我既被其文化特色所吸引，又对一些表述不一而产生迷惑。俗话说兴趣是最好的老师，带着好奇与疑惑，我决定前往莽村进行研究。

自马林诺夫斯基开创"科学民族志"以降，撰写民族志成为人类学者的基本学术追求。然而在我国的知识体系中，民族志的生产却一直差强人意，正如高丙中指出的，"在中国现代学术的建构中，民族志的缺失造成了社会科学知识生产的许多缺陷""没有民族志，没有民族志的思想方法在整个社会科学中的扩散，关于社会的学术就难以'说事儿'，难以把'事儿'说得有意思，难以把琐碎的现象勾连起来成为社会图像，难以在社会过程中理解人与文化"[1]。而民族志生产的基点在于田野调查，前贤对此多有论述，如费孝通所言，"为了对人们的生活进行深入细致的研究，研究人员有必要把自己的调查限定在一个小的社区单位内来进行。这是出于实际的考虑。调查者必须容易接近被调查者，以便能够亲自进行密切的观察。另一方面，被研究的社会单位也不宜太小，它应能提供人们社会生活的较完整的切片"[2]。我认为莽人符合前引费先生的两个标准，即莽人为一个仅有数百人的族群，聚居在相隔不远的四个村落[3]，保存着较

---

[1]　高丙中：《汉译人类学名著丛书·总序》，载E.E.埃文思－普里查德《阿赞德人巫术、神谕和魔法》，覃俐俐译，商务印书馆2006年版，第3页。

[2]　费孝通：《江村经济——中国农民的生活》，商务印书馆2006年版，第24页。

[3]　经过多次组合，1973—2008年为南科新寨（1997年迁址并村改名为龙凤村）、坪河中寨、坪河下寨、雷公打牛村；2008年实施莽人扶贫工程，龙凤村就地改造，坪河中寨与坪河下寨迁址并村为平和村，雷公打牛村迁址改名为牛场坪村，详情参见第二章第二节。在并村后，原坪河下寨的村民基本生活在原村，故仍视为一个村寨，但在统计时纳入平和村，特此说明。

为完整的传统文化切片，可以呈现一份"抢救民族志"；又正处于急遽变迁的时代，是展示文化变迁的理想"标本"。于是我毅然决然地进入莽人村寨，进行田野调查。我曾将此视为一次浪漫之旅，具有良好的可操作性，因为自认为具备天时、地利与人和的优势。

一 选题的可操作性

以莽人为研究对象、以莽人聚居的村寨为田野点具有天时、地利与人和之便。

"来得早不如来得巧"的俗语道破了研究难得的机遇，而我的田野调查恰逢其时——开始实施莽人扶贫工程（2008—2012 年）。这一工程的主要目标是帮助莽人脱贫致富，达到当地群众中等以上的生活水平。为完成这一目标，实施三步走的策略：第一步是用两年时间基本完成有关基础设施建设与基本解决温饱问题。第二步是再用一年时间，全面实现"四通五有三达到"，即通路、通电、通广播电视、通电话；有学校、有卫生室、有安全人畜饮水设施、有安居房、有稳定解决温饱的基本农田；农民人均有粮、人均纯收入和九年义务教育普及率达到国家扶贫开发纲要和"两基"攻坚计划要求、进一步提高综合素质与夯实可持续脱贫的产业基础。第三步是再用两年左右的时间，通过各类政策的统筹落实，全面实现扶持莽人发展目标，达到当地群众的中等生活水平①。该项工程的实施，势必对莽人的传统文化产生一定的冲击，因此站在历史的拐点往前追溯，抢救其传统文化就极其紧迫；审视当下，得以洞察其社会文化的变迁；或许还可以思考未来——莽人的生存与发展。

从 2008 年 8 月任职于红河学院后，我即举家迁居于红河州府所在地蒙自县②，县城距离莽人村寨 250 千米左右，便于多次进行田野考察。我也因之不仅得以参与莽人全年重要的生产活动，而且观察到他们的节日庆典、婚丧嫁娶、叫魂撵鬼等仪式。我在田野中不期遇见另外两名莽人研究者，他们对此艳羡不已③。

在本研究立项之前，我即已阅读大量相关文献，并多次前往莽人村寨

① 改写自云南省人民政府文件云政发〔2008〕111 号。
② 2011 年 1 月 1 日改为蒙自市。
③ 在田野调查中，我曾遇见一位博士研究生与一位硕士研究生，他们均以莽人为研究对象，在莽人村寨的调查时间均不长。

进行长短不一的田野调查，由此不仅结识地方学者晏红兴①、金平县莽人扶贫办公室及驻村的有关工作人员，而且与科塔克相似，也逐渐与研究对象的莽人建立投契，成为朋友。他们的无私帮助给予我完成该项目莫大的信心。

二　聚焦研究主题

2011 年 9 月 27 日我参加"金平县莽人扶贫工程表彰大会"后返回家中，至此我的田野工作大体告一段落。此后一边整理田野资料，一边撰写与修改数篇关于莽人的论文。2011 年 12 月 15 日我以"中国莽人社会文化变迁"为题在云南省社会科学院召开专家论证会，我的预期成果为 4—8 篇相关论文、1 部专著与 1 部纪录片。5 位与会专家在仔细听取我的陈述后一致认为：①拍摄 1 部纪录片不"靠谱"，叮嘱我要将有限的精力与难得的经费用于深入研究；②原题内容涉及居住空间、经济生活、社会结构、信仰与医疗、语言与教育、娱乐休闲、生命仪礼等诸多方面，这过于庞杂，难以驾驭；③围绕主题进行深入研究，又要便于操作，因而与其面面俱到地泛泛而谈，不如缩小范围，以某一具体的主题切入，深入讨论。

经过他们的点拨与自身的思考②，我欣然地接受专家们的建议，终将主题聚焦于仪式生活，并将题目改为"莽人的社会文化变迁——基于仪式的人类学研究"。

确定主题后思考如何"论"这个问题。田汝康的书与王建新的论文启发我如何讨论这一主题：田汝康的《芒市边民的摆》③ 是我最喜爱的书籍之一，该书文字优美耐读，通过对芒市那木寨"做摆"仪式的研究，不仅展示了摆夷（即傣族）的社会文化图像，而且揭示了做摆即为摆夷社会运行的逻辑④；王建新指出，虽然中国宗教人类学在近 20 年来有些进步，"但专题专著型的宗教民族志研究却不多见"⑤、"较少立足于田野

---

① 金平县文化产业办公室科员，我称呼他为晏老师。

② 鉴于"马尔库斯（Macus）和费彻尔（Fisher）注意到仪式的描述与分析已经成为组织民族志文本的流行手段"（Catherine Bell, Ritual Theory, Ritual Practice. New York；Oxford Uniuersity Press, 1992, p. 15.），及莽人仪式研究的缺失，我终于确定主题。

③ 该书最初为手工刻写的油印本，书名为《摆夷的摆》，1946 年由重庆商务印书馆出版时改为现名。

④ 田汝康：《芒市边民的摆》，云南人民出版社 2008 年版，第 99 页。

⑤ 王建新：《宗教民族志的视角、理论范式和方法——现代人类学研究诠释》，《广西民族研究》2007 年第 2 期。

调查、以新鲜事例挖掘和理论方法开发为目的的宗教民族志研究"①。为此我不揣浅陋,以"实干状态"进行尝试②。在本研究中我将努力完成主次两个目标,即主要目标是通过信仰与仪式,呈现莽人的文化图像,为学术界提供一部反映莽人文化变迁的宗教民族志、为社会科学界提供"社会事实",从而得以较为全面地认识莽人并理解其文化;次要目标是将莽人仪式生活中的"交换"置于人与人、人与鬼的交互网络中思考,认为这种交换实则维系了莽人的日常生活,也是他们日常生活的一部分,而这些交换的实践逻辑是通过互惠性交换以应对社会风险。为了读者明白易懂,我的叙述将走向历史现场,即在现代民族国家与时代变迁的脉络中"说事儿",以"当地人的内部眼光"来铺陈莽人具体的仪式生活。此外"一个主要仪式的象征,它的参与者自己对有关方面的行为都无法解释,甚至事实上,他们对此习而不察"③,因此我将对其象征与意义进行必要的阐释,以便读者理解该仪式文化。当然我会遵循"意义二分的原则",即区分"被研究对象头脑中的意义与人类学者头脑中用术语或理论表达的意义"④,因为"人类学者是文化的阐释者,而阐释不应被误认为原意"⑤。

本研究以讨论莽人的社会文化变迁为主题,从信仰与仪式切入,基本立场是以"全貌观"(holistic view)为统摄,在历史现场的脉络中描述莽人的仪式生活,并试图揭示其中的核心在于"交换"。换言之,交换、信仰、仪式从内而外构成了莽人的一种社会结构,成为他们日常生活的重要部分。从20世纪60年代以来,以莽人为主题的人类学调查报告、论文、专著已经累积相当的数量,但其中对信仰与仪式的直接讨论却十分有限。在下一节的文献回顾中,我将详细地回应这一问题。

---

① 王建新:《宗教民族志的视角、理论范式和方法——现代人类学研究诠释》,《广西民族研究》2007年第2期。

② 同上。

③ Victor Turner, *The Forest of Symbols: Aspects of Ndembu Ritual*, New York: Cornell University Press, 1967, p. 27.

④ Manning Nash, *The Golden Road to Modernity: Village Life in Contemporary Burma*, Chicago: the Chicago University Press, 1973, p. 316.

⑤ Fiona Bowie, *The Anthropology of Religion: An Introduction*, Oxford: Blackwell Publishers Ltd, 2000, p. 11.

第二节　文献回顾

英国伟大的科学家牛顿（Newton）爵士（1643—1727）将自己的成功之道归结为"如果说我比别人看得略微远些，那是因为我是站在巨人们的肩膀上的缘故"。任何研究，不管是否有所超越，皆离不开前人的成果，本研究亦是如此。学术史的回顾有益于拓展研究视野，有助于我们了解研究对象，有利于明晰问题意识。本节内容分为关键词与莽人研究述评两部分。

一　关键词

社会文化变迁是人类学研究的经典主题，宗教问题是其中的主要议题之一，但是宗教的定义却依然见仁见智，不过以"信以为真"为前提、与仪式密切相关则是共识，如马林诺夫斯基将宗教视为"一种模式行为及信仰体系"[1]；华莱士（Wallace）将宗教定义为"与超自然存在、威力、强力有关的信仰与仪式"[2]，并指出仪式与宗教之间的关系是"仪式是行动的宗教……仪式完成宗教所要做的事情"[3]。本书是讨论莽人的信仰与仪式及其实践逻辑的宗教民族志，涉及莽人、信仰、仪式、交换四个关键词。其中莽人与信仰在后文分列专章讨论，现仅定义仪式与梳理仪式交换的相关研究。

（一）仪式

同宗教一样，仪式的定义也是众说纷纭。以人类学学科发展脉络而论，其定义由狭义的专指制度化宗教的仪礼及其活动，转向涵盖普化宗教乃至任何人类行为的广义范畴。如特纳（Turner）注重信仰与仪式的规范行为，他将仪式定义为"虽未放弃技术路线，却参照神秘的人物或力量

---

[1] Bronislaw Malinowski, *Argonauts of the Western Pacific: An Account of Native Enterprise and Adventure in the Archipelagoes of Melanesia*, Illinois: Waveland Press, 1984, p. 24.

[2] Anthony F. C. Wallace, *Religion: An Anthropological View*, New York: Random House, 1966, p. 5.

[3] Anthony F. C. Wallace, *Religion: An Anthropological View*, New York: Random House, 1966, p. 102.

之信仰来应对特定场合的既定正式行为"①。坦比亚(Tambiah)则突出仪
式的沟通作用,他指出仪式是"文化建构的象征交流系统。它由确定的
话语和行为构成,常以多种媒介表达,其内容和安排通过正式(常规)、
刻板(固化)、浓缩(融合)和冗余(重复)的程度不同而彰显特点"②。
而巴菲尔德(Barfield)的仪式范畴广泛,"不仅包括明确的宗教行为,也
包括诸如节日、游行、成年礼、游戏、问候等行为"③。与巴菲尔德模糊
的仪式分类相比,贝尔(Bell)明确提出将仪式分为六类,即过渡仪礼或
生命仪礼;历法和纪念仪礼;交换和圣餐仪礼;磨难仪礼;宴会、禁食与
节日仪礼;政治仪礼④。根据仪式展演的不同,丽贝卡·斯坦因(Rebec-
ca L. Stein)和菲利普·斯坦因(Philip L. Stein)分为说明性的与情境性
的仪式,又借鉴华莱士的成果,进一步分为技术性仪式、治疗仪式、意识
形态仪式、过渡仪礼、身体改变、救赎仪式、复振仪式和朝圣⑤。借鉴上
述仪式定义与分类,结合田野调查中获取的资料,将本书中使用的仪式定
义为,与人和非人进行交流的模式化行为,包括岁时祭仪、节日庆典、生
命仪礼与疫病防治仪式等内容。

(二)交换

人类学关于交换的研究已经累积丰硕的成果,若说美拉尼西亚地区为
中心并不为过,如新几内亚高地的莫卡(moka)、圣克鲁斯红色羽毛的
"钱"贸易等⑥。马林诺夫斯基不仅描写特罗布里恩岛人库拉(Kula)的
仪式交换与不同物品间的交换,也兼及一般用品或服务与同类物品间的交
换⑦。其研究激起其后的人类学者对该主题的持续讨论,至今不衰。莫斯

---

① Victor Turner, *The Forest of Symbols*: *Aspects of Ndembu Ritual*, New York: Cornell University Press, 1967, p. 19.

② Stanley J. Tambiah, *A Performative Approach to Ritual*, London: The British Academy and Oxford University Press, 1979, p. 119.

③ Thomas Barfield, *The Dictionary of Anthropology*, Oxford: Blackwell, 1997, p. 410.

④ Catherine Bell, *Ritual*: *Perspectives & Dimensions*, New York: Oxford University Press, 2009, p. 94.

⑤ Rebecca L. Stein&Philip L. Stein, *The Anthropology of Religion*, *Magic*, *and Witchcraft*, Boston: Pearson Education Inc, 2008, pp. 81 – 99.

⑥ Patrick V. Kirch, "Prehistoric Exchange in Western Melanesia" *Annual Review of Anthropology*, Vol. 20, 1991, pp. 141 – 165.

⑦ Bronislaw Malinowski, *Argonauts of the Western Pacific*: *An Account of Native Enterprise and Adventure in the Archipelagoes of Melanesia*, Illinois: Waveland Press, 1984.

（Mauss）更是开启了人类学交换理论研究之先河①，他将简单社会中的这种生产与交换称为"礼物经济"；解释人们务须回礼在于"礼物之灵"，其意并非"礼物"本身，而是欲图揭示礼物交换后"人与人之间的关系和整个社会的道德法则"；正是由于礼物与商品之间的对立，他倡议现代社会应该回归古式的基本道德。为了回应莫斯的"礼物之灵"一说，马林诺夫斯基论证"互惠"（reciprocity）或者"馈赠－接受"原则才是美拉尼西亚社会的基础②；费思（Firth）认为莫斯误解毛利（Maori）人的"豪"（hau），互惠才是新西兰毛利人的行动指南③；萨林斯（Sahlins）认为莫斯以先入之见去理解"豪"，并忽略其经济意义；在论证互惠为简单社会的普遍性原则后，进而概括出交换的三种类型：一般互惠、均衡互惠和否定性互惠④。与他人的质疑不同，王铭铭肯定莫斯人物混融的观念实则超越了礼物本身，指出其试图从道德、经济社会学与政治经济学、一般社会学三方面对西方社会中出现的问题提出对策；却又因其"社会中心论"受到一定的局限⑤。深受韦娜的启发⑥，古德利尔（Godelier）的《礼物之谜》才是对礼物交换理论的集大成之作⑦。该书肯定莫斯交换理论的贡献，也梳理后人对其疏漏的批评；在此基础上，他从赠人之物与赠神之物两个维度展开论述，进而提出礼物之谜或许在于社会生存条件。近年来国内学界对这一主题的研究不乏精彩之作，如褚建芳的研究全面展现傣族的仪式生活，分析傣族社会文化的经济伦理与等级秩序，进而揭示其运行逻辑为道义互惠⑧；而郑宇指出"仪式交换不仅是传统的，也是现代的"⑨。上述研究不乏创见，却多聚焦于交换中的物质流动，而忽略交换的多种形态，

---

① Marcel Mauss, *The Gift: The Form and Reason for Exchange in Archaic Societies*, (W. D. Halls, trans.), New York: W. W. Norton, 1990.

② Bronislaw Malinowski, *Crime and Custom in Savage Society*, Paterson, N. J.: Littlefield, Adams, 1962.

③ Raymond Firth, *Economics of the Zealand Maori*, Wellington: Government Printer, 1959.

④ Marshall Sahlins, *Stone Age Economics*, Chicago: Aldine－Atherton, 1972, pp. 191－210.

⑤ 王铭铭：《物的社会生命？——莫斯〈论礼物〉的解释力与局限性》，《社会学研究》2006年第4期。

⑥ Annette Weiner, *Inalienable Possessions: The Paradox of Keeping－While－Giving*, Berkeley: University of California Press, 1992.

⑦ Maurice Godelier, *The Enigma of the Gift*, Chicago: Chicago University Press, 1998.

⑧ 褚建芳：《人神之间：云南芒市一个傣族村寨的仪式生活、经济伦理与等级秩序》，社会科学文献出版社2005年版。

⑨ 郑宇：《箐口村哈尼族社会生活中的仪式与交换》，云南人民出版社2009年版，第266页。

如劳动互助、情感抚慰。本研究将借鉴前述成果,在描述仪式生活的基础上,对仪式中的多种交换形式略加考察,试图揭示仪式的实践逻辑。

在过去一百多年中,人类学仪式研究大体有两种研究路径:"其一是对古典神话和仪式的诠释;其二是对仪式的宗教渊源和社会行为的探讨……社会文化人类学的仪式研究趋向于把带有明确宗教意义和喻指的仪式作为具体的社会行为来分析,进而考察其在整个社会结构中的位置、作用和地位。"① 与前贤略有不同,本书旨在通过描述仪式行为以再现莽人的文化图像,在此基础上分析该文化、转译其意义,并进而讨论该文化的运行逻辑之谜,从而呈现莽人的社会文化变迁。

二 莽人研究

通过个人所掌握的资料评述前贤对莽人的有关研究,以期深化对研究对象的认识,从而确定本研究的主要内容。

我所见确切记载莽人的最早史料为 1932 年《云南省金河设治区通志资料》,其中记录"金河第二区岔满 8 户"②。而调查研究则始自宋恩常,他于 1960 年 4 月 14—25 日对金平县第三区普角乡定居在南科的 19 户和草果坪的 6 户莽人进行调查,并出版成果③。此后众多国内外学者加入研究莽人的行列,并取得丰硕的成果。其中有些问题已达成共识,如除自称莽人外,尚有其他多种他称;属于南亚语系的莽语为族内交流的通用语言;曾经以刀耕火种维生;五大姓氏各有其图腾;女性有文嘴之俗,并在成年后穿着富有族群特色的围腰 bo;年轻男女有恋爱与择偶的自由。有些问题尚有待于进一步研究,如莽语属于南亚语系的何种语支、莽人的源流。有些问题存有差异,如越方文献中描述婚礼中迎娶方与嫁娶方为争夺新娘的"战斗",而中方文献无人提及;越方实行一夫一妻制,而中方一夫一妻与一夫多妻制并存。受限于个人视野及部分图书难以获取,尤其是外文资料,以下仅就个人所见资料予以述评。

(一)国外莽人研究

国外莽人研究包括国外学者的莽人研究与国内学者对国外莽人的研

① 彭兆荣:《人类学仪式研究述评》,《民族研究》2002 年第 2 期。
② 云南省编辑组《中国少数民族社会历史调查资料丛书》修订编辑委员会:《思茅玉溪红河傣族社会历史调查》,民族出版社 2009 年版。
③ 宋恩常:《插满人社会经济调查》,载中国科学院民族研究所云南民族调查组、云南省民族研究所《云南省红河哈尼族彝族自治州金平县苦聪人社会经济调查》,云南省民族研究所 1963 年版,第 47—66 页。

究。对国外学者的相关研究了解不多，掌握的文献很少，尤其是专著和论文。以下根据文献内容的详略分为简介类与论著类略作述评。

1. 简介类

有关莽人浮光掠影式的介绍散见于书籍中的"莽族莽人"部分①②③④⑤，内容大同小异，主要涉及莽人的自称与他称、人口与分布、语言、衣食住行、生命仪礼等。

2. 论著类

论著类均为越文资料⑥，主要涉及莽语、族源、社会结构、生命仪礼、口传文化等诸方面内容。因与本研究直接相关的资料较少，故而按其出版时间先后予以评点。

阮文辉（Nguyễn Văn Huy）等著述的《越南西北部南亚语系各民族》一书较为详细地介绍了莽族⑦，其突出价值在于：第一，介绍莽族族名的起源，有助于厘清莽人的来源；第二，描述莽人是根据某种鸟开始啼叫和某种花开放的时间来划分一年当中的月份，这些丰富的地方性知识有益于我们思考民族生境与日常生活之间的关联，从而启发本研究考量莽人的气象、历法、生计方式与岁时祭仪之间的关系；第三，描述家屋的结构与布局，并分析莽族的婚姻与家庭、宗族与社会的关系，有助于我们理解莽族的社会结构。越南学者阮鸾撰写的《莽语概述》不仅论证了莽语属于南亚语系孟高棉语族及其语言特征，而且指出"莽人现今居住在越南、老挝和中国的领土上"⑧，这些结论常被中越双方学

① 越南社会科学委员会民族研究所（编著）：《越南北方民族》，载广西民族学院民族研究所《民族研究资料丛刊之三》，范宏贵、孟维仁、徐泉英、古小松译，1986 年版，第 80—87 页。

② 杨六金：《越南西北部的莽人》，《世界民族》1997 年第 1 期，第 67—70 页。

③ 范宏贵：《成年文嘴的越南莽人》，《中国民族报》2004 年 6 月 18 日第 4 版。

④ Nguyễn Văn Huy/Nguyen Van Huy, *The Cultural Mosaic of Ethnic Groups in Vietnam*, Ha Noi: Education Publishing House, 2004, pp. 127 – 129.

⑤ Đằng Nghiệm Vặn, Chu Thăi, Lúu Húng, *Ethnic Minorities in Vietnam*, Hanoi: Supplement and revised edition, 2010, pp. 109 – 111.

⑥ 因我不懂越语，限于人力与财力，未能全文翻译我所搜集的相关文献。感谢白晗、陈文仙、林春香等对翻译的帮助！

⑦ Nguyễn Văn Huy, Đằng Nghiệm Vặn, Nguyễn Trúc Bình, *Những nhóm dân tộc thuộc ngữ hệ nam á ở tây bắc Việt Nam*, Hà Nội: nhà xuất bản khoa học xã hội, 1972, pp. 315 – 366.

⑧ 阮鸾：《莽语概述》，载云南省民族研究所编《民族研究译丛》，范宏贵译，1986 年第 7 期，第 130 页。

者不加质疑地反复引用并作为讨论其他主题的证据。刘春理（Lưu
Xuân Lý）的《莽族文化本色》一书全面地描述莽族的风土人情与生活
习惯，尤其是"信仰与风俗"部分对本书有重要参考价值①。黄山
（Hoàng Sơn）主编的《莱州巡胡章诺莽族》一书主要描述巡胡县 Chăn
Nưa 社 Pá Bon 和 Huổi Va 两村莽人的生活及风俗习惯，具体从莱州省
莽族概况、经济类型、物质文化与精神文化四个方面展开论述②。其中
有关莽人族群的来源、姓氏、居住村邑的一些传说，对我们思考莽人的渊
源有重要参考价值；农业信仰（祭田仪式）对我们考量刀耕火种与农耕文
化之间的关系有重要启示；若生活中遭遇产妇难产之类的困难须祭礼，家
有接待女婿这类的喜事须做礼，这些习俗给我们思考生活礼仪提供重要参
考。以阮文辉为主要收集者的《莽族民间故事》一书介绍为人熟知的拜溪
和楠那河的故事、莽族首领潘家的传说、文嘴的习俗、尊崇黄麂并忌食其
肉的禁忌等内容；此外还讲述了曹姓宗族的起始、纺织业的起源、吴刚奔
月的传说等③。这些内容对考察莽人的历史与传统文化别有价值。近年来
随着非物质文化遗产热的兴起，越南学者也在努力收集莽族口传文化，如
阮雄孟（Nguyễn Hùng Mạnh）主编的《莽族民间诗歌》即为其中之一④。
该书由越南民间文艺会提供最高限额的资助，学者在艰苦地搜集与整理后
翻译出版⑤。根据演唱的场合与内容分为仪式民歌、抒情民歌、劳动民歌
与童谣；并对这些歌曲中的模式、节奏、用语、修辞、故事、人物等进行
分析，实为莽族文化图像的活字典。陈友山博士撰写的《莽族宗教信仰》
是所见讨论莽族宗教信仰的唯一论文⑥。该文在总结鬼的分类的基础上，
对如何成为巫师、用何种方式占卜与治疗鬼魂作祟进行了深入的论述，对
本书的第六章极具参考价值。

---

① Lưu Xuân Lý, *Bản sắc văn hóa Dân Tộc Mảng*, Hà Nội: Nhà xuất bản văn hóa dân tộc Hà N
ội, 2003, pp. 81 – 132.

② Hoàng Sơn, *Người Mảng ở chăn nưa huyện Sìn Hô, tỉnh Lai Châu*, Hà Nội: Nhà xuất bản
văn hóa dân tộc Hà Nội, 2007.

③ Nguyễn Văn Huy/ Nguyen Van Huy, *54 Ethnic Groups in Vietnam*, Ha Noi: Vna Publishing
House, 2008. 此处的潘家与中国莽人的盘姓是否相同，待考。

④ Nguyễn Hùng Mạnh, *Thơ ca dân gian dân tộc Mảng*, Hà Nội: Nhá xuất bản văn hóa dân tộc,
2011.

⑤ 根据莽语的发音用越南语记录，再译成越南语。

⑥ 陈友山:《莽族宗教信仰》（未刊本）。

　　此外据了解，越南民族学者徐芝教授、邓严万教授、叶廷华教授、吴德盛教授等也已发表过关于莽人民俗特征的研究论文，可能对本研究有参考价值，遗憾的是未能找到这些资料。

　　因中国莽人来自越南，受文化传承性与延续性的影响，中越双方莽人大体保持相同的文化传统。就此而言，通过双方文献的比对与印证，上述文献对本研究就具有重要的参考价值。当然在引用参考时，我将仔细甄别，并就疑问提出我的看法。

　　（二）国内莽人研究①

　　受国家政策与学术风潮之影响，国内莽人研究可分为独秀的开创期（1960—1979 年）、繁荣的中期（1980—2007 年）与勃兴的近期（2008—今）。1953 年全国人大民族委员会和中央民族事务委员会组织进行了全国性的民族识别调查，其时莽人所在的金平县尚在"肃匪清特"，更遑论识别尚未迁出森林定居的莽人。1956 年在全国范围内开始进行少数民族语言、少数民族社会历史调查的大环境下，迟至 1960 年 4 月 14—25 日才有研究人员到莽人村寨实地调查②；之后一度沉寂 20 年。改革开放后，随着政治环境的转变，中国的学术研究步入正轨，参与研究莽人的学科有语言学、人类学、医学、民俗学，因而研究方法也多样化，内容涉及语言、文化特质及风俗、卫生健康等。该时期的研究堪称繁荣，代表著述较多③。2008 年实施莽人扶贫工程后，有更多的学科加入研究队伍，如体质人类学、传播学、音乐学、政治学、教育学，因而研究有勃兴之势。研究主题聚焦于体质、扶贫、传统文化的保护、

---

①　本部分内容作为阶段性成果已发表，参见方明《中国莽人研究的回顾与展望》，《三峡论坛》2014 年第 3 期。

②　宋恩常：《插满人社会经济调查》，载中国科学院民族研究所云南民族调查组、云南省民族研究所《云南省红河哈尼族彝族自治州金平县苦聪人社会经济调查》，云南省民族研究所 1963 年版，第 47—66 页。

③　主要有晏红兴：《金平少数民族的历史和文化》，云南民族出版社 1995 年版。李道勇：《莽村考察》，《中央民族学院学报》1993 年第 1 期。高立士：《曼人的社会经济与传统文化》，《广西民族研究》1996 年第 1 期。杨翔、张丽梅、丁猛、张亚平：《莽人、苦聪人 mtDNA 多态性研究》，《云南大学学报》（自然科学版）1999 年第 21 期。刀洁：《芒人与"布莽"傣人丧葬习俗比较》，《云南社会科学》2002 年第 4 期。刀洁：《金水河莽人社会调查》，载和少英等《云南特有族群社会文化调查》，云南大学出版社 2006 年版，第 117—139 页。高永奇：《莽语研究》，民族出版社 2003 年版。杨六金：《莽人的过去和现在——十六年跟踪实察研究》，云南教育出版社 2004 年版。

教育与发展等①。这些研究成果基本呈现了莽人的社会历史与文化变迁，其研究路径也发生了由挖掘传统文化向思考现实问题的转变。以下就 60 余年的莽人研究按主题内容分别回顾。

1. 莽人来源与迁徙

中国莽人来源于越南乃不争的事实，须追问的是越南莽人又来自何处。"莽人系古百濮的后裔"吗②？其先民是否如同李道勇所说的"初步考证，莽人古称'茫蛮'，始见于《蛮书》卷 4。那时的'茫蛮'包括今日的莽人、克木人、户人等部分山地孟—高棉的先民在内。它是我国有关南亚语系孟—高棉民族群体较早的历史记载"③。以上观点存而不论，结论值得怀疑。杨六金爬梳史料推测"现今居住在金平县境内的莽人，可能是明末清初，从中国的永昌、施甸一带迁徙至越南境内的蒲满（莽）

---

① 曹贵雄：《消失中的布朗族（莽人）"赖笼"》，《民族论坛》2013 年第 3 期。方明：《从刻木记事到现代媒介消费——在莽人村寨感受到的变与不变》，《中国民族报》2012－6－22（06版）。方明：《中国西南边境莽人的大众媒介接触调查》，《东南传播》2011 年第 6 期。方明：《少小民族节日文化的变迁——以莽人为例》，《新西部》2012 年第 4 期。方明：《人口较少民族的扶贫与发展——以布朗族（莽人）为个案》，《黑龙江民族丛刊》2012 年第 2 期。方明、刘晓程《文化扶贫与大众媒介：莽人媒介接触的人类学思考》，载何明（主编）《西南边疆民族研究（9）》，云南大学出版社 2011 年版。方明：《从民生视角评估莽人扶贫工程的绩效》，《农业考古》2012 年第 3 期。郎启训、王一川：《莽人民间乐舞研究的意义》，《艺海》2011 年第 5 期。《生态学视野下少小民族民间乐舞的传承与发展——以云南金平莽人民间乐舞为例》，《红河学院学报》2011 年第 6 期。刘鹏翔、许敏、张叔娘：《莽人传统文化保护研究》，《怀化学院学报》2014 年第 4 期。鲁绍凯：《改革开放后云南莽人的生存发展状况研究》，硕士学位论文，昆明理工大学，2012。罗列诗、郎启训、徐艺：《多元文化背景下少小民族的文化认同构建——基于金平莽人民间乐舞的研究》，《黄河之声》2012 年第 10 期。施建光：《中越跨国民族的族群认同和国家认同研究——以莽人和苦聪人为例》，载李一平、刘稚《东南亚地区研究学术研讨会文集》，厦门大学出版社 2011 年版，第 146—163 页。石奕龙、方明：《云南布朗莽人家屋文化的变迁及调适》，《民族研究》2013 年第 3 期。王兰凤、许敏：《莽人非物质文化遗产生存现状》，《学理论》2014 年第 7 期。杨六金：《中国莽人对野生食用植物的利用和保护》，《红河学院学报》2008 年第 6 期。袁春艳：《人口较少民族教育发展研究——以莽人为例》，博士学位论文，西南大学，2012。张健：《莽人舞蹈动律的溯源——与哈尼族、藏族舞蹈的对比研究》，《黄河之声》2012 年第 10 期。郑连斌、陆舜华、许渤松、罗东梅、张兴华：《中国独龙族与莽人的体质特征》，《人类学报》2008 年第 4 期。

② 李道勇、李年生、粟锦辽：《我国孟—高棉诸民族群体人名考释》，《中央民族学院学报》1992 年第 1 期。

③ 李道勇：《莽村考察》，《中央民族学院学报》1993 年第 1 期。

人的一部分"①，"后由于种种原因，清河县和孟德县的一部分蒲满（莽）人仍然留居在越南境内；一部分蒲满（莽）人则迁徙到我国金平县的边远山区定居下来"②，这一论说缺乏充分证据。而高永奇从风俗习惯、史书记载与民间故事传说三个维度分析，认为"今天金平县内的莽人在历史上是居住在中越边境地区的山地少数民族，他们常常从越南迁入中国，又从我国迁入越南。他们与中越边境上的周边民族有着较深的历史交往"③，这一结论符合边境地区山地族群的特点，却有些骑墙。此外刀洁提供莽人源于越南与中国的两种说法，其中提及莽人与白傣之间的关系④；又通过比较莽人与"布莽"傣人丧葬习俗，提出"这两个族群在历史上是否有过渊源关系"的疑问⑤，这些对我们思考莽人的源流有重要参考价值。总之，厘清莽人的渊源，尚有待于语言、文化、体质、考古等方面的证据，以进一步考证。

2. 语言

莽语属南亚语系已成定论，但属于哪一语族则有不同看法。语言学家王敬骝根据1980年5月的调查，撰文认为莽语属南亚语系孟高棉语族越曼语支⑥。李道勇与高永奇赞同王敬骝之说，如李道勇还归纳出莽语的八个特征⑦；高永奇撰写关于莽语的唯一专著⑧，该书在论述莽语的使用情况和研究现状基础上，从语音、词汇、语法及莽语的系属地位等方面进行了探讨，认为莽语是南亚语系孟高棉语族中一种独立的语言具有充分理由，但具体与哪种语言最接近，尚有待于今后继续研究。而颜其香与周植志则认为属于越芒语族⑨。赵秀兰通过比较莽语与佤语的基本词汇，认为这两种语言具有密切的亲属关系⑩。莽语的研究成果常是其他研究的基

---

① 杨六金：《莽人的过去和现在——十六年跟踪实察研究》，云南教育出版社2004年版，第57页。

② 同上书，第53页。

③ 高永奇：《莽语研究》，民族出版社2003年版，第11页。

④ 和少英等：《云南跨境民族文化初探》，中国社会科学出版社2011年版，第109—110页。

⑤ 刀洁：《芒人与"布莽"傣人丧葬习俗比较》，《云南社会科学》2002年第4期。

⑥ 王敬骝：《莽语调查报告》，《民族调查研究》1986年第4期。

⑦ 李道勇：《莽村考察》，《中央民族学院学报》1993年第1期。

⑧ 高永奇：《莽语研究》，民族出版社2003年版。

⑨ 颜其香、周植志：《中国孟高棉语族语言与南亚语系》，社会科学文献出版社2012年版，第96—97页。

⑩ 赵秀兰：《莽语与佤语的基本词汇比较——兼谈莽语与佤语吸收外来词的方式》，《红河学院学报》2011年第5期，第72页。

点，因而如能拓展纵深的相关研究，亦将有利于洞察莽人的文化特质与族群关系。

3. 观念世界

刀洁最早阐释了莽人的观念世界，他们的宇宙是由"人"和"鬼"构成的统一体，分别生活在世俗世界与来世世界之中①。杨六金进一步指出莽人笃信"万物有灵""灵魂、鬼和神是莽人原始宗教信仰的三大支柱""莽人原始宗教观念的核心是对鬼魂的崇拜，并将一切疾病与灾难最终归之为鬼魂的力量"②。莽人常为此举行招魂、祭祖等仪式。刀洁肯定招魂仪式并说明原因，她还进一步解释因担心丧事中的鬼魂作祟而形成的莽人习俗，如因人鬼不能同道，出殡须从后门；尸体必须尽快掩埋；送葬人员须"夜逃"③，却与杨六金的祭祖之说相悖。杨氏认为"莽人一般情况下不祭祖先，如家中遇有不幸时才祭祖先。莽人祭祖，不仅含有怀念的性质，而且还有希望祖先的在天之灵能时刻保佑子孙安康、人丁兴旺的意义"④。而刀洁指出通过一定的仪式将死者的灵魂送归越南的祖地后便一去不返，死者从此便与世俗世界断绝一切关系，永远生活在既无天堂亦无地狱的来世世界，因而家中不设祖先神位，也不祭祀祖先⑤。他们的不同观点启迪我们思考莽人的宗教信仰，尤其是须厘清他们的矛盾之处。此外莽人的认知系统中是否存在鬼、祖先、神的概念；若有，如何区分，这些问题亦须甄别。

4. 氏族分支与图腾崇拜

宋恩常将莽人每一氏族视为一个姓氏群体，各氏族/姓皆有其图腾，如陈姓为中心鸟、罗姓为哨路鸟、盘姓为斑鸠、龙姓为蛇、刀姓为布广树；并指出每一氏族分为红、黑、灰三种，"在同一种颜色的氏族内严禁通婚，这是氏族外婚的特征"⑥。除了补充一些传说故事外，后续学者一

① 刀洁：《芒人与"布莽"傣人丧葬习俗比较》，《云南社会科学》2002年第4期。
② 杨六金：《莽人的过去和现在——十六年跟踪实察研究》，云南教育出版社2004年版，第272—277页。
③ 和少英等：《云南跨境民族文化初探》，中国社会科学出版社2011年版，第122—123页。
④ 杨六金：《莽人的过去和现在——十六年跟踪实察研究》，云南教育出版社2004年版，第277页。
⑤ 刀洁：《芒人与"布莽"傣人丧葬习俗比较》，《云南社会科学》2002年第4期。
⑥ 宋恩常：《插满人社会经济调查》，载中国科学院民族研究所云南民族调查组、云南省民族研究所《云南省红河哈尼族彝族自治州金平县苦聪人社会经济调查》，云南省民族研究所1963年版，第57页。

直延续宋氏对莽人的氏族分支与图腾崇拜之说①。仅高立士有所突破，他指出莽人的图腾与祖先已无血缘关系，而多与生产生活有关，氏族名称也由动植物演变成汉姓，如蛇氏族因民间认为龙、蛇相通而演变为龙姓、哨路鸟氏族因名叫"沙罗"的绿豆雀演变为罗姓、斑鸠氏族因斑鸠用树枝盘绕做窝而为盘姓、蚂蚱氏族因蚂蚱前腿如刀夹断茅草而为刀姓，但水鸟氏族因陈与沉音同而为陈姓则不得其解②。除了高氏对莽人姓氏有所阐释外，我并未见到其他文献讨论这一问题。我亦访谈众多报道人，他们均无可奉告。地方学者晏红兴认为莽人本有名无姓，姓氏为地方官吏收税所需的结果。我赞同高氏与晏氏之说，但对宋氏的氏族划分产生怀疑。实际上宋氏仅实地考察当时的两个村寨，其氏族的三种分类是否有欠周延，尚须深入所有村寨全面调查，对此进行比较与印证。另外宋氏皆以氏族表述氏族及其分支，容易造成混淆与误解，因而下文将氏族划分为若干亚氏族或世系群③。

5. 岁时祭仪

关于岁时祭仪的文献并不多见，而且大多仅寥寥数语④⑤⑥⑦⑧。这些文献均提及莽人一年仅有一个节日，即相当于汉族春节的"沙吉恩节"（俗称"老年"），在秋收后举行，但持续的时间则说法不一，一般为3—5天，亦有长达1个月之说⑨。与前述不同，高立士与杨六金还提及了新

① 李道勇：《莽村考察》，《中央民族学院学报》1993年第1期。高立士：《曼人的社会经济与传统文化》，《广西民族研究》1996年第1期。杨六金：《越南西北部的莽人》，《世界民族》1997年第1期。《莽人的过去和现在——十六年跟踪实察研究》，云南教育出版社2004年版。

② 高立士：《曼人的社会经济与传统文化》，《广西民族研究》1996年第1期。

③ 对此的讨论详见第三章第二节。

④ 宋恩常：《插满人社会经济调查》，载中国科学院民族研究所云南民族调查组、云南省民族研究所《云南省红河哈尼族彝族自治州金平县苦聪人社会经济调查》，云南省民族研究所1963年版，第58页。

⑤ 邓玮：《芒人》，载红河哈尼族彝族自治州民族志编写办公室《云南省红河哈尼族彝族自治州民族志》，云南大学出版社1989年版，第277页。

⑥ 刀洁：《芒人与"布莽"傣人丧葬习俗比较》，《云南社会科学》2002年第4期。

⑦ 刀洁：《金水河莽人社会调查》，载和少英编著《云南特有族群社会文化调查》，云南大学出版社2006年版，第127页。

⑧ 和少英等：《云南跨境民族文化初探》，中国社会科学出版社2011年版，第116页。

⑨ 刀洁：《芒人与"布莽"傣人丧葬习俗比较》，《云南社会科学》2002年第4期。

米节①，如高立士指出，"新米节只吃饭，不以肉、菜佐食，盐巴、辣子也不能吃，据说新米节吃了肉、菜及其他食品，来年将歉收、缺粮"②，但对这一文化现象描述既不深入，也没有探讨文化变迁的原因，拙文认为莽人受文化接触的影响，将其传统的"新米节"与"沙吉恩节"相应置换为中秋节与春节，但论述却不深入。③ 因而此方面研究有待于拓展与加强。

6. 庆生仪式

相关文献主要聚焦于生育与取名仪式。多数学者认为莽人妇女不可在家屋中生产，须另搭盖一芭蕉叶棚，且由丈夫接生④。少数学者在实地调查基础上得出的结论与此并不相同，仅举三个例证予以说明："结婚时没有开清礼银钱的妇女或父母还健在的人家，不得在家里生育"⑤；"过去，除了本氏族的正常孕妇在家生育外，其他非正常的孕妇包括非婚怀孕和结婚没有举行过婚礼仪式的孕妇不能在家生育，必须实行隔离"⑥；"莽人多数妇女都可以在家中分娩，但未婚先孕者仍不能在家中生"⑦。其实能否在家中生产取决于所生的婴儿是否属于家屋所有者的世系群。若在家屋外生，产妇须一至数日后方可从后门进家，但命名仪式通常在产后第三天晚上举行。一些文献错误地认为，莽人实行按父母的氏族相传的双轨制，即女随母姓、子随父姓⑧，实则皆随父姓。莽人有其传统的命名系统，即族名与汉名。族内名字皆为单字，命名的习惯是在名字前加"阿"字，若

---

① 高立士：《曼人的社会经济与传统文化》，《广西民族研究》1996 年第 1 期。杨六金：《莽人的过去和现在——十六年跟踪实察研究》，云南教育出版社 2004 年版，第 170—176 页。

② 高立士：《曼人的社会经济与传统文化》，《广西民族研究》1996 年第 1 期。

③ 方明：《少小民族节日文化的变迁——以莽人为例》，《新西部》2012 年第 4 期。

④ 宋恩常：《插满人社会经济调查》，载中国科学院民族研究所云南民族调查组、云南省民族研究所《云南省红河哈尼族彝族自治州金平县苦聪人社会经济调查》，云南省民族研究所 1963 年版，第 63 页。邓玮：《芒人》，载红河哈尼族彝族自治州民族志编写办公室《云南省红河哈尼族彝族自治州民族志》，云南大学出版社 1989 年版，第 277 页。

⑤ 晏红兴：《金平少数民族的历史和文化》，云南民族出版社 1995 年版，第 54 页。

⑥ 杨六金：《莽人的过去和现在——十六年跟踪实察研究》，云南教育出版社 2004 年版，第 239 页。

⑦ 刀洁：《金水河莽人社会调查》，载和少英编著《云南特有族群社会文化调查》，云南大学出版社 2006 年版，第 130 页。

⑧ 邓玮：《芒人》，载红河哈尼族彝族自治州民族志编写办公室《云南省红河哈尼族彝族自治州民族志》，云南大学出版社 1989 年版，第 277 页。高立士：《曼人的社会经济与传统文化》，《广西民族研究》1996 年第 1 期。

区分性别，则男、女性分别在前面加上"安迁""万德佳"①；而且命名有"双声"（声母相同）与"叠韵"（韵母相同）的特点②。汉名则随着现代教育水平的提高而变化较大，昔时姓氏后常以家中排行命名，如陈大、罗三；若是女性，则在后面加上女性意义的"妹"，即陈大妹、罗三妹；如今则与汉族无异，如罗秀琳、龙倩。此外误读往昔用冷水清洗新生婴儿的习俗，并将他们喻为"中国的斯巴达人"③。从上述评述来看，庆生仪式的研究既不丰富，又有许多错误，实有纠偏与加强的必要。

7. 成年仪礼

令人意外的是人生重要关口的成年仪礼仅在数篇论文中简略提及，如李道勇记载"莽人成年的标志，男孩子是穿裤子，女孩子是在胸前加围一块白布，一直拖延到膝下。在这块白围布的正面绣有8朵几何图案的小花，它是女性成年的标志"④。毛佑全记载，"（女子）上衣与围裙相连之间系着一幅白布，犹如巨型围腰，与裙等长，乃系成人之标志"⑤，他还述及"芒人的成年标志是，男孩穿裤子，女孩则在胸前那幅与裙子等长的白围腰下稍前方处绣上8朵小花图案"⑥。成年礼仪确无仪式可言，还是前贤对此有所疏漏，尚须深入调查。

8. 婚姻仪式

婚姻方面的文献基本均涉及婚礼的仪式过程与婚姻形式两个方面的内容。相较而言，杨六金的论述最为全面⑦，不足在于不够精细；而其他学者则大多不够严谨，尤其是对通婚禁忌的论说。宋恩常早已论及莽人实行氏族外婚制，即"在同一种颜色的氏族内严禁通婚"⑧、婚制"有舅表、姨表和妻姊妹姻等几种形式，但以舅表婚为多，而姨表婚极少，必须是非

① 刀洁：《金水河莽人社会调查》，载和少英（编著）《云南特有族群社会文化调查》，云南大学出版社2006年版，第130页。和少英等：《云南跨境民族文化初探》，中国社会科学出版社2011年版，第119页。

② 高立士：《曼人的社会经济与传统文化》，《广西民族研究》1996年第1期。

③ 张渝光：《莽人：中国的斯巴达人》，《文明》2009年第8期。

④ 李道勇：《莽村考察》，《中央民族学院学报》1993年第1期。

⑤ 毛佑全：《云南金平芒人的社会经济活动及其文化习俗概观》，《思想战线》1994年第3期。

⑥ 毛佑全：《云南金平芒人的文化习俗概观》，《阵地与熔炉》2002年第3期。

⑦ 杨六金：《莽人的过去和现在——十六年跟踪实察研究》，云南教育出版社2004年版，第203—235页。

⑧ 宋恩常：《插满人社会经济调查》，载中国科学院民族研究所云南民族调查组、云南省民族研究所《云南省红河哈尼族彝族自治州金平县苦聪人社会经济调查》，云南省民族研究所1963年版，第57页。

同一个氏族才允许这种婚制"①。这一论说却遭到其他学者的反对，如李道勇认为莽人有转房婚与异辈婚，并分别举出例证："小罗大娶的是继母""莽人小学老师的养子（14 岁）娶的 17 岁的莽姑作媳"②；高立士指出，"哥与弟、姐与妹的子女不能通婚，哥弟的儿子与姐妹的姑娘虽不同氏族图腾，也不能通婚，仍视为兄弟姐妹，近亲不婚""曼人视哥哥的女儿与妹妹的儿子为远亲，可以通婚"③；毛佑全亦有"一夫多妻乃至堂兄弟姐妹之间相互婚配的婚姻形式也还存在"之说④。据我调查，并无小学老师养子娶姑为妻的事例。莽人通婚的"社会事实"究竟如何，务须澄清。

9. 丧葬仪式

多数学者简略叙述莽人丧葬的显性表征，诸如家属用白绳捆扎死者双脚大脚趾、尽快掩埋、墓穴上建盖茅棚、葬后由男性长者割取家属前额的一绺头发、葬后九天内每三天送火一次共三次⑤。相较而言，杨六金与刀洁较为详细地描述了莽人丧葬的仪式过程，另外还各有贡献：杨氏拍摄了珍贵的丧葬图片，并记录了魔公为死者领路的祭词；刀氏则认为莽人一般以生理条件是否成年为区分正常死亡与非正常死亡的标准，并因何故致死而有不同的葬式⑥；而李道勇则将葬俗与信仰相联系，论及莽人用圆木棺敛尸，其两端留出缝隙，便于其魂出入，表明莽人灵魂不灭的信念⑦。由于学者极少对丧葬仪式进行"主位"与"客位"的解释，为了读者理解莽人的文化，确有补充的必要。

10. 疫病防治仪式

莽人将病痛归之于鬼魂作祟，为此须在居所内外悬挂法物或避邪物阻

---

① 宋恩常：《插满人社会经济调查》，载中国科学院民族研究所云南民族调查组、云南省民族研究所《云南省红河哈尼族彝族自治州金平县苦聪人社会经济调查》，云南省民族研究所 1963 年版，第 59 页。

② 李道勇：《莽村考察》，《中央民族学院学报》1993 年第 1 期。

③ 高立士：《曼人的社会经济与传统文化》，《广西民族研究》1996 年第 1 期。

④ 毛佑全：《云南金平芒人的文化习俗概观》，《阵地与熔炉》2002 年第 3 期。

⑤ 同上书，第 44 页。

⑥ 杨六金：《莽人的过去和现在——十六年跟踪实察研究》，云南教育出版社 2004 年版。刀洁：《芒人与"布莽"傣人丧葬习俗比较》，《云南社会科学》2002 年第 4 期；《金水河莽人社会调查》，载和少英（编著）《云南特有族群社会文化调查》，云南大学出版社 2006 年版，第 131—132 页；和少英等：《云南跨境民族文化初探》，中国社会科学出版社 2011 年版，第 120—121 页。

⑦ 李道勇：《莽村考察》，《中央民族学院学报》1993 年第 1 期。

扰鬼魂进入，杨六金留有宝贵的图片资料①。而一旦生病，则须延请魔公（即巫师）予以治疗。魔公为主持仪式的非专职人员，具备招魂、驱鬼、放鬼、捉鬼的本领，由知晓宗教礼仪和善念咒语的已婚者担任，具有较高的社会地位。治疗时魔公首先须打卦占卜，查明病因，再据此施以不同的治病仪式②③。前贤对此的描述相对简略，也未与莽人的观念世界结合考量，因而研究有待深化。

上述研究都属于文化变迁的内容范畴，它们或从某一侧面，或从多个方面简要描述莽人的历史文化，为后续研究提供思考的基点与坚实的基础，但也存在许多不足，主要表现如下：第一是褊狭的研究视野，即莽人只是被表述的"他者"与研究者缺乏"主位的视野"是一体两面的问题。第二是研究方法单一，缺乏科际整合。前文亦已指出，研究莽人的学科日趋多样，所呈现的是莽人文化零散的拼图材料。第三是缺乏深入的实地调查，研究流于人云亦云，甚至以讹传讹，与斯巴达人和阿凡达人相提并论④⑤⑥⑦，或者将他人资料简单归纳，破绽百出⑧⑨。第四是创新性研究成果较少，尤其缺乏对莽人文化实践逻辑的深层思考。因此真实呈现莽人的"社会事实"尚须多加努力。

从上述梳理中外莽人研究的学术成果来看，我们发现中越双方在语言归属、族群源流等问题尚未达成共识，而且越方研究中有一些论述为中方盲点，诸如婚礼中当新娘被带离她的娘家时，嫁娶双方之间会发生一场为争夺新娘的"战争"、夏秋举行祭祀稻神/母的仪式，这些尤具参考价值。总而言之，中外 60 余年的莽人研究在其来源迁徙、语言、岁时祭仪、生命仪礼等方面均已取得一定的成果，但至今依然缺乏民族志专著，难以呈现较为完整而清晰的文化图像，而宗教民族志尤其阙如。本节对"交换

---

① 杨六金：《莽人的过去和现在——十六年跟踪实察研究》，云南教育出版社 2004 年版，第 269—271 页。

② 毛佑全：《云南金平芒人的文化习俗概观》，《阵地与熔炉》2002 年第 3 期。

③ 杨六金：《莽人的过去和现在——十六年跟踪实察研究》，云南教育出版社 2004 年版，第 265—277 页。

④ 盘文兴、刘国梁：《追踪神秘的莽人部落》，《绿色大世界》2000 年第 2 期。

⑤ 盘文兴、刘国梁：《滇越边界的神秘"莽人"》，《东南亚纵横》2001 年第 2 期。

⑥ 张渝光：《莽人：中国的斯巴达人》，《文明》2009 年第 8 期。

⑦ 张德强：《莽人部落：中国"阿凡达人"的神秘生活》，《文化月刊》2011 年第 5 期。

⑧ 王兰凤、许敏：《莽人的原始宗教信仰研究》，《科教文汇》2013 年第 3 期（中旬刊）。

⑨ 王兰凤、许敏：《莽人传统礼仪和节日研究》，《学理论》2013 年第 15 期。

与仪式"研究所做的简要回顾主要在于指出这一主题在历来的研究中均有所体现，却又存在诸多缺憾。为此本书在前贤的研究基础上，试图做些查漏补缺的工作——有些问题亟须厘清，有些问题要拓展研究，对有些问题须澄清"真相"以正视听。上述"问题"部分有所解答，有些仅能提供些许证据以供参考，以期抛砖引玉。

本书的基本出发点是在历史脉络中以"全貌观"讨论信仰与仪式。由田野资料配合已有的研究文献，将参与观察及访谈到的各种仪式归为三种类型，即岁时祭仪、生命仪礼与疫病防治仪式。在描述仪式生活间或举例说明的基础上，进而讨论"交换"成为这些过渡仪礼的核心。以此而论，信仰决定了仪式生活，而交换成为仪式的支点，围绕着交换的仪式生活既是信仰的具体表现形式，也是莽人生活的重要部分。

第三节　研究路径

为了加强对莽人全方位的了解，我以人类学全貌观为统摄、以跨学科的研究视野为观照，极力搜集资料，为之后的研究准备必要条件。为此我以参与观察法获取的第一手资料为主，包括口述史的利用；以文献法与问卷调查法收集的资料为辅；并注重共时性与历时性研究的结合。本节内容包括研究方法、研究资料与田野工作三部分。

一　研究方法

研究方法是指在研究中运用的技术手段，目的在于对研究的主题或问题产生新知识或加深理解。我主要运用参与观察法、访谈法、文献法与问卷调查法。

参与观察法是指研究者对一个社会系统性的深入研究，为此须接近研究对象，观察、记录、感知他们的生活，从而获取信息的方法。因而研究者须长时间地与研究对象共同生活，以深入参与及观察他们的行为与生活方式，获取对其文化的理解。我采用这一方法，收集到大量第一手资料。

莽人虽有语言，却无文字，因此在田野调查中通过访谈搜集资料也是本研究的基本方法之一。在田野调查初期，采用结构式访谈，集中获取莽人的族群认同、传统文化变迁等基本情况。在深入调查阶段，主要运用半结构与无结构访谈获取信息。在田野之余，我也常以电话、QQ、微信等访谈莽人，补充一些信息。

　　文献法是根据研究主题，通过查阅相关文献来获取资料，从而得以了解研究对象的历史与现状、拓展研究视野、明晰问题意识的一种研究方法。因此搜罗、阅读、思考有关文献如同"站在巨人的肩膀上"，对研究的问题起到事半功倍的效果。为了获得有关研究文献，我主要采用三种方法：一是利用互联网的便捷，通过输入关键词，寻找有关信息，再依此下载论文或书籍；或者"流窜"于图书馆、书店、档案室，购买、复印或拍摄这些资料。二是阅读这些文献，通过它们的参考文献，去获取更多的文献资料。三是求助于专家学者，他们就是极好的文献资源，如越南学者陈友山博士、天津师范大学郑连斌教授、红河学院杨六金教授，在文献方面都给予我极大帮助。

　　问卷调查法简称问卷法，是调查者设定统一的书面问卷，向被选取的调查对象收集资料的一种研究方法。它的回答有三种基本类型，即封闭型回答、开放性回答与混合型回答。本研究在调查初期运用这种方法，具体做法为2009年5月在试调查①后修改问卷，对当时128户中的126户均入户调查，但由于家庭成员年龄幼小与年老等原因难以作答，所以有效问卷仅97份，有效率约为84%，访问对象以已婚男性为主②，大体了解莽人的家庭情况、对搬迁的态度、娱乐休闲、传统文化、族群认同、社会文化变迁等（问卷详见附录）。

二　研究资料

　　从某种程度而言，研究得以完成取决于资料的掌握与运用，因此我也依照傅斯年所说的"上穷碧落下黄泉，动手动脚找东西"去搜集资料。根据所搜集资料的形质，我将它们大体分为文字资料、口述资料与影像资料三类。

　　文字资料可分为三大部分：一是国内外的相关研究成果、地方志；二是金平县，勐拉区/公社/乡与金水河乡/镇的统计数据、报表、年鉴，以及云南省红河州金平县档案馆与民族宗教事务局保存的调查报告、对口扶

---

① 根据龙凤村驻村工作队2008年的家庭收入统计报表，在村民组长罗云祥的协助下，按照富裕、中等、贫穷分别随机抽取3户进行试调查；在牛场坪村与平和村根据门牌号码每间隔5户抽取一个样本，分别获得8个和9个样本，总共样本数为26个。内容主要包括家庭情况、族群认同、大众媒介接触、传统文化等。

② 2户家中无人。在设计问卷时也曾考虑研究对象的年龄、性别、教育程度等显性指标，但入户访问时，女性多不愿作答，甚至转身离开，而那些作答者也多由丈夫或其他男性"代言"，因而访问对象以已婚男性为主。

持与援建项目与发布的文件等；三是金平县莽人扶贫办公室的各类统计报表，及任职于当地的行政官员与驻村工作队员的工作记录等。为了获取以上资料，我往返于城市与乡镇，力图穷尽有关莽人的研究文献及相关资料。仅就未出版资料而言，搜集到 20 世纪 60 年代至 80 年代莽人生产情况统计表（部分）、1981 年南科大队莽人村寨承包责任书、1989—2013 年农村经济统合年报表有关莽人部分、1987—2007 年金水河镇扶贫资料（主要是给莽人发放钱财与物资）、1987 年 12 月 6 日拉祜族岔满人调查组撰写的《岔满人情况的调查报告》、2006 年 9 月 3 日金平县民族宗教事务局撰写的《关于金平县南科新寨村民小组经济社会发展调查的报告》，以及将莽人归属布朗族的有关资料等。由于莽人的主体生活在越南，越方的研究也是重要的参考资料。为此除了越方师友相助外，我于 2012 年 5 月 25—31 日及 2012 年 11 月 9—11 日前往越南河内与老街省，购买或复印莽人研究书籍共计 11 本，并通过互联网下载了部分越文资料①。

　　口述资料是指非文字与影像的资料，依靠访谈获取的信息。这些资料来自于三个方面。文化是一种生活方式，而文化持有者才是真正的信息拥有者。因此访谈莽人是获取这些信息的不二法门，方式为参与他们的生产劳动、平时闲谈、喝酒吹牛、摸鱼抓蟹，甚至夜宿原始森林。借此朝夕相处，获得这些"鸡零狗碎"的资料共 20 余万字。其次访谈当地从事民族工作的人员、任职的行政官员、邻近村寨的知情者。他们提供的信息是重要的补充，如曾任勐拉区区委书记的胡仕源（汉族，现已退休）告知他于 1968 年所见的莽人村寨情形；曾任南科村委会支部书记的熊正红（南西村民小组，苗族）介绍 20 世纪 80 年代至 90 年代莽人村寨的情况；南科老寨的邓朝粮（瑶族）、田房下寨的罗玉林（哈尼族）、龙凤村的黄有明（彝族）等也提供了诸多信息。再次我还就莽人研究中的疑惑向专家学者求教，如红河学院杨六金教授、天津师范大学郑连斌教授、金平县文化产业办公室晏红兴科员、越南学者陈友山博士。最后是与田野调查中的同行者进行交流，如昆明理工大学硕士研究生鲁绍凯、上海大学蒋安老师、红河学院孟令国老师。就同一主题而言，不同的报道人从各自不同的立场、情境、所感所知而提供的信息常常千差万别，甚至南辕北辙，如龙

① 感谢赵卫华博士对 5 月越南之行的大力帮助；越南老街省旅游文化厅厅长陈友山博士慷慨容许复印他珍藏的有关莽人书籍并赠予莽人研究文献；越南社会科学院中国研究所的阮文根教授帮助我复印了有关书籍中莽人的资料，特致谢忱！遗憾的是因多种原因，未能前往越南莽人集聚区进行田野调查。

凤村罗姓亲兄弟二人报道他们祖父、父亲的迁徙路线竟然不同；不同的学者对同一问题的看法也有差别，如有的认为莽人的节日只有新米节，有的认为只有"老年"（相当于汉族的春节），庆贺的时间短的为 3 天，而有的认为长达月余。对诸如此类信息予以甄别、归纳、整理就是一项艰巨的任务，希望它有助于呈现莽人更为真实的文化图像。

在人类学诞生的早期阶段，人类学者即已使用照相技术进行学术研究。此后随着影像技术与设备的不断更新换代，在田野中运用影像手段去记录调查对象逐渐成为一种常态的研究方式，并因之产生了人类学的一门分支——影视人类学。在田野调查中，我也使用录音笔、照相机、摄影机等工具，辅助记录、展示与诠释莽人的文化。影像资料包括录音资料13GB，照片56GB，影像420GB。它们不仅涵盖出生庆典、婚丧嫁娶、叫魂撵鬼、节日庆典等仪式，还包括歌曲展演、日常起居、生产劳动、体育活动等生活娱乐内容。

正所谓"有一分资料，说一分话"，于是从国内到国外、从城市到乡村、从网络到田野，我辛苦地搜集资料。由于资料包罗万象，如何解读与考辨它们是一大难题；去伪存真后如何"合理"地组合它们，以呈现莽人变迁的"真实"，也是研究不可规避的难题，期待读者的批评指正。

三　田野工作

贝蒂（Beattie）早已指出，田野作业之前，通常必须熟悉人类学理论、了解可资比较的其他地区的民族志知识[1]。坦白地说，我的基础比较薄弱，加上难以从容应对调查中的诸多困难，致使田野中的挫败感挥之不去。我的田野工作时断时续，谈不上通畅顺利，但却有着如同列维－斯特劳斯（Lévi－Strauss）的心境——"我厌恶旅行和探险家。然而我却准备在这里记述我的探险事迹"[2]。以下从田野历程与补充说明予以简介。

（一）田野历程

我的田野历程按调查的深入程度约略分为初始了解、深入调查、补充调查三个阶段。

---

[1] John Beattie, *Other Cultures: Aims, Methods, and Achievements in Social Anthropology*, New York: The Free Press, 1964, pp. 78 – 79.

[2] Claude Lévi – Strauss, *Tristes Tropiques*, John Weightman and Doreen Weightman (trans.), New York: Atheneum, 1966, p. 3.

1. 初始了解阶段

从 2009 年 5 月—2010 年 1 月，调查时间共计 24 天。2009 年 5 月 1—6 日，在李军国的陪同下第一次到莽人村寨，其时龙凤村尚未搬迁，村民皆居住于临时搭建的棚屋；其他村寨的莽人绝大多数均迁入莽人扶贫工程建设的安居房。我对部分家庭进行入户访问、游历坪河中寨与雷公打牛村，并拍摄一些村寨的照片①，但未去交通最为不便的坪河下寨。2009 年 7 月 5—14 日，与李军国又在龙凤村、平和村、牛场坪村进行"莽人社会文化变迁调查问卷"。2010 年 1 月 25—31 日，我再去莽人三村继续该问卷调查，并深度访谈各村民小组组长与多名莽人传统文化知晓者。

2. 深入调查阶段

从 2010 年 9 月 11—2011 年 9 月 27 日，调查时间共计 304 天。在此期间，我基本生活在莽人村寨之中，其中约一半时间与驻村工作队员生活在一起②，其余时间入住莽人家中。这样得以近距离地参与观察他们的生活方式，对莽人文化有一定的理解。当然期间既有因采购等事由而短暂外出，亦有因个人原因两次各约离村 2 周；连续驻村最长时间为 57 天，最短为 16 天。

3. 补充调查阶段

该阶段共进行五次，时间为 2012 年 1 月 15—2 月 5 日、2012 年 8 月 3—24 日、2012 年 11 月 19—25 日、2013 年 3 月 9—17 日、2014 年 8 月 13—20 日，共计 68 天。第一次除了观察三个莽人村寨如何庆贺春节外，还扩大调查范围，去田房下寨与南科老寨访谈，补充一些有益的资料。第二次除了在牛场坪与坪河下寨补充资料外，主要在政府部门及有关单位收集资料，如在勐拉乡政府与金水河镇政府收集记录莽人社会经济文化方面的信息；在金平县民族宗教事务局收集有关莽人的民族政策与扶持发展的资料；在金平县教育部门，包括县教育局、第一中学、八一中学、口岸小学收集莽人学生在校的学习生活情况。第三次主要在牛场坪与平和村观察婚礼仪式与疫病防治仪式，并对有关人员进行深度访谈。第四次在牛场坪、平和村与龙凤村参与观察白巫术的施救，并访谈完善资料。第五次回访了龙凤村与牛场坪，了解他们的生产生活情况。

本研究田野调查共计 17 次，最短为 7 天，最长达 57 天，累计 396

---

① 坪河中寨全部拆除，雷公打牛村传统房屋不复存在，现仅剩护林员与原小学的房屋。

② 因莽人扶贫建设工程基本结束，驻村工作队员仅在工作需要时才入村指导工作，所以我大多时候是"孤家寡人"。

天，具体情况见表1-1。

表1-1 田野调查统计表

顺序	时段	天数	田野调查地点	工作内容
1	2009.05.01—2009.05.06	6	龙凤村、坪河中寨、雷公打牛	了解情况、问卷试调查
2	2009.07.05—2009.07.14	10	龙凤村、平和村、牛场坪村	问卷调查、访谈
3	2010.01.24	1	金平县莽人办、金平县文体局	访谈、查阅资料
	2010.01.25—2010.01.31	7	龙凤村、平和村、牛场坪村	问卷调查、访谈
4	2010.09.11	1	金平县委、金平县莽人办	联系田野事宜
	2010.09.12—2010.09.30	19	龙凤村	田野调查
5	2010.10.09—2010.11.24	47	龙凤村、平和村、牛场坪村	统计户口、田野调查
6	2010.11.29—2011.01.02	35	龙凤村、南科中心小学	田野调查
7	2011.01.24—2011.02.20	28	龙凤村、平和村	田野调查
8	2011.02.28—2011.04.08	40	龙凤村、牛场坪、南科老寨	田野调查
	2010.04.09—2011.04.25	17	牛场坪	田野调查
9	2011.05.08—2011.06.01	25	牛场坪、平和村、上田房小学	田野调查、收集资料
10	2011.06.28—2011.07.24	27	牛场坪、乌丫坪小学	田野调查、收集资料
	2011.07.25—2011.07.29	5	坪河下寨	田野调查
	2011.07.30—2011.08.03	4	平和村	田野调查
11	2011.08.12—2011.08.20	9	平和村、坪河下寨、牛场坪	影视拍摄、访谈
12	2011.09.03—2011.09.26	24	龙凤村	田野调查
	2011.09.26—2011.09.27	1	金平县城	出席"金平莽人综合扶贫总结表彰大会"
13	2012.01.15—2012.02.05	22	牛场坪、田房下寨、龙凤村、南科老寨、平和村	田野调查
14	2012.08.03	1	金平县宣传部、文产办	访谈
	2012.08.04—2012.08.12	9	牛场坪、坪河下寨	田野调查
	2012.08.13	1	勐拉乡政府	收集资料、访谈
	2012.08.14—2012.08.17	4	金水河镇政府、口岸小学	收集资料、访谈
	2012.08.18—2012.08.24	7	金平县民宗局、统计局、教育局、金平县八一中学、第一中学	收集资料、访谈

顺序	时段	天数	田野调查地点	工作内容
15	2012. 11. 19—2012. 11. 25	7	牛场坪村、平和村	观察仪式、访谈
16	2013. 03. 09—2013. 03. 17	9	牛场坪、平和村、龙凤村	观察仪式、访谈
17	2014. 08. 13—2014. 08. 20	8	龙凤村、牛场坪	收集资料、访谈
合计		396		

（二）关于田野调查的几点说明

（1）第一次调查时，我们的主要任务是了解情况、问卷试调查，为考察大众传媒与莽人的文化生活做前期准备。当时龙凤村安居房尚在建设之中，对他们临时性的住所均入户访问；对水龙岩安置点的平和村居也入户察看，发现大多数家庭已搬入新居，另外实地考察坪河中寨，但未去坪河下寨；雷公打牛村仅有2户尚在，其余均已搬入新居。

（2）原计划在平和村进行为期1年的田野工作是基于以下几点考虑：其一是虽然莽人诸村均已走上现代化轨道，但与其他村寨相比，交通不便的平和村毋宁是受外界影响较迟缓者，在此考察莽人的传统文化应属理想之地；其二是原南科新寨（龙凤村前称）与雷公打牛村（牛场坪前称）已有学者调查，而坪河中寨和坪河下寨均无人进行长期调查，并村后的平和村亦是如此。但2010年9月12日却临时改为在龙凤村做调查，因事先联系的平和村的朋友未能如约在路边等候用摩托车载我入村，电话又联系不上（该村手机信号不畅），而背驮、肩扛、手提行李在雨天步行17千米的山路又不可能，只好又跟随班车改到龙凤村，与莽人驻村工作队住在一起。这里有液化气、电磁炉、冰箱等，生活较为方便，"乐不思蜀"的我就安心地入住该村。2011年4月我还是决定离开，没有完成在该村1年周期的调查，有以下几点原因：第一是自身尴尬的身份注定了我成为该村的边缘人，而不能融入莽人的生活——入住在象征着行政部门的工作队中，我既无力解决村民们"要求"的诸多困难，又不是他们的"一家人"①；并因我"说汉话"与"不吃猪肉"②而成为他们某些人嘲讽的对象。第二是个人安全没有保障。当地社会治安不好，偷盗、抢劫、吸毒时

---

① "一家人"是彼此亲近的一种普通称谓，既可指血亲关系，也包含拟亲属关系，其外延与内涵视具体情境而定。

② 因个人原因而不吃猪肉。村民眼中的"菜"皆为鱼肉等荤菜，猪肉自然是"好菜"，猪肉都不吃的人是"憨包"（傻瓜之意）。

有所闻，我也多次受到威胁，遭受夜半惊魂的恐惧①。如2011年3月25日深夜睡梦中被撬门声惊醒，开灯开门后发现乃3名陌生男子所为，他们对我的厉声质问毫不在乎，而是平静地说"找×××"后不疾不徐地离开。更有甚者是2011年2月6日某一仅有数面之缘的哈尼族男子并无任何正当理由即指责我"工作没做好，没×本事，过年在这里丢人"，扬言要砍死我。第三因多名村民屡次无缘无故或以其他借口向我索要财物，令我不快。第四为莽人仅有三个村民小组四个村寨，调查也不应该局限于一个村寨。在基本了解莽人的风俗习惯后，入住他村，即便不是多点民族志，至少可与龙凤村进行比较，从而可以更为全面地理解莽人的文化与变迁。基于上述因素，使厌倦了龙凤村生活的我决意离开。事后证明这一决策是正确的：在牛场坪村，入住陈四新与陈海林家；在平和村，住在龙树芬老师与陈玉光家；在坪河下寨，住在陈小大家，尽可能与他们同吃、同住、同劳动。莽人终于接纳了我，很多人视我为"一家人"，我也因此做了"干爹"、成为许多人的"亲家"②。有了这层关系，调查大为通畅，更多村民乐意接受访谈③，甚至主动告知一些事情。

（3）2011年4月离开龙凤村后，我集中精力在牛场坪、坪河下寨和平和村调查。在掌握了一些信息后，于2011年9月3—26日又返回龙凤村，对照一些资料，修改不同报道人报道中的若干错误。

（4）就本研究而言，我最大的不足在于莽语的学习与调查的连续性不够，这两者之间也存在一定的互相关联。研究伊始，我曾立下雄心壮志：学会莽语，与莽人自如交流。如今为当初夸下的"海口"汗颜，仅能交流简单的日常用语；依靠莽人谈话中的一些词汇，再根据他们的表情或多或少能猜测一些他们的谈话内容。对那些不善说普通话或云南方言的报道人，调查须依靠莽人翻译方能进行。接下来再解释我为何不连续做调查的缘由。2010年11月24日我从龙凤村返回蒙自家中，家人见我的模

① 村民认为，南科附近很"乱"，这或许与涉毒人员有关。在我调查期间，据不完全统计，在南科行政村范围内抓捕的涉毒人员超过30人。某晚9点左右一外地司机在南科村被几名青年打伤，被抢劫数百元。一哈尼族妇女在赶街途中被3名16岁左右的青年抢劫。某晚我的一户邻居家大门被撬开，所幸未丢失财物。其他如丢失数只鸡、数袋稻谷等都不算新闻。

② "亲家"所指并不固定，村民对外村人多以此相称；因虚拟亲属关系成为亲家，在言谈举止中被视为"一家人"，并因这一关系而与其他村民成为"亲家"与"一家人"。

③ 村民并不习惯访谈，超过10分钟，他们就有点不耐烦；超过20分钟，就有点不快；半小时以上，有的被访谈者会直接告知"太累了，忙不赢（忙不过来）"，有的甚至不再搭理而默默走开。其他调查者也有同样感受。

样大吃一惊，说我"从非洲来"（肤色晒黑之故）"难闻死了"（烤火烟熏之故），甚至批评我"反应迟钝""像个呆子"。坦白地说，每次调查期间的第一周，感受到的是田园风光的诗情画意；三周后如果没有兴奋点的事情发生，诸如丧葬、"跳魔公"*ji mo gong*①，我将变得焦躁；之后更为自己的无所事事而自责、愤怒。至此方能体认马林诺夫斯基日记中的感受②，明了人类学是一种孤独的事业。在调查过程中，虽有温馨感动之事发生，更多的却是百无聊赖之感，这就是我未能连续调查的缘故。因此与其说本研究是浪漫之旅，不如说是被迫的任务。

（5）家庭档案与莽人社会经济发展统计表。在田野调查中，为每户莽人均建立了家庭档案与社会经济发展统计表，其中 2008 年、2009 年与 2010 年由金平县莽人扶贫办提供，2013 年由金水河镇提供；2011 年与 2012 年在莽人朋友的帮助下由我完成。

第四节　全书架构

为对本书有一概略性的了解，以下将简述其结构安排。它包括导论、正文和结论三大部分，共分七章，其中正文部分五章。

第一章为导论。主要包括问题的提出、文献回顾、资料来源与主要研究方法、基本框架。

第二章为中国莽人概况。作为本书的铺垫部分，本章目的在于解析"莽人是谁"，共分为四节分别介绍莽人的生态环境与人文历史背景、从散居到"安居"的演变、族源与族属、人口与家庭。

第三章为信仰体系。本章为本研究的核心部分，因为信仰与仪式是一体二面与相辅相成的关系。一般来说，信仰属于文化的深层结构，而仪式是信仰的表现形式。本章分为四节，从宇宙观、图腾崇拜、鬼灵崇拜与巫术信仰四个方面予以表述。具体的仪式实践正是以下章节所要讨论的内容。

第四章为岁时祭仪。从本章开始至第六章皆呈现莽人具体的仪式生活。第一节首先说明岁时与生计之间的关系，为具体的岁时祭仪做铺垫。

---

① 村民将魔公仪式治病的方式统称为"跳魔公"。

② Bronislaw Malinowski, *A Diary in the Strict Sense of the Term*, Stanford：Stanford University Press，1989［1967］.

第二节按春夏秋冬的季节顺序具体而微地描述祭仪。

　　第五章为生命仪礼的内容，分为出生、成年、结婚、死亡四个阶段来描述。其中第一节庆生仪式的主要内容有：莽人的生育观念、孕期护理、选择生育场所、接生与禁忌等内容，最后呈现如何命名与举行庆生仪式。在第二节的成年仪礼中介绍成年的外部显性特征在于衣着服饰；而其内部的主要变化则是社会行为的拓展，承担相应的社会责任，并以订婚为标志，而这是以往的研究所忽视之处。第三节为结婚与离婚：首先详细地描述传统婚礼的仪式过程；婚姻解体后，离婚与再婚仪式是其后的主要内容；最后总结婚姻仪式的变迁，内容包括特点与原因。生命的终结是人生中最后的关口，为此举行的丧葬仪式是第四节的内容。首先简介莽人的丧葬观念；其次详细地描述正常死亡的所有仪式过程；最后列举事例说明简化的丧葬仪式。

　　第六章为疫病防治仪式，共分四节。莽人将疫病多归咎为鬼魂作祟与他人施放黑巫术陷害，因而第一节简介莽村的医疗体系，为后续讨论做必要铺垫。第二节主要介绍为保障生命安全，莽人如何建构家屋的防御体系。第三节主要呈现遭受鬼魂作祟后，魔公如何举行仪式进行治疗，并举例说明。第四节讨论黑巫术的施放与白巫术的救治。

　　第七章为本研究的结论。通过以上的描述与分析，本章归纳出莽人的信仰与仪式休戚相关，而其中不息的交换折射出莽人以父系世系群为主的亲属关系，并通过仪式中的交换，建立、维持、巩固人与人、人与非人之间的关系，从而增强抗御社会风险的能力。

第二章　中国莽人概况

　　莽人是一跨境而居的山地族群，其主体生活在越南社会主义共和国（以下简称越南）与中国。越南官方在 1979 年 3 月 2 日将莽人认定为独立民族——莽族，中国则迟至 2009 年 5 月 13 日才以一个支系归入布朗族，并保留莽人称谓，即布朗族（莽人）。据统计越南 1999 年莽族人口达 2663 人，在 54 个民族中位居 46，占总人口 76323173 的 0.003%；分布在莱州省巡湖县、勐来县和孟牒县的 8 个行政村，20 个自然村。根据越南 2009 年人口普查数据，莽族在越南已有 3700 人，分布在 14 个不同省份与城市。其中聚居在莱州省的有 3631 人，占全族人数的 98.1%；同海省有 17 人，多乐省 15 人，不足 10 人分布于其他省份①。中国莽人主要生活在云南省金平县金水河镇的 2 个行政村 3 个村民小组，即南科村民委员会（简称村委会）的南科新寨（龙凤村）、坪河中寨与坪河下寨（2009 年并村改名平和村）；乌丫坪村委会的雷公打牛（2009 年迁址改为牛场坪村）。据我统计南科办事处与乌丫坪办事处填报的 "一九九九农村经济统计综合年报表"，上述四村莽人有 606 人。据 2010 年人口普查统计，金平县莽人有 722 人，其中有 688 人生活在上述 3 村，占总人口的 95.3%②。

　　解放以前莽人长期散居在中越边境高山箐林的边缘地带，因此一度被认为是 "深藏不露的世外部落"；其时他们过着半游耕半定居的生活：生产中以竹木器具为主，铁质工具较少；生活中铁锅很少，竹筒和芭蕉叶亦为重要的炊具；玉米为主食，辅之以稻谷、小米与植物块根；处于缺衣少被、缺盐少药的困境。1950 年代末期在民族工作队的积极动员与帮助下，莽人并村定居，开始了他们生活的新篇章。如今我国莽人主要聚居在中越

---

① 越文资料由阮文根教授提供，白晗翻译，谨致谢忱！

② 数据由金平县统计局提供，特此致谢！我于 2010 年 10 月统计莽人家庭的人数共为 691 人，其中包括 1 名拉祜族在内的待定人口 18 人。待定人口是指尚未取得中国公民资格的人口，包括越南妇女及其从越方带至中国的子女。

边境的云南省金平县西隆山林区的东南边缘，东经 102°57′—103°01′与北
纬 22°26′—22°45′之间的区域。莽人以"直接过渡"的形式跨越了社会形
态的发展，但到 2007 年尚未解决温饱问题，人均有粮 244 千克，缺粮户
超过一半，甚至有的家庭长达半年；人均收入仅 489 元，为红河州平均水
平 2528 元的 19.3%。具体表现在基础设施建设薄弱，生产生活条件艰
难；产业结构单一，增收致富窄化；科技、教育、文化、卫生等尚处于起
步阶段，社会事业发展缓慢。为扶持莽人尽快发展，在党和国家领导人胡
锦涛主席、温家宝总理的批示下①，2008 年开始实施莽人扶贫工程，至今
已初见成效，至 2010 年业已基本解决温饱问题，人均收入达到 1822 元
（包括 840 元农村低保），人均有粮 347 千克②。

第一节　生态环境与人文历史背景

　　金平县位于云南省东南部的边陲山区，地处东经 102°31′—103°38′
与北纬 22°26′—23°04′之间，北与元阳县接壤并隔红河与个旧市、蒙自
市相望；南与越南老街省坝洒县及莱州省封土、清河、勐德县接壤；西
连绿春县，东隔红河与河口县相望。边境线长达 502 千米，在全省县市
中位居第二，县城至边境最短直线距离仅有 7.5 千米。县城距省会昆明
477 千米，距红河州府蒙自市 135 千米。集"贫困、边境、山区、多民
族、原战区"为一体，辖 2 个镇 11 个乡、92 个村委会和 4 个社区、
1021 个村民小组或村民居住点的国家级重点扶贫工作贫困县。国土面
积 3677 平方千米，全境最大横距 108 千米，最大纵距 60 千米，山区面
积占 99.72%。该县耕地面积 41 万亩，据 2010 年统计农民人均耕地
1.1 亩，人均收入 2154 元。世居民族有苗、瑶、傣、哈尼、彝、汉、
壮、拉祜与布朗族（莽人）。

　　金平县属低纬高原地区，为热带季风气候带，年均气温 18℃，降雨

① 2008 年 1 月 26 日胡锦涛总书记对中共中央办公厅秘书局《每日汇报》中《云南莽人和克木
人目前生存、发展中面临的问题》一文做出重要批示："请云南省委、省政府研究提出扶助
措施，帮助其尽快摆脱贫困。"温家宝总理对国务院办公厅秘书一局 109 期《专报信息》中
《国家民委反映云南莽人、克木人生产生活较为困难》的报告做出重要批示："请扶贫办商
同云南省政府和有关部门提出政策措施，下决心解决莽人、克木人的生产生活问题。"
② 有关材料由金平县莽人扶贫办公室提供，特此致谢！

量充沛、干湿季节分明：平均年降雨量约 2330 毫米，其中 21% 分布在 11 月至次年 4 月的干季，而 5 月—10 月的雨季占 79%。境内最高海拔西隆山主峰 3074 米，最低海拔在龙脖河与红河交汇处，仅 105 米。由于海拔高差殊异，地形复杂，立体气候明显。云岭山脉呈西南走向，分成哀牢山和无量山，以藤条江为界分为分水岭和西隆山，地势西北高东南低，呈扫帚状散开，形成"二山二谷三面坡"的地貌特征，并因此拥有丰富的生物物种与矿产资源①。金平县历史悠久，自清朝以来，经历了诸多政治制度的变革，如土司统治、改土归流、土流并举、三民主义、人民当家做主。莽人从 20 世纪初迁入中国境内以来，也受这些制度的影响，并依靠自身的勤劳与努力，艰辛地在这片土地上寻求生存之道。

一　地理环境

莽人居住的区域属于云南省金平县国家级自然保护区西隆山林区的东南边缘，位于县城东南部，几无平地，该山区主要有 7 座大山，即保山、刀寨山、草果坪山、夫展山、坪河后山、南科梁子与老白寨梁子，诸山的西南面与越南莱州省清河县的巴刀和孟德县的孟拔接壤，国境线长达 50 余千米。诸山森林茂密，海拔均在千米以上，为众多河流的发源地，有南科河、龙树河、燕塘河、水龙岩等溪流，注入藤条江。这就是莽人靠山吃水的衣食之所。

该区因处于滇南低纬高原区北回归线以南，属于热带无寒地区，具有低纬山原型季风气候特征，既无酷暑，亦无寒冬，但海拔 2000 米左右的区域在冬季可能出现冰凌，年平均气温 18—20℃，年降雨量 2000—2900 毫米。但由于海拔尽在千米之上，耕作区和林区多雾罩，尤其在冬季，但不受寒潮的影响和台风的袭击。境内土壤类型与海拔密切相关，沿海拔梯度高低依次为黄色赤红壤、黄红壤、黄棕壤和棕壤。由于受中生代强烈地质运动的影响，土壤中含沙量较多，且含杂砾石。据金水河镇人民政府和有关林业部门 2007 年统计，莽人地区土地面积约有 7.3 万亩，其中森林面积 6.1 万亩，荒山与耕地共 1.2 万亩②。据我 2012 年 8 月 22 日在金平县林业局规划队查询，莽人村寨已办理林权登记证的集体林地共有 25927.1 亩，尚有部分并未办理产权证，具体面积不详③。以上足以说明

---

① 以上内容改写自金平县政府门户网站。

② 杨六金：《中国莽人对野生食用植物的利用和保护》，《红河学院学报》2008 年第 6 期。

③ 杨六金指出集体林 0.65 万亩，私有林 0.35 万亩（同上文，第 2 页），与我统计的数据不同。

该区地广人稀，森林与土地资源极其丰富。

二 历史背景

现金平县境大部分地区在汉时隶属牂牁郡西随县；三国至西晋属兴古郡西随县；隋、唐、五代十国属南宁州都督府黎州辖区；宋时属秀山郡大甸地；元时隶属临安路大甸；明时属临安府建水州十五勐十八土司地；清时属临安府勐丁、勐拉、茨通坝、者米土司管辖。勐拉刀氏土司从刀起凤始至刀家柱终，共历时 275 年。据《道光云南志钞·土司志》记载，"猛喇寨长刀起凤，清顺治十五年（1658）投诚"；又据北京故宫收藏的乾隆五十七年（1792）绘制的《六猛旧图》记载："猛喇……管辖猛喇、漫棉、南洞、老彭寨、老虎山、大箐口、金子河、（王）步田等八寨。四至：东接猛赖、猛梭，南接猛蚌，西接猛丁，北接稿吾卡"①，即今金河镇、十里村乡、金水河镇、勐拉乡、铜厂乡等地；还包括越南部分领土。以此而言，莽人生活的区域即在其辖区之内。云南总督鄂尔泰于雍正年间曾经奏请云南在该地"改土归流"，但因地处边陲及民族情况复杂，土司制度终未触动。清光绪十六年（1890）金平境内始改土归流。民国六年（1917）云南省政府对该地实行改土归流，在王布田（今金河镇）设立金河行政委员②，后改设平河设治局和金河设治局。又于民国二十一年（1932）将金河、勐丁两行政委员分别改为金河设治局和平河设治局。据《新纂云南通志·土司考》记载，"民国二十一年，自动呈请改土归流，业经照准"，即 1932 年土司刀光荣向云南省政府呈缴土司印信，实行改土归流。但实际政权并无变化，即便在民国后期亦是"土""流"并举。民国二十三年（1934）9 月 1 日中华民国政府将金河、平河两设治局合并为县，分别取二者之首字"金""平"合名为"金平"县，直隶于省。民国二十七年（1938）改设勐拉乡，莽人所在的区域即归该乡管辖；民国二十九年（1940）隶属第三区行政督察专员公署；民国三十六年（1947）归属第五区行政督察专员公署。虽然名称各异，但实质仍是刀氏土司统治③，直至 1953 年最后一个土司刀家柱

---

① 转引自金平苗族瑶族傣族自治县地方志编纂委员会：《金平县志苗族瑶族傣族自治县志》，三联书店 1994 年版，第 521 页。

② 此前勐丁（今老勐、营盘及铜厂乡一带）张姓土司已被废除，于民国初年设勐丁行政委员。

③ 金平苗族瑶族傣族自治县地方志编纂委员会：《金平县志苗族瑶族傣族自治县志》，三联书店 1994 年版，第 3—4 页。

魂断他乡，勐拉土司才彻底灭亡[1]。

1950年1月金平县解放后，经过几年的剿匪清特与土地改革，于1956年才真正实现人民当家做主。1950年金平县隶属蒙自专员公署，1954年1月隶属红河哈尼族自治区，1957年11月隶属红河哈尼族彝族自治州。1985年6月11日国务院批准金平县为金平苗族瑶族傣族自治县，同年12月7日正式成立，该名沿用至今。纳入现代国家版图之后，1950年代末期，该地实行"直接过渡"的民族政策，在"全国一盘棋"的局势下，莽人也被整合到"合作社""人民公社化"等的洪流之中。之后，随着1981年8月"家庭联产承包责任制"的推行，莽人也在"市场经济""全球化"的浪潮中沉浮。

1. 勐拉土司与国民党统治时期

勐拉土司统治期间，勐拉坝为政治、经济、文化中心。当地傣语的"勐"意指"大地方"。为了进行有效的统治，土司实行科层制管理与内外有别的政策。对傣族村寨，设置六大头目、布渣（又称三伙头）、寨官等官吏进行管理。"勐"地由土司直接管辖，下设刀闷、刀当、刀先、刀目、刀间、刀板（傣语音译词）六大头目，以刀闷为首，他们均由土司近亲或好友担任。其中刀闷管行政、刀当管武装、刀先管租赁、刀目管祭祀宗教、刀间管招待、刀板为刀闷的助手。六大头目之下各设一布渣。"勐"以外的"八大寨"各设寨官一名，由土司分封刀氏子弟担任；寨官之下也设六大头目与布渣。对非傣族村寨的统治，则根据情况不同而设置有别，如曼仗上下寨由"勐"上头目管理，全寨设双管1人，下设小派，均由寨中人担任[2]；在莽人村寨并不干预或改变他们的社会结构，仅是收取税费及财物，即"每户每年除交3元门户钱外，每户还要给土司上贡藤篾矮凳一对、篾席一床、松鼠乾巴5只"[3]。据金平八一中学刘佳雁老师告知，其祖父刘树轩（1911—1986）年轻时曾在土司府中担任师爷之职，于1937—1938年被土司派遣至南科任保长，负责收税，每人每年收1块大洋。莽人常因无钱缴纳，逃至森林躲避或投奔越南的亲友。

民国二十一年（1932）已统计莽人8户，表明国家的行政力量已将

① 可参阅 http：//www.stats.yn.gov.cn/canton_ model1/newsview.aspx? id=165566。
② 刀洁、和少英：《守望国境线上的家园：金平傣族的社会文化》，云南大学出版社2007年版，第6页。
③ 高立士：《曼人的社会经济与传统文化》，《广西民族研究》1996年第1期。

莽人纳入其管理之中，并在莽人地区推行保甲制，"委任哈尼族南行寨白地主阿戛为保长，委任曼人陈二（本族名阿年）为甲长。保长每月派每户门户钱一元，寡妇减半；打得野味还要向甲长上贡"①，这一说法亦在田野调查中得到证实，但具体数目并无确切证据：据莽人老年报道人告知"听老人讲，国民党来收钱，我们就跑到山里去，他们找不着，就把猪啊、鸡啊拉去杀吃了""家里杀猪，要给当官的送一腿，他在的时候就给，不在就不给"；另据南科老寨瑶族邓朝粮（1934—）介绍，"以前国民党一个月来收一次税，瑶族、苗族都收，莽人和苦聪人收不到，他们不固定呢，国民党当兵的一来收税他们就跑掉，兵税、官税晓不得哪样。人多就多收，人少就少收。我家那时 10 个人，一年交 12 元。这大概是1942 年前后，我那时小小的，现在老了，也记不清了"。

我们可以看出，除适应生产与便于生活外，莽人的居所不定也是"不被统治的艺术"②。就此而言，在土司与国民党统治时期，莽人在中越边境游动，不被统治的目的在于获取生存空间。

2. 中国共产党领导时期

1950 年 3 月金平县人民政府正式成立后，于当年 9 月拉开了"剿匪清特"的序幕。县工委书记郝建勋、县长许立纲遵照上级"军事进剿为主、政治瓦解为辅"的指示精神，对境内土匪的残余势力予以坚决打击，这一工作至 1953 年宣告结束。随即开始土地改革运动。其时边境地区的莽人尚处于被遗忘的角落，直到 1959 年并村定居，莽人村寨才真正整合成为国家的一个有机组成部分。

金平县的行政区划建制大体上与国内其他县一致，但具体到微观的村寨，它们的隶属关系就颇为复杂（见图 1－1）。以下根据所搜寻的档案资料予以整理，以便对这段历史了解得更加清晰，从而能更好地理解莽人的社会文化变迁。金平县人民政府正式成立后，建立区、乡，下设联防、行政村、自然村、大组、小组。之后大体延续这一体系，仅是名称有别而已。本节主要整理莽人村寨归属的行政单位情况，时限始自并村定居至今，而将莽人村寨的历史演变留待下一节另做讨论。

1958 年金平县实行区改公社，以此而论，莽人当归属勐拉公社，而

① 高立士：《曼人的社会经济与传统文化》，《广西民族研究》1996 年第 1 期。

② James C. Scott，*The Art of not Being Governed*：*an Anarchist History of Upland Southeast Asia*，London：Yale University Press，2009.

这与宋恩常 1960 年的调查不符①，个中缘由不清。1961 年恢复区、乡制，莽人属于勐拉区南科乡，确切证据为"勐拉区公所 1966 年度农业统合统计报表"（填报日期为 1967 年元月 20 日）中，"各民族人口统计表"显示"南科岔满"359 人。据"南科大队各生产队耕地面积与粮食总产（1968—1972）"与"乌丫坪大队雷公打牛历年粮食总产情况（1968—1977）"二表推测，可能在 1968 年分属不同的行政村②。后受"文化大革命"的影响，又统属同一行政单位，名称为极具革命色彩的"前哨乡"与"红卫公社联防生产大队"。1970 年金平县又将区、乡制改为公社、大队制，除个别统计表显示莽人属于"红卫公社联防生产大队"外，分属勐拉公社南科大队（驻地南科老寨生产队）与乌丫坪大队（驻地乌丫坪生产队）。1983 年金平县废除公社大队称谓，又恢复区乡建制，莽人因之属于勐拉区南科乡与乌丫坪乡，其公章为"金平县南科乡人民政府"与"金平县乌丫坪乡人民政府"。1987 年 12 月金平县撤区改乡，改乡为村公所；将勐拉区分为勐拉乡与金水河乡（乡政府驻地为八道班），莽人归属到金水河乡南科村公所（驻地南西寨生产队）与乌丫坪村公所，之后归属即无变化。1994 年 5 月根据云南省人民政府（1993）193 号文件批复，金平县撤销金水河乡，建立金水河镇（镇政府驻地为那发）；同时将其下辖的 6 个村公所改建为办事处，即莽人所在的南科办事处（驻地联防村）与乌丫坪办事处归属金水河镇管辖。2000 年 9 月金平县全面实施"村改委"工作，莽人所在行政村相应更改为南科村委会与乌丫坪村委会（2009 年驻地由乌丫坪迁至上田房），而所在的自然村改名为村民小组。

综上所述，莽人并村定居后隶属勐拉公社南科大队；1968 年分属南科大队与乌丫坪大队，在"文革"期间的 1970 年曾短暂用名"勐拉区前哨乡"与"红卫公社联防大队"；1983 年撤销区乡制，恢复公社大队制，又相应地变更为勐拉公社南科大队（驻地南西寨生产队）与乌丫坪大队；因 1987 年建制又将区改为乡，乡改为村公所，勐拉区一分为二，即勐拉乡与金水河乡，故归属地名变为金水河乡南科村公所与乌丫坪村公所（驻地未变）；1994 年又撤乡建镇，并将村公所改为办事处，隶属地又改

---

① 宋恩常：《插满人社会经济调查》，载中国科学院民族研究所云南民族调查组、云南省民族研究所《云南省红河哈尼族彝族自治州金平县苦聪人社会经济调查》，云南省民族研究所 1963 年版，第 47 页。

② 但令人费解的是坪河下寨 1968 年与 1969 年未列入南科大队中，而雷公打牛在 1968 年未列入乌丫坪大队。

名为金水河镇南科办事处与乌丫坪办事处；2000 年又因村改委而变更为金水河镇南科村委会与乌丫坪村委会，并一直沿用至今。以下再简介该村委会的基本情况。

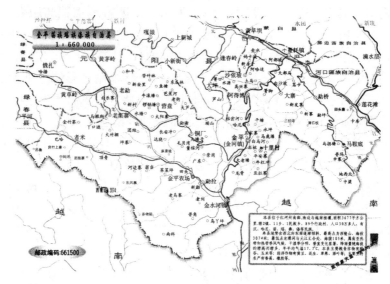

图 2-1　金平县地图

来源于 www.51yaLa.com

上文历时性地简述了莽人所在区域的行政隶属关系。为对这一历史背景有更清晰的了解，尚须对现今莽人主体生活所在的金水河镇及南科与乌丫坪村委会略做交代①。

金水河镇位于金平县南部，东邻十里村乡，西连勐拉乡，北接金河镇，东北和西南与越南接壤，国境线长达 126 千米。镇政府驻地在那发街，海拔 301 米，距县城 38 千米。全镇国土面积 436.17 平方千米，山区面积占 99%，森林覆盖率为 43.6%。据 2010 年全国第六次人口普查统计，该镇共辖包括南科与乌丫坪在内的 6 个村委会，76 个村民小组，有4918 户，22231 人，农民人均收入 2466 元。世居的民族有苗、瑶、傣、哈尼、彝、拉祜、汉及布朗族（莽人），少数民族人口占总人口的 99.1%。

南科村委会位于该镇西南部，村委会驻联防村，海拔 940 米，距金水河镇政府所在地那发 60 千米，距金平县城 112 千米。北隔金水河与普角

_____

① 以下内容改写自金水河镇、南科村委会、乌丫坪村委会门户网站。

村相望，南与西和越南莱州省清河县与孟德县接壤，东与乌丫坪村相接。辖区面积 151.11 平方千米，辖 10 个村民小组，其中莽人聚居在龙凤村与平和村。居民有哈尼族、拉祜族（苦聪人）、布朗族（莽人）、苗族、彝族、瑶族共 6 个民族，民族关系较为和谐。据全国第六次人口普查，该村共有农户 651 户，共 2826 人，其中劳动力 1210 人。耕地总面积 2637 亩，其中水田 1734 亩，旱地 903 亩，人均耕地 0.93 亩，主要种植水稻、木薯（Maninotesculentacrantz.）①，2012 年有部分耕地开始试种香蕉，2013 年有大量田地种植甘蔗。林地共 35476 亩，可种植杉木、草果（Amomum tsao-ko）②、灵香草（Lysimachin foenum. graecum Hance）③ 等经济作物。经济收入来自种植、养殖、打工与经商，2010 年全村农民人均纯收入 2102 元。该地为山区，最低海拔 940 米，最高海拔 2320 米，年均气温 15—20℃，年降水量 1900—2700 毫米。土地资源丰富，有荒山、草场 14.3 万亩，适宜发展畜牧业与经济林业。为实现全村整体脱贫，南科村委会今后的发展重点为：稳定粮食生产；调整产业结构，因地制宜地发展种、养、林业，尤其是发展草果、灵香草、八角、杉树、天然橡胶、香蕉等经济作物；做好劳务输出。

　　乌丫坪村委会位于该镇南部，距该镇政府所在地那发 35 千米，距金平县城 72 千米。北与老刘村委会相邻，南与越南莱州省孟德县接壤，西与南科村委会相连，东与金水河村委会接壤。驻地海拔 1470 米，辖 8 个村民小组，世居民族有哈尼族、苗族与布朗族（莽人）。现有农户 329 户，共 1641 人，其中劳动力 824 人。辖区面积 43.45 平方千米，其中耕地面积 2871 亩（田 1275 亩，地 1596 亩），人均耕地 1.75 亩；林地 61313 亩，适宜发展草果、橡胶、杉木、膏桐（Jatropha curcas L.）等经济作物。经济收入来自种植、养殖、打工与经商，2010 年全村农民人均纯收入 1863 元。该村今后脱贫致富的发展重点为：提高村民综合素质；大力发展种植、养殖业；做好劳务输出。

---

① 昔时为本地木薯 yo huo mang，人可食用；现在多种植杂交木薯，用于出卖或喂养家禽与家畜。

② 为姜科植物，一般种植 5 年后结果，果实一年一熟；有燥湿除寒、祛痰截疟、消食化积之功效；当地多做佐料，冬季拌肥肉喂食牲畜，增强其抗冬能力。近三年烤干后的价格为每公斤 28—70 元。

③ 多年生草本植物，株高 20—60cm。一年四季均可收割，但以夏秋二季采收较好，烤干后香气馥郁。近三年烤干后的价格为每公斤 7—30 元。

第二节　从聚落、并村定居到"安居"

莽人从越南迁至中国境内的时间不一，居所分散，常常是一家独占一个山头，之后才逐渐形成聚落，因此规模不大，在并村前少的仅有数家，最多也不过 15 户①。据并村后 1960 年的统计，由两个聚落并村的草果坪新寨仅有 6 户；由四个聚落合并的南科新寨户数最多，也不过 19 户②。往昔莽人以刀耕火种维生，主食为苞谷，辅以采集与狩猎；生产工具虽有少量铁器，但以木棒点种为主；住所常随食物而搬迁，这种"撵火吃饭"的生活方式就决定了莽人难以形成稳定大型的村落。以下我们从莽人聚落迁徙的历史亦可窥见行政力量主导了这一变迁，而这与民族工作队的努力工作密切相关。

1950 年 10 月金平县设立民族事务委员会，共有 19 名委员，但由于并无专职人员，因而难以有效开展工作。1954—1956 年全县各区均设有边防部队民族工作队。1955 年蒙自专区民族工作队派遣 20 余人入驻金平，协助开展和平协商土地改革工作。1956 年底滇南民族工作队与蒙自专区民族工作队合并，1957 年初抽调 150 人到金平，金平县再补充 50 人，组成了共计 200 人的中共金平县委民族工作队，分为 7 组，每区一组开展宣传党的民族方针政策与稳固边防的民族工作。1957 年金平副县长刘天德带领的民族工作队在苦聪村寨访问期间，也曾前往莽人地区访贫问苦，发放农具、衣服粮食等救济物资，并建立直接指导苦聪人和莽人的工作组，宣传党的民族政策、动员他们并居、"直接过渡"到社会主义社会。在他们的积极动员下，莽人逐渐消除了对外界的恐惧和疑惑，于 1958 年陆续合并，组成互助组，1960 年又成立或加入合作社。后经多次的分分合合，多个聚落的莽人至 20 世纪 70 年代才最终形成南科新寨、坪河中寨、坪河下寨和雷公打牛四个村落。后又在行政指令下并村迁址，改名为龙凤村、平和村与牛场坪村。

---

① 宋恩常：《插满人社会经济调查》，载中国科学院民族研究所云南民族调查组、云南省民族研究所《云南省红河哈尼族彝族自治州金平县苦聪人社会经济调查》，云南省民族研究所 1963 年版，第 57 页。

② 同上书，第 47 页。

南科新寨建于 1959 年，因位于南科老寨①附近而得名。1958 年在苦聪民族工作队的指导下，将管木寨、那折上寨、边界寨并入南科寨；龙树河并入草果坪，组成草果坪新寨②。之后根据中共云南省委"大力发展互助组，重点试办合作社，大力发展农业生产"的指示精神，1959 年草果坪的 6 户莽人加入拉祜西（即黄苦聪人）合作社（即今联防村）；1960 年南科寨的 19 户莽人与附近苗族一起参加南科老寨合作社。瑶族、苗族群众教育莽人开挖田地与其他一些生产生活技能，现在南科河边的莽人水田大多就是那时开挖的。据村民回忆，该合作社还曾经开办大食堂，实行"放开肚皮吃饱饭，吃饭不要钱"的政策。大食堂支撑了 3 个月，终于宣告停办。1961 年苗族与莽人均脱离南科老寨，成立单一民族村寨，莽人所在的南科新寨得以产生，但所有家户并不集中，而是散居于海拔1400—1700 米的山区。1969 年划分阶级成分时，该村有 2 户富农，并曾多次接受贫下中农再教育。据村民回忆，"把富农（户主）两个手绑起，放到后面，叫他低头，承认错误，不能砍老林""饭嘛给吃，打嘛不打，坦白就得，以后不要做坏事""不听话，有个当官的用脚踢""拉到革委会批斗，就是南科老寨那里，以前村公所在那"。

经民族工作队和南科村公所（即今村民委员会）的动员，1971 年南科新寨与草果坪新寨的莽人聚拢在一起，地址选在龙树河与燕塘河汇合处附近。1975—1976 年该村发生麻疹病，死亡人数说法不一，其中有三家无人生还③。由于缺乏科学知识，莽人认为这是恶鬼作祟所致，因而四处逃匿，甚至不乏躲入原始森林者。之后多集中在原边防部队驻扎地附近。1996 年金平县委、县政府为了帮助缺乏生存条件地区的群众尽快摆脱贫困，规划实施了金水河龙树河易地开发区。金水河镇南科新寨的莽人和老勐乡、铜厂乡的部分苗族、彝族被动员到开发区来开发，居住地址选在南科村旁（村址原为联防村集体土地）。1997 年南科新寨的莽人整体搬迁，与苗族、彝族组合成多民族的自然村，村名为龙凤村，来自时任县长熊振明取义"龙凤呈祥、开始新生活"的命名。2008 年实施莽人扶贫工程，

① 建于 1928 年，全村几乎全为瑶族蓝靛瑶支系。南科为地名，也曾写为"南课"。
② 晚于黄苦聪人的草果坪老寨而取名新寨。
③ 据曾任南科村公所医生邓朝良（南科老寨人）说死亡人数不到 10 人，但龙凤村的老年莽人说法不一，多则 80 人，少则 60 人。"埋人都忙不赢""一天要埋好几个"。统计资料显示：1973 年南科新寨 25 户 133 人，1977 年 23 户 118 人。在此期间，并无家户外迁，据此推测死亡人数可能在 15—30 人。

龙凤村就地改造（见图2－2）。

图2－2　龙凤村

雷公打牛村原名隔界寨，因地处中越边界而得名。后因打雷击毙3头黄牛①而改名为雷公打牛寨，建于1959年初，由波翁与雷公打牛2个聚落合并而成，共有8户。另一聚落刀家寨有8户，1968年因传染病蔓延，死亡多人，莽人因恐惧而逃匿至地棚与森林②。后有5户迁往雷公打牛村，另3户迁到坪河下寨，因而该村不复存在。1969年雷公打牛村有16户72人。在划分成分时，有富农3户16人（富农亦受批斗，不再赘述），其余皆为贫农。1970年19户93人。如果没有外来人口进入，72人在1年的周期内不可能自然增长21人，据此推断，刀家寨当是这段时间迁入

---

① 亦有1头、5头黄牛之说。此外还有1只狗丧生、1人听力受损。

② 谈及此事，村民仍是心有余悸，"家家都死人""一面打针，一面死，哪个不怕啊""人都不埋，跑得远远的，老林也在过，越南也去"。统计多名老年报道人所述，死亡人数为25人；而有关工作人员告知为3人，而某报道人的同胞中就因此而丧生5人，病因为麻疹。李道勇指出，"1964年，莽人刀家寨因病蔓延，抢救无效，幸存者出走。从此，该寨自然消失"（李道勇：《莽村考察》，《中央民族学院学报》第1期）；高立士也曾提及，病情可能发生于1967年（高立士：《曼人的社会经济与传统文化》，《广西民族研究》1996年第1期），时间均有误。

雷公打牛①。由于缺医少药，村民多灾多难，他们将之归因于该地"鬼多"，使人"着病""寨子不得在②"。于是 1971 年整村从隔界搬迁到雷公打牛老寨③。1972 年为了便于开展教育指导生产工作，工作队将交通更不便利、人口较少的坪河下寨合并到雷公打牛村，但由于原两村村民之间发生纠纷，1 年后他们又迁回，并有部分迁到坪河中寨④。2009 年因莽人扶贫工程，雷公打牛村（见图 2 - 3）整村又搬迁至牛场坪安置点，并改名为牛场坪村（见图 2 - 4)⑤。简而言之，从乌丫坪村委会现址步行约 15 分钟可到牛场坪，约 2 小时到雷公打牛，约 4 小时到隔界。

图 2 - 3　雷公打牛村

---

① 可参见填写日期为 1970 年 2 月 17 日 "前哨乡粮食产粮汇总表" 与 "金平县红卫公社联防大队一九七〇年农村人口年报表"（填写日期不详）。"前哨乡粮食产粮汇总表" 显示，莽人村寨有草果坪新寨、南科新寨、坪河中寨、坪河下寨、刀家寨、雷公打牛；而在 "金平县红卫公社联防大队一九七〇年农村人口年报表" 中仅有南科新寨、坪河中寨、坪河下寨、雷公打牛村。

② "在" 为当地方言用法，"住、生活" 之意，引申为 "舒服""惬意"。

③ 该地原为田房上寨（苗族），该村搬迁到现址数年后，莽人才搬至此，村民现称之为 "老房" 或 "老寨"。其实原来莽人房屋均拆除，材料多用于建盖田棚，也见几户将石棉瓦以便宜的价格卖给附近的越南人。

④ 因莽人并无纪年习惯，现在通过访谈回忆可能并不真实，比照其他资料，做出如上叙述，但亦有诸多疑点，特此说明。

⑤ 牛场坪村项目于 2008 年 4 月启动，2010 年 3 月全面竣工，先后共投资 2548.47 万元。

图 2 - 4　牛场坪村

　　坪河下寨（见图 2 - 5）原为田房下寨哈尼族的住地，据说因有人食用黄麂肉，得罪老天而受到"垮山"的惩罚，致使众人丧生。仅有一位未吃麂子肉的寡妇因夜晚梦见有人叫她"快跑，要垮山了"，于是赶紧起来，带上小孩连夜出走，才得以逃生。坪河下寨聚落原由 4 个独家村组成，1959 年 6 月又并入落乌寨，村名坪河下寨，后又从刀家寨迁入若干户。1972 年曾并入雷公打牛村，后又返迁。2009 年 6 月坪河下寨整村迁至水龙岩安置点，与坪河中寨并村，村名平和村①。又因该村多人丧生，而莽人认为村内恶鬼盛行，于是原坪河下寨绝大多数家户又返迁。坪河中寨聚落原由 6 个独家村合并而成（见图 2 - 6）；1959 年经民族工作队的安排，并入河头寨与坪河上寨，组成坪河中寨合作社。1969 年有 2 户 9人的成分被划为富农。2009 年 6 月整村搬迁到水龙岩安置点，与坪河下寨并村，村名平和村（见图 2 - 7）。

　　综上所述，虽然无从知晓莽人形成聚落的确切原因，但我们不难发现，代表国家权力与意志的民族工作队与基层行政力量主导了莽人村寨的历史演变。从最初的并村定居到最近的莽人扶贫工程中的安居工程，莽人并无自主权，而是听从"组织的安排"。这种安排既便于国家的行政管理，又出于政府帮助莽人发展生产、提高生活水平的目的。

---

① 平和村是由坪河中寨、坪河下寨易地搬迁合并组建的一个村寨，原取名水龙岩安置点，2009年 5 月正式命名为平和村。平和村项目于 2008 年 4 月启动，2010 年 3 月全面竣工，先后共投资 2297.75 万元。

图 2 - 5　坪河下寨

图 2 - 6　坪河中寨

图 2 - 7　平和村

第三节　族群溯源、认同与归属

在基本知晓莽人的历史文化背景后，本节将讨论莽人的渊源、认同与归属问题。

一　源流考释

由于莽人人数甚少，亦无文字，长期以刻木记事，自身了无记载；史书是否有记载，亦须仔细爬梳并予以甄别，或许是以上因素导致对莽人的渊源研究甚少。根据我掌握的资料，主要讨论两个问题：一是明确中国莽人从 20 世纪初迁入中国的事实；二是就莽人渊源提出粗浅的看法，以期抛砖引玉。

（一）源自越南

现今生活在中国的莽人源自越南西北部，乃是无可辩驳的事实，理由如下：

1. 文献记载

前文已引述 1932 年莽人仅 8 户，1950 年莽人 59 户 291 人①，1960 年 64 户 312 人②。这些数据并未显示 1932 年的具体人数，但我们能以 1950—1960 年年均 7.2% 的人口增长率为参考，推断 1932—1950 年增长 51 户的原因不可能是自然增长。因为以刀耕火种维生，在缺医少药的情况下，人口增长不可能如此迅速，因此其主要原因当是人口迁徙。而且迁自越南，有文献为证："中国境内的芒人认为越南的猛莱（莱州）是自己的故乡。他们迁到中国前则散居在越南的难木班和难木给地区，就是现在的难木班、难木给一带还有不少芒人。此外，米吉东、难木松、难木责和巴登都住有芒人。这些地方与中国边境相距三四天的路程，直到今天仍和中国境内的芒人保持联系。"③ 而迁入中国境内的原因为，"据说在七八十年前，法帝国主义侵略到猛莱（莱州），当时臣服于傣族统治者的芒人，

---

① 杨六金：《莽人的过去和现在——十六年跟踪实察研究》，云南教育出版社 2004 年版，第 35 页。

② 宋恩常：《插满人社会经济调查》，载中国科学院民族研究所云南民族调查组、云南省民族研究所《云南省红河哈尼族彝族自治州金平县苦聪人社会经济调查》，云南省民族研究所 1963 年版，第 47 页。

③ 同上书，第 56 页。

不仅受到傣族统治者的压迫与剥削，而且还受到法帝国主义的各种压迫，负担各种沉重的劳役，往猛莱下部的猛乌运输物资，芒人再也忍受不了傣族统治者和法帝国主义的压迫，他们乘夜逃到中国来"①。引文中所述的"七八十年前"所指皆为概数，因莽人并无纪年之俗，且谈话中常有夸张的习惯，因此"七八十年前"或许不过四五十年前，而这与记载"岔满8户"的1932年大致吻合。因此推测莽人迁入中国境内始于20世纪后，而从1932年到1950年的18年时间内增长51户，说明莽人迁徙的高潮当在20世纪30—40年代；金平解放与越南独立后趋于平稳。

2. 田野资料

在所有的访谈对象中，他们的二代至四代以前基本都可追溯到越南，如龙凤村罗自华（1969—）说："我们是从越南巴哈②搬来的。老人说，皇帝要我们缴粮食，我们自己都没得吃的，就跑到深山老林。后来搬到南科河头、草果坪，东跑西跑，到处找吃的。后来又搬到南科新寨，再到龙凤村。"龙凤村刀正华（1972—）说："莽人都是从越南莱州搬来的。原来这里没有姓刀的，是从越南来的，具体地点时间太远了，不知道。我父亲搬到老林桥③住几年，又跑到草果坪，后来在盐塘河边在过，公家叫拢到南科新寨，后来又搬来这里（龙凤村）。"原坪河下寨陈忠文（1966—）告知："我们从越南南丹④出来，我家公（祖父）死后，我家奶奶带了4个小娃来坪河找男人，我家爹（父亲）来时才七八岁，后在这里安家，那时下寨只有3家，陈世保（1952—）家爹讨2个姐妹做老婆。"原坪河中寨龙正强（1969—）说："我家爷爷从越南莱州搬来这边的。"牛场坪村陈四新（1955—）告知："我家爹兄弟三个都是从安南（越南）南丹搬来的，他在那里还讨得一个老婆，生了一个姑娘才到中国的，后来在这边讨了老婆，生了我们哥弟三个。"笔者访谈所得与杨六金相一致⑤；此外他还画出部分陈姓、刀姓、盘姓的迁徙路线图⑥，证明莽人来自越南的事实。

① 宋恩常：《插满人社会经济调查》，载中国科学院民族研究所云南民族调查组、云南省民族研究所《云南省红河哈尼族彝族自治州金平县苦聪人社会经济调查》，云南省民族研究所1963年版，第56—57页。
② 地名，从龙凤村步行一日可到该村。
③ 地名，从龙凤村步行3小时可到该地。
④ 地名，从平和村步行半天可到该地，
⑤ 杨六金：《莽人的过去和现在——十六年跟踪实察研究》，云南教育出版社2004年版，第53—55页，第60—64页。
⑥ 同上书，第60—64页。

3. 婚丧习俗

往昔莽人缔结婚姻，礼银钱中至少必有一块"老钱"，即法制银币。这种法制银币，当与越南曾为法国殖民地有关。我所见的这种银币有两种版式，现以1925年的银币为例（见图2-8），其两面各印有以下阳文：1925 REPUBLIQUE FRANCAISE（法兰西共和国1925年制造）；. INDO - CHINE FRANCAISE. 与 TITRE 0.900. POIDS 27GR.（印度支那，标题0.900. 重量27克）围成一圈，中间字样为 PIASTRE DE COMMERCE（贸易银圆）。该版还有1908年与1926年制造的。

图2-8　法制银币（两面）

另一种版式为1891年制造，其特别之处在于一面有一"金"字，两面各印有以下阳文：1891 REPUBLICA PERUANA J. IMA ODECIMOS FINO T. J.；FIRME Y FELIZ POP LA UNION UNSOL 金（见图2-9）。为了婚姻，中国莽人一般须往返数天翻山越岭地去越南村寨兑换这些老钱。近年来由于越方对外来人员加强控制，加之老钱越来越少，而改以中华民国三年或十年制造的一圆银币代替。因为越南曾是法国的殖民地，这一习俗也表明中国莽人的先辈曾经生活在越南。丧礼中在埋葬死者后的次日凌晨由魔公为其魂魄领路，送至故土，地点为越南莱州。简而言之，婚姻礼钱中的法制货币与丧葬后的引魂到越南，不仅表明中国莽人曾经居住在越南，而且有力地证明越南为中国莽人的故乡。

从越南文献可知，莽人为群居，源自越南的中国莽人本应延续这一习惯方为常理，而这一族群在中国却常为独户村或极小的聚落，而且相隔甚远，原因当属各自的逃离，以寻求生存的空间。结合文献与田野资料推论，现今的中国莽人来自越南西北部的莽族，时间大致始于20世纪初，

图 2 - 9　特殊银币（两面）

到越南独立与金平解放后迁徙大体趋于稳定①。

（二）族源的讨论

中文文献中，笔者仅见高永奇与杨六金对莽人族源有过简短的讨论②，他们的共同点是均从莽语属于南亚语系的孟高棉语族切入。姑且以其切入点无误为前提来讨论。

高永奇的行文逻辑是从风俗习惯、史书记载与民间故事传说去寻找莽人与孟高棉民族间相似的蛛丝马迹，得出的结论是，"今天金平县内的莽人在历史上是居住在中越边境地区的山地少数民族，他们常常从越南迁入中国，又从我国迁入越南。他们与中越边境上的周边民族有着较深的历史交往"③。高氏的论证中，有以下疑点：第一，在史料记载中，虽然梳理出"今天金平的莽人与上述古代的'茫人部落'有一些相似之处"④，但

① 中国对越自卫反击战期间，曾经有 2 户共 8 名"难民"逃至中国，亦有 2 名中国莽人迁到越南。

② 李道勇指出，"初步考证，莽人古称'茫蛮'，始见于《蛮书》卷 4。那时的'茫蛮'包括今日的莽人、克木人、户人等部分山地孟—高棉的先民在内。它是我国有关南亚语系孟—高棉民族群体较早的历史记载"（李道勇：《莽村考察》，《中央民族学院学报》1993 年第 1 期）。张德强明确叙述，"明朝中期'莽人'散居在云南省红河州和文山州境内，到明末清初流散在越南老街省和莱州省境内。到清朝末期有部分'莽人'又从越南迁入我国的金平县雷公打牛、坪河中寨、坪河下寨、南科新寨等地定居"（张德强：《探访"莽人"部落的神秘生活》，《民族论坛》2011 年第 10 期，第 32 页），因二文均无论证，故不予讨论。

③ 高永奇：《莽语研究》，民族出版社 2003 年版，第 11 页。

④ 同上书，第 9 页。

又指出作为族名与地名的"莽 mang"不同于"茫人"称其首领为"茫"①，据此莽人当与茫人不同。第二，他指出"上面这类故事传说（兄妹成亲而造人、葫芦出人、傣莽一家）可能不能用来判断莽人的历史情况"②。第三，在风俗习惯方面，他得出"莽人与我国古代濮人有一定的关系"的结论③，却又指出"莽人同周边其他民族之间在生活习俗上有同有异，同孟高棉语族各族习俗的关系要远于同京族习俗的关系"④，这就表明他否定其证据。高氏对其论述中的三个论证并不确定，貌似条理清晰的论证，却在肯定的同时又予以否定，不能不对其结论的可信度产生怀疑。

杨六金追溯《华阳国志·南中志》中"闽濮之民"至南北朝时期已脱离其统治，在唐朝时已分化为"朴子蛮"与"望蛮"，成为莽人和布朗族等民族的先民。再根据明天启《滇志》中所述"蒲人"、李京《云南志略》中"蒲蛮"与"朴子蛮"、《清职贡图》中"蒲人，即蒲蛮"推测，这部分蒲人因受其他民族的歧视与压迫，逃至深山密林⑤，"最后迁徙到我国金平县边境一带和越南老街市的坝洒县⑥境内，然后往南迁徙到越南莱州省的封土、孟来、清河、孟德等县的深山密林中，散居于莽莽原始森林中"⑦。杨以近千字的论述跨越千年历史，讨论族源，过于简单。他在莽人葬礼中指出莽人死后须由魔公念诵领路词，将死者的亡灵按祖先迁徙的路线送回越南⑧。依此逻辑，假如中国是越南莽人的故乡，则越南莽人死后须引魂到中国，但杨显然缺乏这一重要证据⑨。而且在越南境内的莽人并非从老街市坝洒县向莱州迁徙，反而是从莱州向其他地区扩散，这已是越方研究的共识。因此"经过比较研究分析，发现我国金平县境内的莽人，是从'蒲人''蒲满（莽）人'族群中分出来的一支"的结论并

① 高永奇：《莽语研究》，民族出版社 2003 年版，第 11 页。

② 同上书，第 10 页。

③ 同上书，第 5 页。

④ 同上书，第 6 页。

⑤ 杨六金：《莽人的过去和现在——十六年跟踪实察研究》，云南教育出版社 2004 年版，第 43—44 页。

⑥ "市"应为"省"误，坝洒县属于越南黄连山省。

⑦ 杨六金：《莽人的过去和现在——十六年跟踪实察研究》，云南教育出版社 2004 年版，第 44 页。

⑧ 同上书，第 244—249 页。

⑨ 笔者至今在越南有关莽人的研究资料中亦未发现此类证据。

不足信。而越南学者陈友山博士通过研读越方研究成果及其实地调查，认为杨六金这一结论本就错误。

综上所述，杨与高的证据不充分、论证有欠周全，甚至有学者认为他们的结论错误。如果莽语不属于孟高棉语族，即他们立论的前提错误，其结论自然无以为信。莽人的渊源可以上溯到哪里呢？以下根据笔者所掌握的资料，就此问题提出一孔之见，以求教于方家。

（1）从历史上来看，昔时越南为中国的藩属国，迟至光绪二十一年（1895）六月二十日中法签订《续议界务专条附章》，始将原临安府管辖的勐蚌、勐莱、勐梭划归法属安南。实际上"越南在中国未放弃宗主权以前，虽有疆域之分，然究属一家，实无明确的界线，双方人民混居杂处，婚嫁相通，往来听其自便"①。以此而论，以中越莽人的"莽地夺"（大地方的莽人）与"莽地哈"（小地方的莽人）的互称证明莽人源自中国并不充分。即便是中越各自建国后，双方对边境的管理亦不严格，边民仅有族群意识而缺乏国家概念。直至1975年中越关系交恶后，双方边民始有国籍意识。20世纪80年代后期中越关系逐渐缓和，边民又恢复亲朋往来。

（2）从体质来看，莽人为一独特的族群。据杨翔等运用Southern转移和杂交等技术对中国南科村委会的莽人与苦聪人进行mtDNA RFLP研究，发现莽人与苦聪人虽居住较近，遗传距离却较远；莽人是一个遗传上较独特的群体，很少与其他民族或族群融合，因而群体内变异较为丰富②。郑连斌的研究团队认为，莽人属蒙古人种南亚类型，眼内角间宽值较大，而其他多数指标值偏小③。又通过Heath-Carter法体型研究，确认莽人为生活在南亚的古老族群，更多地具有南亚类型的体型特征，他们身矮体轻，身体细瘦，皮脂菲薄，肌肉不发达。其中男性为均衡的中胚层体型，女性为偏内胚层的中胚层体型④。以上研究表明，莽人为一较为封闭的古老族群，很少与其他民族或族群通婚融合。由于"人类的体型特征

---

① 黄铮、萧德浩（主编）：《中越边界历史资料选编》，社会科学文献出版社1993年版，第1056页。
② 杨翔、张丽梅、丁猛、张亚平：《莽人、苦聪人mtDNA多态性研究》，《云南大学学报》（自然科学版）1999年第21期。
③ 郑连斌、陆舜华、许渤松、罗东梅、张兴华：《中国独龙族与莽人的体质特征》，《人类学报》2008年第4期。
④ 郑连斌、陆舜华、张兴华、罗东梅、于会新、许渤松：《中国莽人、僜人、珞巴族与门巴族Heath-Carter法体型研究》，《人类学报》2010年第2期。

受环境与遗传因素的双重作用"①，这些研究对我们思考莽人渊源具有重大参考价值。

（3）莽语的语族研究。莽语属南亚语系已成定论，但属于哪一语族则有分歧。以王敬骝、李道勇、阮鸾、奥德古里尔、高永奇②等为代表，认为属于孟高棉语族；而颜其香、周植志、李旭练等则认为属于越芒语族，如颜其香、周植志指出，莽语虽与国内孟高棉语族的几种语言有诸多相近，乃至同源关系，"但却分离得久远了些，无论在语音、词汇以及语法方面都有一些显著的差异"③，有鉴于此，"莽语是一个独立的语言，它跟越南境内的莽语是一种语言的不同方言土语。它可与越南西北部的欣门语等组成一个独立的属越芒语族的莽语支"④。目前学界主流的观点认为莽语属于孟高棉语族，并据此推测莽人源自中国古代的百濮族群⑤。假如莽语属越芒语族的结论成立，则以前建立在孟高棉语族的论述将如多米诺骨牌一样倒塌。越方学者的结论为莽语属于南亚语系北孟高棉语族，突出"北"是基于莽人是越南北部山区的土著族群。莽语的研究成果，常常成为其他相关研究的基点。因而如能拓展纵深的莽语研究，亦将有利于洞察莽人的文化特质与族源关系。

（4）从故事传说中提取信息。在田野调查中收集到一则有关莽人战争的传说：

> 900多年前，以前莽人不过节过年，有猪就杀吃，老祖公献，随便，不固定，不懂他们的话。以前南捏界碑那里有两个大山包，莽族

① 郑连斌、陆舜华、张兴华、罗东梅、于会新、许渤松：《中国莽人、僜人、珞巴族与门巴族Heath - Carter 法体型研究》，《人类学报》2010 年第 2 期。

② 高永奇在其博士论文中认为，莽语同布朗语、佤语等佤德昂语支关系最近，将莽语归为南亚语系孟高棉语支的一种独立的语支——莽语支，但在《莽语研究》书中认为莽语是南亚语系孟高棉语族中一种独立的语言具有充分理由，但具体与哪种语言最近，尚有待于今后继续研究（参见高永奇《莽语研究》，民族出版社 2003 年版，第 224—225 页）。

③ 颜其香、周植志：《中国孟高棉语族语言与南亚语系》，社会科学文献出版社 2012 年版，第96 页。

④ 同上书，第 97 页。

⑤ 李道勇、李年生、粟锦辽：《我国孟—高棉诸民族群体人名考释》，《中央民族学院学报》1992 年第 1 期。李道勇：《莽村考察》，《中央民族学院学报》1993 年第 1 期。杨六金：《莽人的过去和现在——十六年跟踪实察研究》，云南教育出版社 2004 年版，第 42 页。黄光学、施联朱：《中国的民族识别——56 个民族的来历》，民族出版社 2005 年版，第 225 页。何平：《中国西南与东南亚跨境民族的形成及其族群认同》，《广西民族研究》2009 年第 3 期。

的王都住在那里，两哥弟像毛主席一样，一边一条河，兄弟用布接水来喝，他们打仗厉害得很，打了两三年就败了。那时没有枪，用刺刀杀，这些都是听老人讲的。他们打得赢昆明，打不过中国汉族，打输后就东跑西跑。(南科) 老寨都是莽人地盘，莽人与苦聪打过仗，哪样人都打过，像毛主席解放中国一样，生一个皇帝打一次仗，他要重新来一部法律。过去两个皇帝叫他们要好好地献老祖公，绿叶子不能拿到家里，绿叶子是他们的传统，与他们打仗的民族用绿叶子把头包起来与他们干，他们就败了。

这则故事告知我们：莽人与其他族群发生战斗，而战败可能导致莽人长距离的、非自然性的迁移。如果这一推论有些许合理，可能对思考莽人的迁徙有所助益。

(5) 族群关系考量，涉及两方面内容，即莽人分别与老挝人和傣族的关系。我所见记载老挝有关莽人的文献均为一笔带过[1]，但从老挝人称呼莽人为"拉莽"(意为马鹿，有侮辱之意) 中[2]，我们可以推测他们之间应该存在关联，再结合越南古歌中关于莽人最初在越老边境地区的传说，似乎渊源趋于明朗。越南学者研究认为，莽人属于越南西北部的原住民之一，在 14 世纪时曾经生活在越老边界地区，后被老族打败，迁徙至越南北部莱州省，他们先于傣族在此繁衍生息。至今越南莽人将莱州省巡胡县南班社视为莽族人民的故乡，这些故事与传说在前文所述的越、英文文献中均有提及，仅有详略之别[3]。

莽人与傣族的关系有三种不同的传说。

第一种：相传很久以前，莽人与傣族是亲兄弟，憨厚的莽人是哥哥，狡猾的傣族是弟弟，他们都以刀耕火种维生。弟弟因厌倦高山上清苦的生活，想到河坝开田，于是向哥哥撒谎说去河坝砍地，实则在河坝开田。数日不见弟弟回家吃饭，善良的哥哥很是担心，于是吩咐其妻前往河坝找弟弟。她将弯弯曲曲的田埂视作蟒蛇，因害怕而独自回家。若干天后，弟弟

① 越南社会科学委员会民族研究所 (编著)：《越南北方民族》，载广西民族学院民族研究所《民族研究资料丛刊之三》，范宏贵、孟维仁、徐泉英、古小松译，1986 年版，第 81 页。李道勇：《莽村考察》，《中央民族学院学报》1993 年第 1 期。

② 同上书，第 62 页。

③ 除我购买的之外，其他越文资料均由越南社会科学院中国研究所阮文根教授与老街省旅游文化厅厅长陈友山博士提供，特此致谢！

终于回家，以不再在高山生活为由，向哥哥索要头人的权力。哥哥毫不犹豫地答应了，于是弟弟得到了权力，在河坝以种粮为生，变成"水鸭"，过着富足的生活；哥哥依然是"旱鸭"，过着清贫的日子。

第二种：莽人的刀姓分为"大刀"与"小刀"两大支系，相传小刀为傣族所生。很久以前，一傣族青年在山上打猎，遇见一莽族姑娘，顿生爱意，于是就入赘开始恩爱的夫妻生活。生儿育女之后，该男子因厌倦高山的生活，舍妻弃子而去。他的后裔繁衍发展，成为现今的"小刀"支系，至今仍被"大刀"与其他莽人视为"野种"。

第三种：白傣为傣族的一个支系，刀氏土司即属于白傣。在很久以前，久婚未育的白傣刀氏土司看中了一位前来坝区赶街的美丽莽人姑娘，于是土司就娶她为妾。她生育八子，他们长大成人后成为有名的"八大土司"，分管八个大寨。她死后后人供奉这位祖先，以其生前喜食的芭蕉花、芭蕉芯、苦叶菜、臭菜等野菜献祭。而且逢年过节均献祭她后才祭拜其他祖先。这一习俗延续到新中国成立时，随着刀氏土司的终结而逐渐淡化，如今业已不再①。

这三个版本的故事反映一个共同主题：莽人与傣族存在亲缘关系。第二、三种故事表达了傣族男子与莽人姑娘的事实婚姻关系。从它们的内容来看，所指不可能是同一母题，因为第二种的结果是莽人的"小刀"，而第三种的结果是繁衍傣族。如果我们拓展视野，从繁衍人类的共同主题来审视，却呈现鲜明的对比："野种"与"英雄祖先"。当地傣族称呼莽人既有贬义的"插满"或"岔满"*cha man*，又有尊称为"大哥"的"莫"*mo*，当是莽人与傣族关系的折射：身为土司，视其臣民当然用贬义的"插满"或"岔满"；由于有婚姻关系而成为一家人，因而敬称莽人为"大哥"就在情理之中了。因此我们可将这三种故事的逻辑关系简括如下：莽人先于傣族世居在某一区域而成为"大哥"，后来者的傣族则为"小弟"；之后山区的莽人沦为河坝边傣族土司的管辖之下；他们之间又因婚姻关系而发生了部分改变，为莽人姑娘所生的傣族后人尊称莽人为"大哥"，莽人亦因此而"攀附"；而作为"野种"惨遭遗弃的"小刀"的存在则告诉我们"统治者"与"属下"的事实。

综上所述，从体质、传说与族群关系，足以证明莽人为生活在越南西北部山区古老的山地族群。越南学者根据莽族古歌推测莽人源于越老边境

---

① 刀洁、和少英：《守望国境线上的家园：金平傣族的社会文化》，云南大学出版社 2007 年版，第 8 页。

的山区，因与其他族群发生战争被击败而迁徙到越南西北部，后又深受傣族势力的侵扰，逐步向高山流动，成为相对较为封闭的族群。基于大胆假设、小心求证之理念，这一结论尚有待于整合跨学科的成果，诸如语言学、文化人类学、体质人类学、考古学等的发现，深入莽人地区的田野调查，拓展研究内容等。如此当有利于研究的洞察与发现，或许能解开莽人的渊源之谜。

二　多元的身份认同

"认同"（identity）最初是精神医学家费洛伊德（Freud）提出的一个心理学概念，用于分析个人与他人、群体或被模仿者在感情上与心理上的趋同过程①。人类学借用这一概念后，转义为揭示个人与群体之间的归属感，对此的研究通常在两个维度展开，即个体认同与群体认同。族群认同即为一种群体认同，指族群内成员对本族群的文化、认知、价值观等怀有归依感，并以之为边界，区分"我"与"他/她""我们"与"他/她们"的不同。学界对此的讨论可谓汗牛充栋，至今依然未有一致的结论，因此本书无意增加一份"添头"，而从莽人如何看待自身、附近的族群如何称呼莽人两个维度进行描述，以此窥见他们的族群关系。

1. 自称与他称

中外莽人的自称有且只有一种——"莽" *mang*，意为"聪明的山民"；越南莽人称呼中国莽人为"莽地夺"，意为大地方的莽人，而自称为"莽地哈"，意指小地方的莽人。

他称则根据不同的族群，称谓有所区别。越南莽族的他称有莽于、舍莽、舍坝巫。中国莽人的他称有"插满""岔满""莫""孟嘎""阿比""巴格然""崩欧然"等。"插"或"岔"音同，在傣语中指"人"，"满"与"莽"发音大体相同，岔满/插满即指莽人，意为"高山上的人"。另外"莫"为傣族对莽人的称谓，它在莽语中指称"大哥"，传说莽人与傣族原为亲兄弟，莽人为大哥，这一传说至今在莽人与傣族中依然盛行。与莽人为邻的拉祜西（黄苦聪人）称呼莽人为"孟嘎"和"安别"，前者意为"嘴边有花纹的人"，源自莽人女性的文嘴习俗；后者意为"头发长而乱"，有两层意思，一是指莽人男性不束发戴冠，二是指女性的发式与她们的不同。哈尼族格角支称呼莽人为"曼布"，意为"嘴边有花纹"；还称呼莽人为"巴格然"与"崩欧然"，有"老实人"之意。

---

① 车文博编：《弗洛伊德主义原理选辑》，辽宁人民出版社 1988 年版，第 375 页。

母基人（彝族支系）称呼莽人为"拉莽"，为侮辱的"马鹿"之意，源自老挝人对莽人的称谓①。龙凤村苗族与彝族称为"莽人"或"莽族"，附近的苗族与瑶族与此相同。

在莽人村寨中，还有"难民"与"小越南"之称，用于指称中越交战后来自越南的莽人。难民有实虚之分，前者是指对越自卫反击战期间迁入中国的越籍莽人及其子女，现皆为中国公民，至今这些家庭享受每人每月 120 元的补助，远远高于 2008 年纳入农村低保的其他莽人，若以难民指称，他们并不反感，有时甚至因可多拿低保而自豪；虚指的是对越自卫反击战后嫁入中国的越籍莽人及其带自越方的子女，他们不是中国公民，属于"三非人员"，即非法婚姻、非法入境、非法定居，若称呼他们为难民或小越南，会招致他们的不满。

现在莽人是他们的自称；在莽人村寨及附近村寨中的其他民族称他们为莽人或莽族，不再称呼他们为插满、阿比等。

2. 莽人的归族

"民族识别工作既是一项细致的科研工作，又是一项政策性很强的政治任务"②，加之我国民族支系众多、情况复杂，从 1950—1990 年共历时 40 年这一工作才大体完成。1979 年基诺族被确认为最后一个少数民族，至此我国民族框架即已形成。对尚未识别的族群，只可能在既定 56 个民族的框架内予以讨论。我国进行民族识别的依据是民族特征与民族意愿，并结合族源、历史、民族关系等予以综合考虑。1982 年 5 月 11 日国家民委专门发出指导文件——《关于民族识别工作的几点意见》，它对族群的归属同样具有指导意义。最早提出莽人为布朗族分支的是李根蟠与卢勋，他们指出，"在靠近越南的边境地区的金平县，居住着解放前游动在哀牢山区的属于拉祜族一个分支的苦聪人和属布朗族一个分支的插满人（芒人）"③，但莽人的归族问题迟至 1990 年才开始讨论，至 2009 年归属布朗族结束。

红河州民族事务委员会与红河州民族研究所于 1990 年委派杨六金负责莽人的族属事宜。在莽人地区实地调查 7 次后，他从莽人的语言、地域、经济生活、文化共 4 个方面进行探讨，"建议将莽人归属到布朗族，

---

① 李道勇：《莽村考察》，《中央民族学院学报》1993 年第 1 期。

② 黄光学、施联朱：《中国的民族识别——56 个民族的来历》，民族出版社 2005 年版，第 113 页。

③ 李根蟠、卢勋：《中国南方少数民族原始农业形态》，农业出版社 1987 年版，第 3 页。

作为它的一个支系"①。1997 年 3 月 22 至 26 日红河州民委副主任白克仰、金平县副县长李开林带领红河州民族研究所、金平县民委与民政局、金水河镇政府、4 个莽人村寨代表共 16 人前往西双版纳州的克木人和布朗族村寨考察，内容涉及语言、宗教信仰、风俗习惯、历史传说、生产生活方式等。考察结束后，考察组带队领导向云南省民委政法处、红河州委、金平县委分别汇报考察情况。4 月 3 日金平县委、人大、政府、政协、民委等部门召开座谈会，就莽人的族属问题及今后经济的发展进行讨论，但并无实质性结果。此后这一悬而未决的问题常在金水河镇与金平县内被讨论，如 2004 年现任金平县委县政府文产办主任的谭玉久曾在金水河镇主持会议，讨论莽人的归族问题。2005 年 12 月金平县有关领导、专家和莽人代表到思茅市澜沧县惠民哈尼族乡景迈村委会芒景上寨和西双版纳州勐海县布朗族乡勐昂村委会新曼峨村考察，各方代表商讨归族问题。2008 年 4 月实施莽人扶贫工程，为最终解决莽人的归属问题提供契机，红河州成立以杨六金教授为专家组组长的考察小组。2008 年 5 月 15 日下午在红河州府蒙自县召开莽人识别与归属问题专家评审会，专家组认为莽人和布朗族有共同的语言、共同的地域、共同的经济生活和共同的文化，建议将莽人以一个支系归入布朗族，保留莽人称谓。之后逐级上报云南省政府和国家民委。2009 年 5 月 13 日国家民委正式批复莽人归属布朗族，并保留莽人称谓，即布朗族（莽人），至此莽人的族属问题终于得以解决。

　　莽人归属问题终于尘埃落定，莽人自身也已接受这一事实。从整个归属的过程来看，莽人不过是有关政府部门与专家学者的"形象代表"，对有关学者与国家部门来说，完成了族群归属的政治任务。在调查中众多莽人告知，"我们不归（布朗族）不得呢，不按手印，就不给低保啦，房子啊，哪样都不给""同意归，就给我们开田开地、修路、盖房子，样样都给哦；不同意归，一样没得，我们就同意啊"。就此而论，归属中的"名从主人"② 难以落到实处。

---

① 杨六金：《金平莽人社会历史与族属研究》，1997 年（未刊稿），第 62 页。

② "'名从主人'就是说，族称要由各族人民自己来定，这是他们的权利。在保持族称的科学性与本民族意愿发生矛盾时，应本着耐心说服的精神，使之真正懂得本民族特点与历史真面目，以便他们对自己的族别问题做出正确判断与决定。这样既尊重了民族意愿又符合科学的客观依据，在这个问题上，一定要慎重、稳妥，切不可草率从事。"（林耀华：《中国西南地区的民族识别》，《云南社会科学》1984 年第 2 期）。

第四节 人口与家庭

本节主要介绍莽人的人口构成与家庭形式，联系二者的主要原则为血亲与姻亲，这也是莽人信仰与仪式的内在纽带。以官方统计资料为参照，以我实地调查所得为依据。举例来说，某女携子女嫁到湖南，但户口留存原籍，则不予统计；若她返回娘家待嫁，则予以统计；而越籍妇女嫁入中国多年，虽未落户，也统计在内。换言之，人口不以政府机构登记在册的户口为准则，而以实际常居人数为依据。

一 人口

莽人人口情况主要包括人口统计、人口教育程度、人口流动等内容。

（一）人口统计

表 2-1 中 1950 年数据来自杨六金①；1960 年的来自宋恩常②；1970 年的来自"红卫公社联防大队 1970 年农村人口年报表"；1980 年采用的为"边防一线农村粮食分配表"，填表日期为 1980 年 2 月 28 日③；1990 年与 2000 年的来自"南科、乌丫坪村公所农村经济统计综合年报表"，因龙凤村 2000 年的数据中包含苗族与彝族，故而采用该村 1999 年的莽人数据加以代替，特此说明；2010 年数据由笔者 2010 年 10 月统计，其中包括 18 名待定人口。人口与户数均为莽人村寨中的常住人口与户数，人口增长率为后 10 年与前 10 年相比的增长率。

---

① 杨六金：《莽人的过去和现在——十六年跟踪实察研究》，云南教育出版社 2004 年版，第 35 页。

② 宋恩常：《插满人社会经济调查》，载中国科学院民族研究所云南民族调查组、云南省民族研究所（编）《云南省红河哈尼族彝族自治州金平县苦聪人社会经济调查》，云南省民族研究所 1963 年版，第 47 页。

③ 我所见 1980 年的统计有三组不同的数据，另有 389 人 72 户（杨六金：《莽人的过去和现在——十六年跟踪实察研究》，云南教育出版社 2004 年版，第 35 页）；461 人，其中勐拉公社 459 人，金平农场 2 人（金平县苗族瑶族傣族自治县统计局：《金平苗族瑶族傣族自治县国民经济社会发展统计资料（1952—1985）》，1989 年（未刊本），第 11 页）。

表 2 – 1　　　　　　　莽人村寨莽人人口情况统计表

年份	1950	1960	1970	1980	1990	2000	2010
人口/户数	291/59	312/64	367/71	407/75	519/92	620/106	691/128
户均人数	4.93	4.88	5.08	5.43	5.64	5.85	5.40
人口增长率		7.2%	17.6%	10.9%	27.5%	19.5%	11.5%
户数增长率		8.5%	10.9%	5.63%	22.7%	15.2%	20.8%

为了对人口与家户情况有更直观的了解，根据表 2 – 1 制成图 2 – 10、图 2 – 11、图 2 – 12。

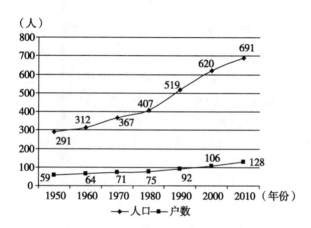

图 2 – 10　莽人人口情况示意图

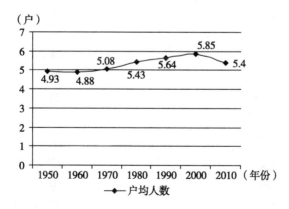

图 2 – 11　户均人数示意图

从图 2 – 10、图 2 – 11、图 2 – 12 可以看出：

（1）在 1950—2010 年间，莽人村寨中莽人人数保持稳定上升趋势，

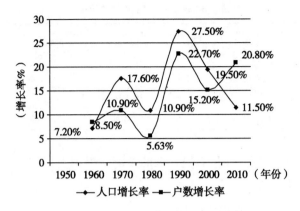

图 2-12   人口与户数增长率示意图

在一个较长时期内总体考察，可以否定莽人"人口负增长"的传闻；人口增长率则有起有落，呈现明显的驼峰型；增值的高峰期在 1980—1990 年间，1990 年为最高值，原因可能与 1981 年开始实施"家庭联产承包责任制"的激励有关；从 1990 年后开始回落，原因可能在于女性外嫁他乡。

（2）与人口增长相一致，户数从 1960—2010 年均保持稳定增长，可能与莽人的生活状况与医疗健康均在逐步改善有关；户均人数大体在 5—6 人，说明莽人的家庭结构相对较为稳定；从 2000—2010 年户均人数显著下降，这乃分家的结果，而其主要因素与莽人扶贫工程建盖安居房紧密相关——分家后每家可以拥有一套安居房。具体以 2007—2008 年来说，雷公打牛由 35 户增长到 43 户、坪河中寨由 29 户增长为 34 户，而在 2005—2007 年两村增长户数分别为 0 与 2。

（3）增长率的高值可视为生活状况改善的一个显性指标，在以上年份中，1990 年极为特殊，人口增长率与户数增长率均达到最高，原因可能与 1981 年开始实施"家庭联产承包责任制"后社会迅速发展和生活显著改善有关。

（二）人口教育程度

通常而言，教育程度与人口素质成正比，即教育程度越高，人口素质也越高，适应社会能力越强；反之结论亦成立。莽人最早接触学校教育始于 1958 年，并随着 1969 年 10 月、1971 年 10 月、1978 年 10 月分别在南科新寨、雷公打牛村与坪河中寨创办小学，越来越多的莽人开始接受现代的科学教育。后受中越边境局势紧张及师资不足等诸多因素的影响，雷公打牛小学从 1979 年 6 月停办，至 1995 年 9 月复办；南科新寨小学从 1981 年停办，至 1982 年复办，这在莽人教育上也呈现明显的时代特征。而坪河下寨从未办学，就近读书单程至少须步行数小时山路，因而该村儿童迟至2007年始有求学记录。

据1987年调查，莽人共有486人，除出嫁及参加工作的19人外，在莽人村寨中实有467人。其中在校生11人，仅占适龄儿童33人中的三分之一。12—18岁的58人中，文盲39人，占67.2%；半文盲9人，占15.5%。19岁以上的269人中，文盲195人，占72.4%；半文盲34人，占12.6%①。根据这些数据，可以推算包括半文盲在内的文盲人数为406人，文盲率约为86.9%。

1986年国家颁布《义务教育法》，并开始实施九年义务教育；2007年金平县委、县政府出台了《关于加快"莽人"教育事业发展的决定》（金发〔2007〕10号文件）；2008年又开始实施莽人扶贫工程，这三大举措使得莽人的教育情况有所好转。据我2013年3月9—17日统计，在140户莽人家庭683人中，文盲346人，占总人口的50.7%；小学301人，占总人口的44.1%；初中23人，占总人口的3.3%；高中与中专13人，占总人口的1.9%。与1987年时相比，文盲率下降了36.2%。但我们还需清醒地认识到，文盲率依旧处于高位，教育多停留于小学低年级水平。当莽人扶贫工作结束之后，莽人的入学率、巩固率、升学率均明显下降，尤其是小学高年级之后辍学率惊人，这些均不利于莽人的可持续发展。

我于2013年3月9—17日对3村莽人的人口、性别、年龄结构与教育程度重新统计，见表2-2。

表2-2　　　　莽人人口、性别、年龄结构与教育程度统计表

出生年限	文盲		小学		初中		高中/中专		合计
	男	女	男	女	男	女	男	女	
2008—2013	49	41							90
2002—2007	11	21	22	28					82
1996—2001	5	3	52	34	2	6	1		103
1990—1995	8	8	25	24	3	5	7	4	84
1984—1989	17	16	31	11	1	2			78
1978—1983	10	16	15	5				1	47
1972—1977	13	14	14	5					46
1966—1971	9	14	12	9		1			45

① 拉祜族岔满人调查组：《岔满人情况的调查报告》，1987年未刊本。

续表

出生年限	文盲		小学		初中		高中/中专		合计
	男	女	男	女	男	女	男	女	
1960—1965	7	12	5	2	2				28
1954—1959	12	20	4	1	1				38
1948—1953	7	10	2						19
1947 年及以前	8	15							23
合计	156	190	182	119	9	14	8	5	683
合计	346		301		23		13		683
占总人口比例	50.7%		44.1%		3.3%		1.9%		100%

（三）人口流动

莽人的流动可分为迁入与迁出，主要在于婚姻的嫁娶，升迁外出极少，现仅有 4 名国家工作人员，其中 1 人驻村任教。对越反击战期间，从中方迁往越南 2 人，从越方迁入中国 2 户共 8 人。此后至 2013 年 3 月，中方嫁往越南 4 人，越方因婚姻关系进入中国共计 24 人，其中 6 人现已落户。据杨六金 2003 年 9 月统计，1960—2003 年莽人妇女嫁往异族他乡共计 17 人，而其他民族妇女与莽人通婚仅 2 人①；2003—2013 年除越方妇女外，并无国内其他民族嫁与莽人，反而是越来越多的年轻女性远嫁他乡。1960—2013 年 3 月统计共有健在者 71 人嫁往其他民族，其中省外 33 人。

二　家庭结构

家庭是社会的细胞，组建家庭主要以婚姻和血缘为纽带；少量投亲靠友的联合家庭，也是以姻亲与氏族关系为基础。根据莽人的习俗，户主通常为已婚的男性，以年尊辈长为原则；若无男性已婚者，则为已婚女性，待男性长大成人结婚后，转由他担当。借鉴石奕龙、张实的家庭分类形式，分为核心家庭（完整与不完整）、主干家庭（完整与不完整）、联合家庭、单身家庭②、特殊家庭；再以户主为基准，以其与其他成员的亲属称谓来表示相互之间的关系，以"＋"表示家庭成员的组合。经笔者调

---

① 杨六金：《莽人的过去和现在——十六年跟踪实察研究》，云南教育出版社 2004 年版，第 235 页。

② 石奕龙、张实：《畲族：福建罗源县八井村调查》，云南大学出版社 2005 年版，第 79—95 页。

查统计，家庭结构如表2-3、表2-4所示。

表2-3 三村莽人家庭结构表

序号	户主与其他成员的家庭关系	家庭形式	人口
1	陈继光+母+妻+子+媳+2女+3孙女	不完整主干家庭	10
2	陈继新+妻+2女	核心家庭	4
3	罗世金+妻+2子+女	核心家庭	5
4	刀世荣+母+妻+弟+2女+2子	不完整主干家庭	8
5	罗继高+4子+女	不完整核心家庭	6
6	罗自忠+母+妻+子+女	不完整主干家庭	5
7	罗自华+妻+4女	核心家庭	6
8	刀文军+妻+2子	核心家庭	4
9	盘大妹	单身家庭	1
10	陈有新+妻+子+女	核心家庭	4
11	陈文忠+妻+子+女	核心家庭	4
12	张荣辉+妻+女+子	核心家庭	4
13	陈文明+女+子	不完整核心家庭	3
14	罗继明	单身家庭	1
15	刀正华+母+妻+2子+女	不完整主干家庭	6
16	陈仕军	单身家庭	1
17	盘进忠+妻+2子+女	核心家庭	5
18	罗继忠+岳母+妻+子	不完整主干家庭	4
19	陈小大+妻+子	核心家庭	3
20	陈小忠+妻+2女+子	核心家庭	5
21	罗幺妹	单身家庭	1
22	罗文金+女+子	不完整核心家庭	3
23	罗继安+子	不完整核心家庭	2
24	张小明+弟+妹	特殊家庭	3
25	陈小三+妻+弟+2子+女	联合家庭	6
26	罗二妹+2子+媳	不完整主干家庭	4
27	罗大妹+子+2媳+4女+孙子+2孙女	联合家庭	11
28	盘文忠+妻+2子	核心家庭	4
29	陈世平+妻+4子	核心家庭	6
30	刀玉军+妻+2子+女	核心家庭	5

序号	户主与其他成员的家庭关系	家庭形式	人口
31	罗正明 + 妻 + 子 + 女	核心家庭	4
32	陈大平 + 母 + 妻	不完整主干家庭	3
33	罗大妹（小） + 母 + 3 女 + 子 + 外甥	不完整主干家庭	7
34	罗云祥 + 女	不完整核心家庭	2
35	刀光明 + 妻 + 子 + 女	核心家庭	4
36	罗三 + 妻 + 子 + 媳 + 3 孙子	主干家庭	7
37	盘世忠 + 妻 + 女	核心家庭	3
38	陈文军	单身家庭	1
39	陈仕明 + 妻 + 子 + 2 女	核心家庭	5
40	陈建忠 + 妻 + 3 女	核心家庭	5
41	罗云忠 + 妻 + 2 子 + 女	核心家庭	5
42	刀小华 + 妻 + 2 女 + 子	核心家庭	5
43	罗正强 + 妻	不完整核心家庭	2
44	罗小平 + 妻 + 子 + 女 + 弟	联合家庭	5
45	龙友明 + 妻 + 子 + 母	不完整主干家庭	4
46	盘六 + 妻 + 子 + 女	核心家庭	4
47	陈忠文 + 妻 + 子 + 媳 + 2 女	主干家庭	6
48	陈元 + 妻 + 2 子 + 女	核心家庭	5
49	龙四金 + 妻 + 子	核心家庭	3
50	龙树萍 + 4 子 + 2 媳 + 女 + 4 孙子 + 孙女 + 弟	联合家庭	14
51	陈玉金 + 妻 + 3 子 + 3 女 + 母	不完整主干家庭	9
52	龙生 + 妻	不完整核心家庭	2
53	陈世生 + 妻 + 3 子	核心家庭	5
54	龙小三 + 妻 + 女	核心家庭	3
55	龙大妹 + 3 子	不完整核心家庭	4
56	陈中文 + 妻 + 2 子 + 母	不完整主干家庭	5
57	罗小大 + 妻 + 2 子 + 2 女 + 弟 + 叔	联合家庭	8
58	龙海生 + 妻 + 女	核心家庭	3
59	陈忠为 + 妻 + 3 子 + 2 孙子 + 2 孙女	不完整主干家庭	9
60	陈忠明 + 妻 + 4 子 + 2 母	不完整主干家庭	8
61	陈松 + 妻 + 弟 + 弟媳 + 2 侄女 + 母亲	联合家庭	7
62	陈文忠 + 妻 + 2 子	核心家庭	4
63	龙正宋 + 妻 + 子	核心家庭	3

续表

序号	户主与其他成员的家庭关系	家庭形式	人口
64	陈自才＋妻＋子＋2女	核心家庭	5
65	陈忠华＋妻＋子＋2弟＋妹	联合家庭	6
66	龙文明＋妻子＋儿子	核心家庭	3
67	龙玉兴＋妻＋2子＋母	不完整主干家庭	5
68	刀小明＋妻＋子＋2女＋弟	联合家庭	6
69	陈万忠＋妻＋子＋2女	核心家庭	5
70	陈伟明	单身家庭	1
71	龙三＋妻＋2孙子＋孙女	主干家庭	5
72	龙自光＋妻＋2子＋媳＋2女＋兄	联合家庭	8
73	龙正明＋妻＋3子＋媳	不完整主干家庭	6
74	陈世保＋妻＋3子＋媳＋孙女＋孙子	主干家庭	8
75	陈小三＋妻＋女	核心家庭	3
76	刀玉明＋妻	不完整核心家庭	2
77	陈世华＋妻＋子	核心家庭	3
78	龙正友＋妻＋3女	核心家庭	5
79	陈小大＋妻＋子＋媳＋3孙女＋孙子	主干家庭	8
80	龙正强＋妻＋2子＋4女＋母	不完整主干家庭	9
81	陈小二＋妻＋子＋媳＋女＋2孙女	主干家庭	7
82	龙四＋妻＋5子	核心家庭	7
83	陈小明＋妻＋4子＋媳＋2孙女	主干家庭	9
84	陈小二＋妻＋2子	核心家庭	4
85	陈正忠＋妻＋女	核心家庭	3
86	陈文光＋妻＋3弟＋2妹＋子＋女	联合家庭	9
87	陈绍光＋妻＋2子＋女＋母	不完全主干家庭	6
88	陈二妹＋夫＋子＋母	不完全主干家庭	4
89	陈香玲＋2女＋2子	不完全核心家庭	5
90	陈玉光＋妻＋2女＋子	核心家庭	5
91	陈小二＋妻＋2女＋子	核心家庭	5
92	陈福兴＋妻＋2子＋媳＋孙女＋孙子	主干家庭	7
93	龙正祥＋妻＋侄	联合家庭	3
94	罗玉光＋妻＋女	核心家庭	3
95	陈小二＋妻＋2女	核心家庭	4
96	陈华明＋妻＋子＋女	核心家庭	4

续表

序号	户主与其他成员的家庭关系	家庭形式	人口
97	陈小新 + 妻 + 子	核心家庭	3
98	罗正华 + 妻 + 子 + 女	核心家庭	4
99	龙三妹 + 夫 + 继子 + 继子媳 + 2 孙子	主干家庭	6
100	罗小二 + 妻 + 2 子 + 女	核心家庭	5
101	龙山 + 妻子 + 子 + 媳 + 2 孙女 + 2 孙子	主干家庭	8
102	罗忠华 + 妻 + 子 + 媳 + 2 孙子 + 孙女	主干家庭	7
103	龙玉忠 + 妻 + 2 女 + 子	核心家庭	5
104	陈小二 + 妻	不完全核心家庭	2
105	罗小三 + 妻 + 女 + 子	核心家庭	4
106	罗大妹 + 子 + 媳 + 2 孙子 + 2 孙女	不完全主干家庭	7
107	陈自荣	单身家庭	1
108	罗文春 + 妻 + 子 + 女	核心家庭	4
109	陈有明 + 妻 + 养女	核心家庭	3
110	陈阿见 + 妻 + 女 + 子	核心家庭	4
111	陈勇明 + 妻 + 侄子 + 侄媳	主干家庭	4
112	陈四华 + 妻 + 2 女 + 子	核心家庭	5
113	陈四新 + 妻 + 2 子 + 媳 + 孙子 + 孙女	主干家庭	7
114	陈二 + 妻 + 女	核心家庭	3
115	罗光明 + 妻 + 3 子 + 女	核心家庭	6
116	陈万华 + 妻 + 子	核心家庭	3
117	陈明 + 妻 + 女 + 子	核心家庭	4
118	罗剑 + 妻 + 2 子	核心家庭	4
119	罗二 + 妻 + 2 子 + 2 女	核心家庭	6
120	陈四 + 母亲 + 妻 + 2 女 + 女婿 + 2 孙女	不完整核心家庭	8
121	陈玉生 + 弟弟	特殊家庭	2
122	陈跃明 + 妻 + 女 + 子	主干家庭	4
123	陈二阿哼 + 妻 + 孙子	不完整主干家庭	3
124	陈荣 + 妻 + 弟 + 子	联合家庭	4
125	陈德新 + 妻 + 子	主干家庭	3
126	陈华 + 母 + 妻 + 3 女	不完全主干家庭	6
127	罗玉光 + 妻 + 子 + 媳 + 4 孙子 + 孙女	主干家庭	9
128	陈四祥 + 妻 + 2 子 + 女	核心家庭	5
129	罗小大 + 妻 + 2 子 + 2 媳 + 女 + 2 孙女 + 2 孙子	联合家庭	11

续表

序号	户主与其他成员的家庭关系	家庭形式	人口
130	陈小军 + 妻 + 子 + 女	核心家庭	4
131	陈小大 + 妻 + 孙子 + 孙媳 + 曾孙	不完整主干家庭	5
132	陈忠文 + 妻 + 女 + 2 子	核心家庭	5
133	陈立光 + 妻 + 子	核心家庭	3
134	陈有新 + 妻 + 子 + 女	核心家庭	4
135	罗开文 + 妻 + 子 + 媳 + 女 + 2 孙女 + 孙子	主干家庭	8
136	罗明亮 + 母 + 妻 + 3 子	不完全主干家庭	6
137	罗万华 + 妻 + 子 + 媳 + 2 孙女 + 孙子	主干家庭	7
138	陈金亮 + 妻 + 女 + 子	核心家庭	4
139	陈海林 + 妻 + 2 女	核心家庭	4
140	罗小大 + 妻 + 3 弟 + 弟媳 + 2 女 + 叔	联合家庭	9

对表 2-3 中若干户的家庭形式略加说明。109 号户主的养女原为其侄孙女，组成家庭后成为父女关系，因而计入核心家庭。60 号户主之父有二妻，父丧二母尚在，计为不完整主干家庭。111 号户主抱养侄子为养子，但他们之间保持原有称谓，因而不作为联合家庭，而计入主干家庭。123 号户主丧子后，媳妇改嫁，成为不完整主干家庭。44 号户主因带着弟弟分家立户而组成一个联合家庭。93 号户主夫妇与成年的侄子组合成联合家庭，而不视为核心家庭。16 号与 107 号户主皆因前妻改嫁而成为单身家庭。24 号户主因父丧后母改嫁到湖南而成为特殊家庭（3 个未成年孩童组成的家庭）。

表 2-4　　　　　　　　　三村莽人家庭类型统计表

家庭类型	核心家庭		主干家庭		联合家庭	单身家庭	特殊家庭	合计
	完整	不完整	完整	不完整				
户数	64	12	18	23	14	7	2	140
比例	45.71%	8.57%	12.86%	16.43%	10%	5%	1.43%	100%

由表 2-4 可知，140 户莽人家庭中核心家庭 76 户，占总户数的 54.28%；主干家庭 41 户，占总户数的 29.29%；联合家庭 14 户，占总户数的 10%；单身家庭 7 户，占总户数的 5%；特殊家庭 2 户，占总户数的 1.43%。核心家庭为最主要的家庭类型，其他依次为主干家庭、联合家庭、单身家庭与特殊家庭。

第三章 信仰体系

　　仪式是文化变迁的重要内容，描述仪式行为可"展现"莽人的文化图像，而举行仪式却又与宗教信仰密不可分，如马林诺夫斯基即已指出宗教"是一种行为方式与信仰系统"[1]，因而先须讨论莽人的宗教信仰。

　　莽人认为世界是由动植物与各种"鬼"*bli* 组成的，其信仰体系是基于"万物有灵"的鬼魂观与巫术信仰，具体表现形式有图腾崇拜、鬼灵崇拜、巫术等。爱德华·泰勒（Tylor）创造的"animism"源自拉丁语中表示灵魂的词汇"anima"，意为"活着的"或"移动的"。在莽人的观念中，并非一切"活着的"或"移动的"的物体皆有灵魂，如老鼠即无；亦有不能"移动的"物体有灵魂，如龙树；实际上莽人认为的"万物有灵"仅限于那些对他们能施加特殊影响的"力量"，这些力量常致使他们遭受不幸与灾祸。迪尔凯姆（Durkheim）指出，"宗教现象自然地分为两个基本类型：信仰与仪礼。前者为观念状态，由表征组成；后者由行为方式决定。在这两类事实之间，区分行为与观念极不相同。仪礼只能从其他人类实践、道德实践，例如只能通过它们客体的特殊属性才能下定义并区别开来……若欲描述仪礼的特征，必先描述仪礼客体的特征。而其特性是在信仰中表达的，因而只有在定义信仰后才能定义仪礼"[2]。本章将主要讨论莽人的信仰部分，而将具体的仪式留待之后的章节介绍。故本章为第四、五、六章之纲领，主要讨论影响莽人仪式实践的观念世界，分为四节，在第一节简介莽人的宇宙观后，后续三节再分别具体讨论图腾崇拜、鬼灵崇拜与巫术信仰。

---

①　Bronislaw Malinowski, *Magic, Science, and Religion and Other Essays*, Garden City, NY: Doubleday Anchor, 1948, p. 24.

②　Emile Durkheim, *The Elementary Forms of the Religious Life*, Joseph Ward Swain (trans.), New York: The Free Press, 1965, p. 51.

第一节 宇宙观

从实地考察及访谈来看，除了图腾，莽人没有实体的崇拜偶像①，亦无专职的神职人员，因此可将其宗教信仰归入与制度性宗教相对的普化宗教的范畴。莽人的信仰体系是建立在万物有灵的基础之上，以信仰超自然的"鬼魂"为主体，辅之以笃信巫术。以下即从宇宙结构观与方位时空观两方面分而述之，并以家屋结构为例说明莽人的信仰世界。

一 宇宙结构观②

三界宇宙观是世界各地民族关于宇宙结构的普遍模式，即神位居天庭、人与其他动植物生活在中间界、地下界则为鬼的领域。与此不同，查侬（Chagnon）指出雅诺马人的宇宙观包括四层事实，即最高层为虚空的，其次为动植物和祖先所在的第二层，人类生活在第三层，底层为无生命的世界，却有幽灵试图捕获生灵，尤其是孩童③。与之相似，莽人具有四维一体的宇宙观，不同的是他们将宇宙分成天上、地上天下、地下与水中四个层级，各得其所。具体来说，太阳鬼 *bli ma ni*、月亮鬼 *bli huo da/ bli ni*、雷公鬼 *bli de hang*、祖先鬼 *bli nva* 等位居天上；天下地上为各种生命体的家园；地下为死人鬼 *bli meng dan* 所居的世界，尤其是非正常死亡者之鬼灵；水下是龙鬼 *bli nvang* 和水鬼 *bli gong* 的领域。因此人的行事务须小心谨慎，以免误入鬼灵的领域而招致他们报复。其实这仅是一种理想的划分状况，包括祖先鬼在内的许多鬼灵常常游荡于田间地头、山林沟壑，甚至村寨家中，并有可能作祟于人，致使他们身体欠安、生病，甚至死亡。一旦触犯恶鬼，招致它们的侵扰与惩罚，须延请魔公举行仪式治疗，详情参见第六章。

二 方位时空观

方位时空观嵌入莽人的日常生活之中，在其一生经历的所有仪式中均

---

① 在某位老年报道人的追忆中，他们的先辈在越南莱州似乎有过类似庙房的祭祀之处，但语焉不详，又无从考证，故而无法表述。

② 本内容受越方文献所启发，结合实地调查资料写成。

③ Napoleon Chagnon, *Yanomamo*, Tex. : Harcourt Brace, 1992, pp. 99 – 100.

有体现。本节在分别介绍时间观与空间观的基础上，再以家屋结构为例予以说明。

（一）时间观

上文约略涉及时间问题，就莽人的日常生活而言，其时间大多不是以钟表时间为准，而是以实践中的事件为指向。以我经历的一件事为例。

尽管村民小组多次开会告诫村民要配合人口普查工作，但事情的进展仍是差强人意。随着人口普查委员会催促交表时间的日益临近①，我也有些焦躁。听说某人终于从老林回家，2010年11月9日8：36我打电话给他，请他将户口簿送给我登记，核实其家人出生日期并询问其子女外出务工等其他情况。他一口允诺吃完饭马上送来。一个小时后，还是没见他人影，我再次打电话，他说在家，一会儿就来，还告诉我不要走，就在屋里等他。11：25我忙完手头的事情，他还没出现，我只好再次去他家找他。11：42到达他家时发现他与几个朋友在喝酒，我很生气地质问他为何没实现诺言将户口簿送给我。以下是我们的问答。

我："你怎么说话不算数啊，你不是说马上送户口簿给我吗？怎么到现在都没送？"

他回答道："我忙不赢（没有空闲之意）送，家里没有米啊，我去打米，on nio（叔父）又不在家，我又去找，打米回来做饭，吃了就送给你啊。"

"你在打米前、打米后也可以送啊。"

"忙不赢、忙不赢，我饿饭啊，要做吃的嘛。"

"吃完你总有时间送吧，喝酒怎么就不忙呢？每家都像你一样，我们怎么登记啊？"

"老师，我是要送啦。可是，来了几个哥弟，没得菜，又整个老鼠肉，烧个菜汤，又去买酒，忙不赢啊。老师，来，喝酒、喝酒，一起坐起，喝完我去拿给你登记啊。"

"那你现在就去拿来啊，我还有事问你呢。"

"问我？老师，你不要啰唆哦，哥弟在我家喝酒，哪里忙得赢啊，等我得闲（空闲之意）来问吧。"

上述事件中，莽人提到的"马上、一会儿、得闲"等几个时间概念，

①　当时我与驻村莽人工作队员住在一起，高万清负责龙凤村人口普查情况。他教育程度不高，请我帮助他填写。因人口普查要填写两份表格，即俗称的"短表"与"长表"，这些均不能折叠，也不可有污迹，因此去他人家中不便填写。

所指的均非确切的钟表时间。类似情况在田野调查中几乎每天都能遇到，更深刻的体验来自入住莽人朋友家中后，吃饭时间让我苦不堪言，尤其是中餐与晚餐。三餐饭的时间不一，弹性极大。在我的记忆中，中餐最晚的时间为 16：47、晚餐则为 22：39。我的"家人们"常以做完某事为做饭准则，而我则以定时定量的就餐标准为需求指向。这一发现与埃里克森（Eriksen）的论点惊人相似，即时间只有嵌入行动和过程之中才存在，因为在无钟表社会中，时间不是稀缺资源，它只存在于正在发生的事件之中①。因此我将莽人的时间归纳为事件时间与媒介时间。

1. 事件时间

事件时间是指不以钟表或日历刻度的时间为标准，而以事件进展为指向的一种生活方式。以下试以春节为例以资说明。

在文献回顾部分，我曾指出学者对莽人过年时间的说法不一，根源在于他们并未在实际田野调查中考察这一问题。我曾就"何时过年"问题对莽人进行了开放式访谈，以下呈现经我整理后的代表性观点。

"什么时候过年，哪个认得啊，老人说什么时候过，就什么时候过啊"（女，26 岁）。"以前嘛，老年过倒是过，不过随便过过，谷子收好后，老人商量一个村子一起过，有猪就杀猪，轮着来，吃完一家再去另一家，吃完了，年就完了"（男，61 岁）。"我们过的老年和你们汉族的年不一样哦，过的时间由老人说了算，不过，我们女人要熬酒，过年没得酒不成哦，我比老公熬酒厉害，女人比男人厉害，哈哈"（女，42 岁）。"我们现在过年和你们差不多，腊月二十五、二十六就开始过，差不多七天就完啦，和哈尼族一样"（男，38 岁）。"我告诉你，老年我不懂，你去问我家爹，他肯定懂的。现在过年，算嘛算和汉族的春节一样，实际不一样哦，你在我们这里这么久，你和孟老师来我家，我家就过年，那天离你们的春节不是还早吗？有朋友哥弟来，就过年，不再请朋友了，年就完了，就这样"（男，30 岁）。

从以上表述我们可以得出以下结论：无论是过去还是现在，莽人过年均无确切固定的时限；各家过年的时间亦不统一，进入腊月后杀猪或宴请宾客之日即可视为过年，时限可延至正月中下旬。2011 年与 2012 年春节我均在莽人村寨调查，我统计绝大多数家庭过年的时间基本始于腊月十五之后，终于正月十五之前，极少家庭在正月十五之后。2011 年 2 月 3 日

---

① Thomas Hylland Eriksen, *Small Places*, *Large Issues*：*An Introduction to Social and Cultural Anthropology*, New York：Pluto Press, 2010, p. 254.

（正月初一）清早，我遇见一位莽人朋友，问候他："过年好！"他回答说："我家还没过年，还要过几天，过年时，你一定要来我家喝酒哦。"该日上午我来到平和村，类似的回复一再发生。至此我才明白何为莽人心中的过年。

上述过年的例子虽属特例，但与此类似的实践在莽人的日常生活中频频发生，这足以说明莽人以事件为导向的时间观念。

2. 媒介时间

媒介时间是指以媒介作为判断时间的依据，并依此行事。这些媒介有物候、学校、钟表手机、属相记日、电视节目等。

（1）物候。莽人判断时间的物候有日月的活动规律、动物的鸣叫、植物的开花结果等。一日之内，最为便捷的是根据太阳的位置判断白天的时段，如太阳初升为早晨、太阳正顶为中午、太阳落山为傍晚、不见太阳为夜晚；也可以猫头鹰与公鸡鸣叫、蜜蜂飞舞来作为行事的依据，如"猫头鹰第一次鸣叫开始为上午（6—11时）；公鸡连续鸣啼三声时为中午（12—15时）；公鸡第二次连续鸣啼三声时为下午（16—18时）。在黑夜，公鸡第一次连续鸣啼三声时为深夜（1—3时）；公鸡第二次连续鸣啼三声时为凌晨，这时妇女们起床点燃火把去舂米和做早饭"。[1] 以月份来说，莽人根据某些鸟类开始鸣叫指示生产，"如听到得威鸟叫则烧地，播种玉米，扎瓷鸟叫播种旱稻，梅旺虫鸣早玉米开始熟了。"[2] 如今这些依然是莽人据以断时行事的便捷方法。

（2）学校。莽人接受学校教育始于1958年，其时小罗三（龙凤村罗文金之父，已去世）、陈继新等在南科草果坪开办的当地第一所学校就读，从此学校作息时间逐渐融入莽人的日常生活。而标志性的事件就是在莽人村寨中创办小学，分别为南科新寨小学（1969—1981，1982—1987）、雷公打牛小学（1971—1979；1995—2009）、坪河小学（1978—2008）、平和小学（2009—）。随着成批的适龄儿童与青少年走入课堂，不仅学生必须遵守学校的作息时间，而且上下课标记的哨音或铃声也为村民所熟悉，并成为他们据以行事的参照媒介之一，如在田野期间，我常常听到他们说"要去做饭了，没得闲，小娃放学回家要吃饭"；此外星期

---

① 杨六金：《莽人的过去和现在——十六年跟踪实察研究》，云南教育出版社2004年版。

② 宋恩常：《插满人社会经济调查》，载中国科学院民族研究所云南民族调查组、云南省民族研究所《云南省红河哈尼族彝族自治州金平县苦聪人社会经济调查》，云南省民族研究所1963年版，第49页。

天、寒暑假、国庆、州庆、县庆等时间概念也为他们所知。

（3）钟表时间。因艳羡他人戴着手表，于是南科新寨陈继新出卖一头水牛，于1972年2月在金平县勐拉商店花费160元购买了莽人中的第一块手表。据杨六金不完全统计，"现在四个莽人村寨有手表240只（机械表52只，电子表188只），戴表的成年莽人占莽人总人口的82%。"①随着媒介的更新换代，于今在莽人村寨中难得一见戴表者，但拥有手机者则越来越多。据我2010年9—11月统计，约90%的家庭拥有手机，其中约46%的家庭有多部。但若说根据钟表时间行事，则与学校、班车、打工等有关。学生必须遵守学校的作息时间，如家长必须督促子女至少在8：00上课前赶到学校，而家长须在家做好饭菜，以便10：30放学回家的学童吃早饭后再去上学；打工者须按照规定的上下班时间行事，否则将被罚款。根据我在莽人村寨的观察来看，村内的日常生活基本是以事件时间为主，但若与外界交流，则多用钟表时间。

（4）属相记日。莽人同汉族一样，用十二生肖记日。记日至少有两种明显作用：一是决定重大的仪式性事件何日举行；二是便于"赶街"。村民将十二生肖的一个循环俗称"一大街"，连续的六天合称"一街"。一般而论，举办重大仪式性事件大多避开猪日与三代内直系血亲的祭日；附近的"街市"是莽人交换物品、购物、交友的场所，因此记住"街天"与特殊的日子尤为重要。有些村民对金平县境内的"街天"了如指掌。现将莽人赶街较多的街市制成，如表3-1所示。

表3-1　　　　　　　　莽人经常奔赴的街市

乡（镇）	街市名称	街天属相	周期	贸易特点
金河镇	金平街	鼠、马	6天	综合
	三家街	牛、羊	6天	综合、热区作物
	丫口街	鼠、马	6天	综合
金水河镇	那发镇	牛、羊	6天	边境贸易
	干校街	鸡、兔	6天	热区作物
	普角街	鸡、兔	6天	综合
	南科街	鼠、马	6天	综合
	田房街②	鸡、兔	6天	综合

① 杨六金：《莽人的过去和现在——十六年跟踪实察研究》，云南教育出版社2004年版，第298—299页。

② 田房街一般仅在下半年"有生意才搞"，以2013年为例，从春节后至3月17日均未举行。

续表

乡（镇）	街市名称	街天属相	周期	贸易特点
勐拉乡	勐拉街	猴、虎	6 天	综合
	农场街	猪、蛇	6 天	综合

（5）电视节目。陈继新 1982 年花费 500 元在勐拉商店购买了莽人中的第一台黑白电视机，因该村未通高压电，另花费 150 元购买了 300 瓦的水力摩擦发电机。随着电视机进入越来越多的家庭，莽村的生活也因此与往昔有所不同。据报道人回忆，电视最初只有晚上才放，虽然只能接收 3 个台的节目，而且如果电力不足或天气不好时，电视图像很不清晰，但村民对齐聚一堂观看电视节目至今难以忘怀。"那时候，就是盼着天黑，吃完饭，就去有电视的人家，有时为了看电视，晚饭也不吃呢，电视好瞧哦"（男，43 岁）。当我追问他是否还记得电视节目的内容时，他反问道："那么久了，你能记得？"而陈继新更是自豪地回忆说："那时我们要早点回家做饭，吃完饭好放电视，家里满满的人，比现在过年都热闹；哪家熬酒了，打得大猎物，都会抬（带）点给我，大家一起吃、一起喝。"后来村寨拥有电视机的家庭增多，在清闲的白天有时也会放电视，但并无像夜晚那样待的心理。

根据《云南省政府关于扶持莽人克木人发展的实施意见》，2008 年 4 月正式启动由红河州负总责、金平县负责具体实施的《红河州金平县莽人 2008—2010 年 12 项工程扶持发展规划》，其中"文化广电工程"要求为每一安居房均配备一台彩色电视机和一个卫星电视接收器，可以接收 50 多个台，剔除重复的，总共能接收 46 个频道，有宣传党和国家方针、路线、政策为主的中央一套，各省市（直辖市）第一套；还有便于不同受众选择的中国教育频道、中央少儿频道、中央二套、中央七套、中央十套、中央十二套、中央十三套与 10 套少数民族语言频道。2009 年 6 月 17 日在牛场坪村举行"金平县莽人综合扶贫安居工程竣工典礼暨搬迁仪式"，标志莽人在家即可"遥控"看电视。据 2010 年 9 月 14 至 30 日我在龙凤村统计莽人电视观看行为，发现电视节目播放的时间成为引导受众行为的现象，尤其是青少年会尽可能适时守候个人喜欢的动画片。

综上所述，莽人的时间观念较为多元，村内的日常生活以事件时间为主、辅之以媒介时间。但若对照具体的人，则可能有所差异，如学生上学期间自然以钟表时间为主。

（二）空间观

空间观为莽人日常生活中最为基本的理念之一，主要内容为东吉西凶、左尊右卑、崇高贱低等，具体表现在家屋结构上最为明显。

莽人将东方称为太阳升起的地方 ma ni jvong，其中 ma ni 指太阳，jvong 为上升；西方为太阳落山的方位 ma ni duong，其中 duong 意为下落。莽人崇尚东方，贬低西方，原因在于"太阳出来的时候，我们男人去打猎，这样有肉吃；太阳开始落坡，天就冷了，我们以前没得衣裳裤子，鬼也出来害我们，所以不好"。由此可见莽人重视阳光并以之决定方位。以地形与高度决定方位的有上 le hang 下 jing ma 与高 gang 低 li，即地势高处为上或高、地势低处为下或低，莽人崇尚上与高而贬低下与低。此外在莽人的日常生活中，我还观察到莽人视人的前面为尊。举例来说，当一群人集聚在一起，通常不在人前经过，否则视为对被经过者不敬，甚至在传递物品时也如此。上文简述东吉西凶主要与太阳的升降有关。崇高贱低又与何相联系呢？莽人告知刀耕火种时须男女配合，即男子手持掘棒在上坡打洞，而女子在下坡放入旱稻种；同时他们还用手比画：右手的大拇指与食指围成一个圆圈，左手的中指插入圆圈之中，以示做爱 o shi。他们接着还笑着说，"我们用棒棒打洞和用那个干女人下面的洞洞一样"，开朗的妇女听到后哈哈大笑，含蓄者则微笑认可，亦有人沉默不语。此外我还追问他们"打洞"（做爱）时的体位，男性报道人对此话题更是滔滔不绝，但体位却只有一种，即男上女下式；而妇女则在一旁笑而不语。我再追问男下女上式是否可行时，他们告知，"那不成，我们要倒霉的"。以此而论，崇高贱低与男女分工及性爱姿势有关。

如果将莽人的空间观视为一个二元对立的结构，即东 ma ni jvong／西 ma ni duong、前 le e／后 le hi、上 le hang／下 jing ma、高 gang／低 li、左 dvang deng／右 dvang vi[①] 相辅相成，但莽人视前者为尊。

（三）家屋结构与莽人的信仰世界

莽人的故事传说与古歌中尚有其先民穴居与树居的历史记忆，通过访谈莽人及实地考察，仅介绍近年家屋结构与仪式展演的关联；而将建盖家屋的信仰因素留待第六章第二节讨论。

---

① 左尊右卑参见后文"家屋结构与莽人的信仰世界"。

1. 家屋结构的空间布局①

家屋是莽人日常生活的核心部分，诸多仪式也在屋内展演。家屋结构既体现了莽人的时空观，又是社会结构的表征。

莽人的家屋有地房与干栏式两种，区别仅在于干栏式与地面架空 0.8 米左右，便于防潮、鸡猪在栏下活动等，而建盖中的信仰及空间布局无异。以图 3 - 1 为例可资说明。

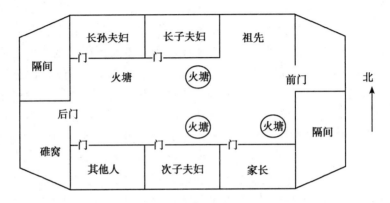

图 3 - 1   莽人家屋结构图

莽人认为门不可朝山，否则"人和鸡猪都不会发展"。建于山坡的家屋为东西朝向，东西山墙各开一门，朝东之门偏向中轴线以北，称为大门 nang duo，又因男子日出之时须从该门外出打猎，所以又俗称"男人门"；朝西之门偏向中轴线以南，称为小门 nang a，并因妇女日落之后须在家做饭、照料孩童与牲畜而俗称"女人门"。门的不同称谓实际反映了门的不同属性，即大门与太阳东升相关，象征"光明""上升""生命""洁净"等意义；而小门与太阳西沉相连，象征"黑暗""下降""死亡""污秽"等意义。因此若在家外生产，新生儿只能从小门抱入家中、婚礼时新娘须从小门进入夫家、丧礼时死者从小门抬出。从门的属性与象征意义又引申出男尊女卑、左尊右卑之说。具体而言，家屋东西山墙开门，东边为左，西边为右，又由于东边代表男性为尊，西边代表女性为卑，因此在方位上，即可推演出左尊右卑之说。

莽人并村定居后的传统家屋为干栏式，即栏下为鸡猪等禽畜活动之处，中间住人，过道上面的横梁上架设竹木板，形成一通间，用于放置农

---

① 本部分已作为阶段性成果发表于《民族研究》2013 年第 3 期；图 3 - 1 由林宇绘制，特此致谢！

具等物品。莽人将家屋的人居空间划分为三个区域，从大门到小门的中间部分是过道，其两边区隔为卧室或堆放杂物的隔间；大门与小门处的梯形部分皆做一隔间，可放置杂物，小门另一侧安置碓窝 *wong*，为舂米、备菜之处，猪菜也堆放于该隔间的某一角落。图中所示分为六个房间，按尊卑与每对夫妇各占有一个房间的原则，享有自属的私密空间①。若家中人口过多，未婚男子可睡于前门隔间，未婚女子则为后门隔间。每对夫妻（包括丧偶者）皆有一火塘 *bu nie*，家长的火塘虽可做饭，但不可煮肉，还专为待客之用；做饭做菜多在子孙夫妻的火塘。为了避免生育能力受损，儿媳不能与公公、弟媳不可与夫兄同桌吃饭，因而各小家庭在其火塘处分餐而食。若招待客人，则在祖先处与家长火塘之间的区域摆设篾桌；家人须在饭后收拾好篾桌，并挂于墙上，以免"老祖公 *bli nva*②生气，害人着病"。据此可以发现莽人家屋的厅堂中有男/女、已婚/未婚、尊/卑、公共/私密、洁净/污秽等的对立。

　　越籍学者陈友山博士告知，越南莽族的祖先寓居于从前门进入家屋的第二根横梁与右边第二根立柱的交接处，该处并无任何标示之物。前贤曾有祖先之处设有火塘并予以祭祀的记载，如宋恩常指出，"房屋左侧头上建一个空床位是祖先生活和举行祭祀的地方"③ "祭祀祖先有固定的地点，地点是在房内左侧第一个火塘处，它们叫'金当'"④；而且还明确指出在新娘到达夫家后、婴儿出生第三天均须由男性献祭祖先⑤。我的报道人对此坚决否认："老祖公那里床嘛是有，不过嘛没有火笼。在家里献老祖公，我告诉你，是从来都不会有的事。我们民族只有人生病了，才献老祖公的，都是在外边，不能在家里的。"祖先处床位为接待客人之用，家人可在床铺上堆放杂物，却不可睡觉，否则将招致祖先惩罚而生病。该处不可杀鸡，而只能在房屋后门之处。各人自属之物放其卧室，共用之物放于杂物间或火塘边。过道的空间为室内劳动与休息之所，也是昔时歌舞展演的舞台。放于后门隔间中的碓窝不能随便移动与更换，一般只能在建盖家屋后

---

① 一旦丧偶，须拆除面对过道的隔墙，此即意味空间私密性的解除。

② *bli* 为"鬼"，*nva* 为"家"，*bli nva* 为"家鬼"，即祖先，俗称"老祖公"。

③ 宋恩常：《插满人社会经济调查》，载中国科学院民族研究所云南民族调查组、云南省民族研究所《云南省红河哈尼族彝族自治州金平县苦聪人社会经济调查》，云南省民族研究所 1963 年版，第 63 页。

④ 同上书，第 62 页。

⑤ 同上书，第 60，63 页。

才能使用新碓窝；若须替换旧碓窝，则只能取自同一亚氏族或世系群所用的碓窝（当然也可借用他们的）；而废弃不用的旧碓窝须任其腐烂，不可烧毁，以免今后庄稼歉收。

家屋内部的空间结构彰显了莽人社会中的等级差别，其最显著的标志为火塘。莽人仅有婚配者才拥有专属的火塘，因而可将火塘视为身份地位的表征，又可将莽人的社会年龄分为婚配者与未婚者两类。站在屋内往外看，莽人信奉以左与靠近前门为尊，故而火塘与其"配套"的卧室在家屋中所占据的空间又凸显莽人年龄、辈分的差别。

2. 家屋内外空间与仪式展演

前文即已指出家屋内部空间结构的等级意涵，在此还将讨论屋内外空间及仪式展演的不同意义。按前门与后门功能之别，若为男性叫魂，时间须在早晨、地点在前门；若是女性，则在傍晚、后门。如今的安居房仅有大门，叫魂的时间依然遵守旧俗，但地点略做调整，即以大门朝向为准，男性靠近大门左侧；女性为右边。驱鬼仪式基本均在傍晚或夜晚举行，地点在户主的火塘与祖先床铺之间的区域；现今的安居房则在客厅中间。献祭祖先的仪式均在屋外举行，若是献祭妇女的父母，则在上午；若是献祭妇女夫家的长者，可在傍晚。详情参见第五章。

如果以不同亚氏族或世系群的视野来看，看似平淡无奇的家屋又可视为一个神圣空间。举例来说，A 在 B 家入赘，C 为 A 之妻（即 B 之女），不可在 B 家生育，因为 C 及其所生子女不属于 B 的世系群。换言之，C 及其所生子女与 B 的祖先不同，因而 B 的招赘之女不能在 B 家中生育，虽然他们是同一家庭成员。这一情况将在第六章有更深入的讨论。此外家屋虽为各个家庭所有，从某种程度而言，亦属于同一世系群的公共空间。举例来说，A 不是 B 的家庭成员，但属于同一世系群，则 A 可在 B 家屋内死亡；A 是 B 的母亲，在 B 父死后 A 改嫁 C，后 A 在 C 死后又返回 B 家中，从形式上看 A 是 B 的家庭成员，但莽人已将 A 视为 B 家外人，A 绝对不可在 B 家屋内死亡。对丧葬的深入探讨参见第五章第四节。

总之，家屋的空间布局不仅体现莽人社会"男主外、女主内"的性别分工，而且反映男尊女卑、以长为尊的社会身份等级结构。正是这一空间具有神圣性，还须遵守有关禁忌，如绿色植物与红肉在白天不能直接从大门拿入家中，以免触犯祖先，详情参见第六章。

第二节　图腾崇拜

图腾为北美印第安阿尔衮琴部落奥吉布瓦方言 "totem" 的中文译名，原意为 "亲属""亲族"。其相似名称众多，如在近代澳大利亚原住民中，有 "科邦" *kobong*、"盖蒂" *ngate*、"穆尔柱" *murdu*、"克南札" *knaja* 等；托雷斯海峡马布伊亚格岛居民称为 "奥古德" *augud*；我国鄂温克族称为 "嘎布尔" *karpur*；克木人称为 "达" *da*①。由于图腾扑朔迷离，目前学界尚无统一的图腾定义，大体被认为是某一群体成员的祖先或近亲关系的动物、植物或自然现象；而围绕图腾为中心的宗教实践即为图腾崇拜。莽人并无图腾的专有称谓，但原有的各个氏族均有图腾对象，并有相应的传说与禁忌。

从越南迁至中国的莽人来自五大氏族，即陈 *du wang*、罗 *wan he*、刀 *suan bai*、龙 *mong luon* 与盘 *de ong*，各有不同的图腾②。莽人并无记忆系谱习俗（如哈尼族的父子联名制），加之迁自不同地方，解放后又多次并村，因而难以追溯其清晰的系谱关系，故而将同一氏族/姓分为若干亚氏族亲属群体；若群体成员可以从某一祖先追溯继嗣关系，则明确称为世系群。实际上莽人将二者均视为 "一家人"，遵循相同的禁忌，在婚丧习俗方面表现尤为明显，详情可参见后文有关内容。

陈姓分为五个亚氏族，即 "红陈" *du wang dang*、"黑陈" *du wang shu*、"芭蕉陈" *du wang nio*，与两种不同的 "白陈"③：*du wang shua* 与 *du wang she hi*。这些不同的亚氏族之间可以通婚，但图腾仅有一种，名为 *song hin* 的河边水鸟，啄与双脚皆为白色，双翅展开不足 20 厘米，黎明前即在河边鸣叫，发出 "嘻嘻" 的声音；成鸟体型较小，不过 0.15 千克左右。相传陈姓祖先因追随它而找到水源，从而得以幸存，于是以它为图腾，后人皆不得食用该鸟，否则牙齿会掉光，生病而亡。

罗姓有 "红罗" *wan he dang*、"黑罗" *wan he shu* 和 "白/灰罗" *wan*

---

① 何星亮：《图腾与中国文化》，江苏人民出版社 2008 年版，第 3—4 页。

② 龙凤村还有 2 家张姓莽人，本是苗族，后为罗家收养，对越自卫反击战期间迁入中国，成为莽人，并无图腾。

③ 莽人将 *du wang shua* 与 *du wang she hi* 都译为 "白陈"，家户甚少，可称为不同的世系群，彼此可以通婚。

he shua 之分。但图腾是一种名为 *shaha luo* 的鸟雀，形状很像鹦鹉。该鸟多出没于海拔千米之上的森林中，啄为白色，身体的羽毛和脚均为绿色，成鸟体重约达 0.7 千克，多在鸟窝或树洞中下蛋；该鸟喜食黄蜡树的果实，这种果实未熟时为绿色，成熟后果壳为紫黑色，*shaha luo* 只吃果肉，而吐出黄色的果核。在果实成熟的农历 9—11 月，莽人在高山的森林中较易发现它们。据说罗氏先民因看到该鸟叼茅草与细柴做窝而得到启发，于是模仿建盖家屋，因此以之为图腾，后人不得食用它的肉，否则牙齿会脱落，得病至死。

刀姓分为"大刀"*suan bai wan huo* 与"小刀"*suan bai wan gi*。他们共同尊奉的图腾为木瓜树 *bu du*，生长于海拔千米以上的高山森林，一年结果一次，果实较小。对此的图腾传说有两种：其一为刀姓祖先在该种树下躲避灾祸而得以幸存；其二是因木瓜树的树心是空的，中间有像钱币一样的白色物质，家境贫穷的刀家祖先用该物充当货币娶得妻子，繁衍后代。刀家对该树心存敬畏与感激，不得燃烧该树及其枝条，否则耳朵会聋，甚至因此丧生。与其他姓氏不同的是，刀姓的各个亚氏族之间不能通婚，原因在于"我们人少，团结，刀家都是一家人，不能结婚；（如果通婚）会打雷的（雷公将惩罚当事者）""我们（刀家）人不像别的姓那样人多，乱来（指同一姓氏间的通婚）；傣族的刀家也不能要刀家的姑娘和我们人一样"。此外在越南还有 *suan bai duang dan* 和 *suan bai bian jiv* 两种刀姓亚氏族，相传前者为男女祖先在用竹筒装水时一见钟情而做爱生育的后代；后者为男女祖先在喂鸡时激情难耐，发生关系而繁衍的后代。

龙姓 *mong luon wan hi* 的图腾为蛇，村民称为"长虫"。相传其祖先因尾随蛇的行踪而走出密林，于是予以崇拜，禁吃蛇肉，否则牙齿会掉，严重者失去性命。在中国有"黑龙"*mong luon wan hi* 与"红龙"*mong luon shu* 两个亚氏族。"黑龙"因先祖的父母在其年幼时即已过世，无奈四处流浪，致使皮肤被太阳晒得较黑而得名，而且其后人肤色皆因此较黑。"红龙"被戏称为"龙尾巴"，因其先祖尾椎长出如同尾巴的一小截而得名。此外越南还有 *mong luon la ji la li* 和 *mong luon ong* 两种，前者汉语译名不知，后者为"白龙"，其先祖因垮山被冲入水中，侥幸被水中竹子阻挡而得以逃生。

相传莽人本无盘姓，源于瑶族盘姓男子与莽人姑娘婚配后所繁衍的后代，在中国仅有金盘 *de ong* 世系群，至今不过 4 户。据说在越南还有一种亚氏族"刀盘"*de ong bu ga*。盘姓的图腾是斑鸠，相传该姓先民因学习斑鸠筑巢而建盖干栏式家屋，因此以斑鸠为图腾，忌吃斑鸠肉，否则牙齿会脱落，因此致病。

各姓氏所崇拜的动植物图腾，均不可触摸，更禁止食用。此外配偶及子女也多遵循这一规则，并不触犯配偶方与母亲姓氏的图腾。与其他图腾崇拜不同的是，他们平常可以用弩弓或枪支射击本姓的图腾，报道人告知："打嘛打得，摸嘛摸不得，那会着病的。"在田野调查中某位龙姓报道人说，"我吃过长虫，大蟒蛇哦，4—5米都不完，不过，不能在家里做吃，妇女小娃吃了会死人，我老人吃了牙齿没掉，哈哈。"其他村民认为，他们的后人三代内肯定有人尾椎部分会长出龙尾巴，或有人是哑巴，而这就是触犯图腾禁忌的后果。这种说法因有实证而颇为灵验，该报道人的一位侄女就有语言障碍，绰号"哑巴"。

第三节 鬼灵崇拜

在莽人的观念世界中，灵魂 nv 依存于实体的物质之中，我们可见物质的实体，却看不到其灵魂。灵魂既与实体合而为一，又可脱离实体外逸。若出现灵魂外逸的状况，莽人则视该实体为"着病"，须请人招回失散的灵魂；若病情严重，要延请魔公举行仪式医治方可。待其回归后，实体方能恢复健康。实体一旦死亡，灵魂则化为鬼 bli，永远存在。而灵与鬼又展现以下前者高于后者的原则：男性的/女性的、年长者的/年幼者的、干部的/一般村民的、知识丰富的/知识贫乏的。以此而论，灵与鬼似可解释为与性别有关的一种"力量"，并随着年龄、身份、地位、知识的增长而增强。

莽人多将灾祸病害归咎为鬼魂作祟与黑巫术。为消灾治病，患者须延请巫师（俗称魔公）打卦问卜以查明病因，再据此举行相应的仪式。若是前者，则患者家庭须献祭鬼魂，请其退让；若是后者，须请魔公医治，或以更高强的法术击退施放的黑巫术。本节将按照莽人信仰体系中的四层分类简介常致病害的鬼灵，将巫术部分留待下一节讨论。本节资料主要来自两方面：笔者访谈所得，将报道人告知的"鬼太多，数也数不完"予以整理分类；结合中、英、越文文献，予以充实，尤其是越南莽人研究学者陈友山博士所提供的《莽族宗教信仰》一文[1]。受限于个人莽语水平及调查不够深入，我竭力综合以上资料，以期说明莽人的鬼灵崇拜。

---

[1] 陈友山：《莽族宗教信仰》（未刊本）。

一 天上的鬼灵

莽人"天"bling 的概念既是实指，又是虚指。具体而言，抬头仰望，我们能够看得见却摸不着的地方即为"天"。自然界的一切都是"天"配送而来的。换言之，人世间的一切"天上"皆有。既然天高不可攀，天上的鬼灵也就位阶较高。最为厉害的是太阳鬼 bli ma ni 与月亮鬼 bli ni，它们是亲兄弟，其中太阳鬼是哥哥，住在太阳上，因而只有在出太阳时才可能遇到；月亮鬼是弟弟，居于月亮之上，只有在月夜才有遇到的可能。在丧葬礼仪中，我将介绍魔公在葬后的次日凌晨将"死人鬼"送到"天上"，但在实际生活中，这些鬼魂因眷恋尘世而"常回家看看"，因而将它们放入下一小节介绍。

二 天下地上的众多鬼灵

莽人认为，一切动植物皆有灵魂，其死后的鬼灵尚在，依然活动于生前的区域。这些鬼灵主要有家鬼 bli nva、林鬼 bli hang 及其他动植物鬼灵，以下分而述之。

（一）家鬼

家鬼主要是指祖先鬼，俗称为"老祖公"，为每一家庭男性户主的家庭及世系群的祖先，一般为上溯三代的直系祖先，是天下地上最为重要的鬼灵。诸多禁忌与医疗均与此有关，如莽人不能将绿色的物品或生肉直接从大门拿到屋内，倘若如此，则"冒犯者"或家人必将受到祖先的惩罚，轻则生病，重则丧生。这种病医院无法救治，医疗之法是请魔公为病者献祭，向祖先赔罪，得到他们的宽恕。据龙凤村陈继新告知，莽人中有位哈尼族女婿（俗称姑爷）将一棵芭蕉叶直接从大门拿入家中，不一会儿他的头就被祖先砍掉，尸首分离。而牛场坪罗开文（1951—）则报道亲历之事，30 年前他在地里干活，突然口吐白沫，不省人事。家人为此请魔公打卦，原因在于异族朋友带了绿色物品进入家中。于是立即杀鸡献祭，他也很快恢复健康。莽人认为带绿色物品进家即在告知祖先将为他们供奉祭品。如果对此既没举行祭祀仪式，又无献祭，则祖先视为被戏要，于是将惩罚那些冒犯者或家人。2011 年 7 月 27 日我在坪河下寨亲见陈小大在田棚边杀了一只鸡、拔毛洗净后，他以绿叶将鸡包好，放入背篓后，由其妻带入家中。他告诉我，莽人不能将绿叶或生肉从大门拿到家中，而须从后门或包裹起来方可。虽然莽人扶贫工程建设的安居房与他们原有结构有所不同，有人戏称安居房没有鬼，但他们依然遵循这一习俗。

另一种为岳父岳母鬼 *bli jia yea*，俗称"丈人丈母鬼"，这是出于男性的称谓；如果从妇女的角度而言，即为父鬼 *bli on* 与母鬼 *bli ma*。在田野调查中获知，莽人亦将该鬼泛称为"老祖公鬼"。而据我对莽人文化的理解，祖先是以父系的继嗣关系为准则来判定与表达的，所以它不是男性所指的"老祖公"，而是"丈人丈母鬼"。但莽人所指的"一家人"的范围常常涵盖血亲与姻亲，所以将它纳入家鬼中讨论还是适切的。在亲生父母过世之后，如果已婚妇女久病不愈，则很有可能是遗忘了父母而受到他们的责罚。于是请魔公为妇女的父母及其死去的亲人用鸡、猪、糯米、酒等献祭。在她们的一生中此类献祭至少须做三次，仪式之间的间隔年限为1年。一般而言，前两次的牺牲均为一只鸡，第三次为一头小猪。

其他家鬼相对较为次要，但数量众多，难以尽列。显而易见的是，死者生前在家中所睡或常待之处，依然是各自家鬼的"领地"。如果冒犯，则会受到他们的责备，受害者多为外人或家中的新娘或妇女，尤其不得触犯死者生前的睡床，若无献祭谢罪，则难以苟活。为了避免为鬼所害，往昔莽人安葬家人后，常常废弃或拆除原家屋，另觅一地重新建盖，而且该死者卧室处的立柱与梁木因可能附着死者的鬼魂而不能使用。

（二）林鬼

林鬼 *bli hang* 是指与森林有关的众多鬼灵，如大树鬼 *bli jiong o*、林中乱逛的鬼 *bli hi*、树缝鬼 *bli jiong*、树胶鬼 *bli juang*、龙树鬼 *bli blang* 等。

顾名思义，林鬼是游荡在森林里的鬼魂，经常引诱或抓捕那些在树林间行走者的魂魄，致使它们在森林中流连忘返而找不到回归肉体之路。当在森林中行走时，附近既没有树，又没有刮风，却听到咿呀声，宛若大风吹动树枝相互摩擦发出的声音，这时行走者就知道自己被树鬼戏耍了。不过这种鬼很少祸害人，仅是戏弄那些阳气较弱者，故而受害者多为女性。树胶鬼为附着于漆树的鬼，当人经过这些漆树时，如果不留意就会被漆树黏住，并进而啃食受害者的皮肉。如果不及时进行祭祀，患者将因此丧生，仅剩骨头。树林里常会有相互缠绕着生长的两棵树，树缝鬼就出没于两棵树相互缠绕形成的间隙，当风吹过缝隙时发出的叫声即为该鬼的声音，在它附近砍树的人会受它的祸害，如果砍它寓居的那两棵树则病情更重，只有通过祭祀来赎罪才能康复。龙树鬼寓居于龙树之上，为森林中最厉害的鬼，蛊惑人的常用伎俩是以歌声诱人回应，一旦受骗中招，人将生病甚至发癫；因此在四周无人时，在森林中听到歌声，务须确证是否确为人声，以免遭灾受难。砍伐龙树者更易为此鬼所害，患者轻则行动思想异于平常、失去理智、独自奔走如飞；重则暴病而亡，即便魔公也难以解救。2011年2月6日龙凤村刀中明去森林打猎失踪，其家人3次组织人员前往寻找均未果，1个月后其尸体无意间被一南科老寨男性瑶族在越南森林中打猎所发现。莽人认为，他即为该鬼的受害者。此外森林中还有到处乱逛的鬼及其他鬼魂，有待于今后进一步补充。

（三）其他动植物鬼灵

其他多种庞杂的鬼灵，如木头鬼 bli huo、竹筒鬼 bli nuang xi、萤火虫鬼 bli bu duon、猫鬼 bli hei huang、山鬼 bli gi、黄麂鬼 bli jiv/bli jiong la、嗜血鬼 bli sha hang dela、食人鬼 bli mi、摔死鬼 bli deng shong。

木头鬼为附着于树木凹处的鬼魂，在砍树时常常会遇到该鬼。受害者的症状为眼睛疼、胸闷、呼吸困难、全身酸痛等。与之相似，竹筒鬼附于竹筒之中，受害者多嗓子发痒、口干舌燥。萤火虫鬼①并非指萤火虫化身的鬼魂，而是因该鬼发出类似萤火虫的光亮而得名，常在夜间出没于村中或田地边的棚屋里，目的在于到处乱逛并挑逗他人。一次受害并无大碍，但反复多次则容易引起心理失衡，并因之致病。虽然病情并不严重，但若无魔公解救，病亦不会痊愈。猫鬼为常在夜晚发出猫叫声音的鬼魂，多出没于鱼塘或水边；该鬼很少害人，但其撕心裂肺的号叫会使人感到心惊肉跳，魂魄受此惊吓而离开肉身，须请魔公进行祭祀来招魂，灵魂回归其肉身后，患者才恢复如常。食人鬼是由被火烧死的猩猩变成的鬼，该鬼极其恶毒，常撕咬那些在田地干活的劳动者，一旦被该鬼咬伤，则难以治愈，法力不高的魔公都不敢主持治病仪式，以免反被该鬼所伤。2011年5月下旬，坪河下寨的某对年轻夫妻插秧劳累即夜宿田棚，据他们所说，曾经见到了这种鬼，高约1.3米；头发较长，且极为凌乱；穿着黄胶鞋。该男子拿起猎枪射击，虽然相隔不远，却无法击中。次日清晨，他们仔细察看，地上却没有脚印。嗜血鬼极其精明，能闻到宰杀动物放血的气味，嗜吃猪血，常在操办丧礼时出没。一旦村中有人去世而杀猪献祭，它即隐身于房子附近的树丛中，观察丧葬中的每一个动向，并伺机偷吃猪血，吃完后即会离开。当地风俗认为，该鬼擅长隐身法术，因其很少现形而难以察觉；一旦被看见，则意味着见者厄运已到，不久将因此丧生，因此莽人非常害怕在治丧期间看到该鬼。摔死鬼为从树上失足摔下的丧生者变成的鬼，常在河流沿岸活动。当看见有人捕

---

① 报道人告知为"山上的鬼"，"梁子、冲子都有，夜晚出现，会飞，亮亮的，像电筒一样"。我将之形象地称为"萤火虫鬼"。

鱼时，该鬼常在远处向捕鱼者投掷石头，当被砸者逃走时，该鬼则会在其后追赶；而为了迅速地逃生，被砸者常丢弃携带之物，尽管能安然抵达安全地带，但受害者却落下严重的心理阴影：无论是睡是醒，总是感觉身后有鬼在"撵"他！受害者因此而消瘦、落病；如果不及时进行祭祀，终将因之丧生。实际上该鬼并非仅仅作难捕鱼者，而是戏弄它遇到的每一个人。

此外大型野兽在林中死后也会变成恶鬼，鬼名与野兽相关，如老熊鬼 *bli jver*、老虎鬼 *bli nver*、黄麂鬼 *bli jiv*。当人经过树林中时，闻到它们尸体腐烂的恶臭就会头昏眼花、胸闷呕吐。但这些鬼并不致命，只要逃离该地，呼吸新鲜空气即可恢复如初。还有一种不知名称的鬼魂，常居于森林中河流沿岸的树丛里，喜欢戏弄路过之人，有时并用石头砸人；尤其是会变成美女发出妖里妖气的媚笑声，来引诱、迷惑年轻男子；遇到这种情况的人均感害怕而拔腿就跑，但是越跑越累，到家后就会因此落病，须进行祭祀医治方可康复。

三　水中鬼灵

和其他少数民族一样，莽人不仅信仰家鬼，还认为存在其他类型的鬼魂，这与他们所居住的地理环境与生存方式有关。往昔莽人多居住在高山密林的河流源头，他们的生活与水密切相关，水下的世界也就自然地折射在他们的观念世界之中。莽人将水中鬼灵分为龙鬼 *bli nvang* 与水鬼 *bli gong* 两类，其中又各有很多种类，以下简单介绍。

（一）龙鬼

龙鬼是指与水有关的弧形鬼灵，*nvang* 本意为"蛇"，引申为弧状物。最为常见的龙鬼是"彩虹鬼"*bli nvang li jiong bling*，常在夏季雨过天晴后出现，莽人将彩虹视为该鬼在晒干身上的雨水或在洗澡。如果不去捉拿或用石头砸击彩虹，一般不会招致该鬼侵害。其他龙鬼根据其居所与活动状况而有不同的名称，如水塘中的龙鬼 *bli nvang long*，此外还有 *bli nvang li*、*bli nvang ba* 等，留待后续研究。

（二）水鬼

水鬼是生活在水中的另一类鬼魂，主要有水猪鬼 *bli meng hun*、河边鬼 *bli hong*、老扁婆鬼 *bli jiong hi*。

水猪鬼常出现在那些大河的深水区域，人们经过它的居所时能看见一种动物的影像，如同长着极其锋利、尖锐牙齿的老母猪。河边鬼常寓居在林中小溪里，当经过时，莽人不敢高声说话，以免惊扰它；为避免招致该鬼陷害，更不敢砍伐小溪附近的树木与采摘附近的野菜。黄麂鬼 *bli jiv/bli jiong la* 本不属于水鬼，但当黄麂溺死在山中的某个水塘、某个深水坑或河流的源头而成为黄麂鬼时，当人喝了这些水后就可能会受到该鬼的祸害，症状为腹痛与腹泻，治愈方法须请魔公作法来帮助破解。老扁婆鬼①有性别之分，常乘人熟睡之时行事：男妖鬼嗜好抚摸女性的乳房，女妖鬼喜欢玩弄男性的阳具，而受害者虽有疼感，却无法出声呼喊；当人苏醒后，该鬼即会离去。较为特别的是，它们是倒着向后跳跃而行。

为了避免水鬼伤害，莽人在涉水过河时，总是先以手或脚拨动水流，起到驱鬼的作用；同理在以竹筒汲水时，第一筒须倒出，之后再汲取饮用。孕妇将其魂魄分与胎儿部分，护体的灵力减弱，最容易遭受它们的伤害，因而她们一般尽量不去水边；而孩童因喜欢玩水，也常不幸成为它们的受害者，因而家长常叮嘱孩童少去水边玩耍。

四　地下鬼灵

地下世界的鬼灵由死者的魂魄转变而成地鬼，统称为"死人鬼" *bli meng dan*。其中作祟最为频繁的为 *bli de bv* 和 *bli yang bang*，前者害人不深，虽有生疮症状，一般并无大碍，一段时间后即可康复；后者较为严重，症状为生疮、肿痛，康复须草药医治或魔公献祭。最为严重的是那些非正常死亡与处理丧事时未得到献祭者，常常作祟于亲戚，以此向他们索要牺牲。一旦被该鬼陷害，患者必须请魔公献祭一头小猪、一床篾垫等物品，方能苟活，详情参见第六章第四节驱鬼部分。此外还有一种埋了若干年后的死人鬼 *bli ha sing*，也须献祭才能苟活。总之，如果路过者不小心踩到地下鬼灵的住所，便触犯了它们的禁忌，则冒失者极有可能为其所害。因此当地人将这些坟地视为禁区，避免踏入②。

本节主要简介莽人观念世界中的四层鬼域，在实际生活中它们对莽人的影响甚大，详细讨论请参见第六章。莽人常将灾祸归咎于鬼魂与巫术，在了解鬼灵崇拜之后，以下介绍巫术信仰。

---

① 报道人的意见并不统一，有的认为该鬼住在水边属于水鬼，有的认为其常在森林中活动应属于林鬼。

② 并村初期，龙凤村的苗族与彝族并不了解莽人的丧葬习俗，曾去坟地的"棚屋"躲雨、休息。

第四节　巫术

吕大吉指出，"巫术是一种广泛存在于世界各地区和历史各阶段的宗教现象"①，至今在诸多民族与族群中依然存在，也是人类学传统的研究主题之一，但巫术的共识定义还是见仁见智。大体说来，巫术系指利用一定的仪式、借助某种超自然的力量、对客体实施作用与影响的一种法术。正如列维－斯特劳斯指出的："没有理由怀疑某些巫术实践的效力。但同时我们看到巫术的效力隐含于信仰之中，信仰有三个基本方面：首先巫师相信其技能有效；其次患者或受害者相信巫师的力量；最后群体的信念和期望连续不断地扮演着引力场的作用，将巫师及其施行对象裹挟其中。"②从上述引文我们可以获知，巫师对其技能的自信、患者相信巫师的能力及群体的信仰构成了巫术存在的共生空间。务须指明的是，莽人对巫师的信仰并非一如既往，而且亦有个体差别，这一点在后文中也会略有提及。

在田野调查数月后，方有耳闻莽人巫术之事。由于他们对此讳莫如深，故难有参与观察的机会，尤其是黑巫术。因而本节内容较为单薄，访谈中收集到一鳞半爪的信息难免挂一漏万，权当抛砖引玉；叙述以从事巫术的"人"与"术"两个层面展开。

一　巫师

莽人并无专职的神职人员，巫师俗称为魔公，虽无性别要求，但须为已婚者（包括丧偶者与离异者），平常与普通村民无异。按是否主动习得巫术的技能分为 a zhang ji guang 与 mo gong。a zhang ji guang 意为"那些会做会念的人"，为学习者主观努力向他人习得，诸如叫魂、黑巫术等技能者，其中"ji guang"为"会做会念"、"a zhang"为"那些人"。mo gong 本意专指那些非由自己努力而自然获得超自然能力者，他们由"师傅"③ 挑

---

① 吕大吉：《宗教学通论》，中国社会科学出版社 1989 年版，第 254 页。

② Claude Lévi – Strauss, *Structural Anthropology*, Claire Jacobson and Brook Grundfest Scheepf (trans.), New York：Basic Books. 1963, p. 162.

③ 每位魔公皆各有一至数位师傅，如龙凤村陈继新有莽人、傣族、苗族师傅共三位，分别为 *bli mon*、*bli wang* 与 *bli miao*；牛场坪龙玉忠有汉族王雷 *bli de hang* 与王两妹 *bli jia de hang* 夫妻师傅；牛场坪陈小大仅有一位莽人师傅，及平和村刀玉明的三位师傅的称谓皆不得而知。举行仪式时的师傅皆特指该魔公的师傅，下不再注明。

选，并被传授有关技能，途径为"师傅"在梦中传授或突遇变故，如龙凤村的陈继新为前者，而平和村的刀玉明为后者。据说刀未婚前某次遭遇大雨，跑入一岩洞内避雨，偶遇三位师傅教导其魔公技能，从此即能打卦治病。此外 mo gong 还须经历"火"的考验，"做魔公的人都要疯一回，烧起一笼火，大大的，脱光衣服，在火上滚，身上不会有事；火小的不成，身上会起泡。"此外魔公还禁吃狗肉，若不遵守该禁忌，则魔公将发疯，其法术将失灵无效。虽然 ji guang 与 mo gong 译成汉语皆为"魔公"，但从前述可以看出二者的内涵与外延皆有所不同。总而言之，mo gong 通过自身后天的学习可以成为 ji guang，但 ji guang 无论自身如何努力，却不能成为 mo gong；ji guang 既可由师傅神授，也可向他人习得；而 mo gong 仅能神授，须打卦占卜方能施法。

　　昔时所指的"跳魔公"仅有一种，具体施法为魔公站在一铺有薄被的长凳上，脸上盖一毛巾，并戴帽以防毛巾脱落；跳时由慢到快，像骑马一样，跳时会不时吹口哨、时而说苗话、时而说汉话。调查期间，获悉莽人中仅有罗继章善用此法，但因他曾食用狗肉而法术不灵，后无人再请他施法，并随着他 2012 年去世而后继无人。现在泛指魔公打卦占卜、招魂、撵鬼、献鬼等仪式行为。该地区的哈尼族、苗族、拉祜族、彝族等皆通用魔公来指称这些仪式的操作人员，莽人亦不例外，而 ji guang 的称谓反而被遗忘。在后文中若是泛指，则通用魔公；若为特指，则以莽语的发音注明。

二　巫术

　　根据莽人主位的观点将巫术分为巫害 sha 与魔术 a be man，分别可对应于弗雷泽（Frazer）所说的黑巫术与白巫术[①]。前者即指以伤害他人为目的的邪恶妖术；与前者相对而言，后者即指解救前者的伤害，或助人摆脱困境，实现美好愿望的法术。为了对这一现象有更深入的了解，以下从几个具体的事例说起。

　　例 1. 龙凤村某男青年死因的解释

　　　　某年仅 26 岁的男青年于 2009 年不幸去世，留下寡母一人。村民虽怜悯寡母的不幸，却认为该青年咎由自取，因他平常多为鸡鸣狗盗

①　James George Frazer, *The Golden Bough: a study of magic and religion*, Beijing: China Social Sciences Publishing House, 1999.

之事，招致他人施放巫害报复致死。而据死者亲戚告知，死因为肺结核病不治身亡。

例2. 牛场坪村陈海云的经验

我12岁的时候，肚子老是痛，我家爹带我到矿山①去医，打针吃药，都医不好。后来请我们村里的小陈大来整才好的（治病的意思）。他在我肚子上吸出一块小小的、红色的石头，吸出来后肚子就不痛了。这就是被人放巫害整的，哪个烂人害的就不认得了，我一晓得我肯定要杀了他。我家老丈哥，就是阿牛，不过我从不叫他丈哥的，我们是一班的同学，他就被越南莽人放巫害害过。那次我们一起喝酒，阿牛与越南南班的莽人闹架，后来他就身上到处都痛，去下寨请人搞才好的。可能是喝了他们喝的酒，现在那些越南人不敢来我们这里了，我们遇着，要打他们。他妈的，给酒给他们喝，还害我们。以前南科我们也不敢去，听说他们的巫害很厉害。

听老人说，我们以前的莽人会飞。越南南班有个"红罗"的罗大特别厉害，把簸箕放在桌子上，他念经，想要什么就有什么，要肉就有肉、要钱就有钱。

例3. 牛场坪村罗少林报道

2009年还没搬新房前，我与罗文辉去坪河中寨。那时我不会喝酒，他们就打饭给我吃，我还吃了鸡血和鸡肉。晚上罗文辉骑摩托车带我回来，我就着了，后来是我们村的罗小大救我的。记得那时我还读小学六年级，快要考试了，毕业后就不读了。

不管什么，叶子、饭、酒，只要他害你，如果没有人救，就会死掉。有的可以立即死，也有的过一二年后才死。听老人说，放巫害时，他们小声念咒，别人听不到的，他喜欢什么时候让你死你就什么时候死。

着了巫害，就像刀一刀一刀地剁在你身上一样，非常痛。请师傅要打卦问神，查出来后，就跳魔公。如果病好了，要谢师傅。如果要钱，他们自己会说的，3.6、36、360、3600。我给了360，这钱还是

---

① 田房锡矿，距离雷公打牛村约20千米。

我娘死的时候分给我的。

　　巫害只要不干坏事都伤不到，如果做了坏事，就有可能发作，不死也难受，不死不活的在。有人帮你搞，就会好。如果放巫害的人要你死，你就会死。越南人会的多，中寨的老人有人会，南科说我们有，我们怕南科有，以前南科说我们放巫害，树上的叶子都掉光了。

　　放巫害，煮熟的鸡头都会叫起来。如果身上痛，会跳魔公的人用嘴巴在痛处吸，也能吸出东西来。碗里装清水，一杯酒，嘴里含点酒后喷酒到身上找，后用嘴巴吸出吐到碗里，能吸出石头、骨头、衣服呢。

　　弗雷泽认为巫术产生的原理是"相似律"和"接触律"，前者源自"同类相生"或"果必同因"；后者则为接触后的物体，即便分开后，还能远距离地相互作用。巫师据此而产生不同的巫术，基于相似律的为"顺势巫术"或"模拟巫术"，基于接触律的为"接触巫术"①。据前引弗雷泽与列维－斯特劳斯之说，结合访谈资料，可将上述事例归纳为以下几点。

　　（1）莽人的观念世界与实际生活中均存在巫术，魔公念诵咒语驱使妖鬼伤人于无形之中，可分为模拟巫术与接触巫术，以前者较为常见，如罗大念咒得到肉与钱等物品、阿牛喝酒被人陷害生病。

　　（2）模拟巫术并不一定致人的生命于危险之中，遭受该巫术伤害，若无魔公解救，轻则身体有恙，重则生命堪忧，患者是否付费由施救魔公决定；而接触巫术须施害者取被害者所有之物，施加特别法术，以置对方于死地为目的，因而受害者多付费给施救的魔公，费用并无定规，为 36 的倍数。

　　由此可见巫术存在于莽人的生活之中，按其主要观点分为巫害 *sha* 与魔术 *a be man*，下文对此分而述之。

　　（一）巫害

　　据说放巫害 *o sha*，"以前好多老人都会，现在没有咯"，经不懈的访谈，获知现今每个村寨尚有"个把老人会一点，不多了，死完了，安南（越南）那边多，老是厉害，我们都害怕他们"；"以前每个村子都有哦，我们都不敢去别的寨子，怕他们害啊，你着了，没人救，你就死啦"；"哥弟不会害，别人会害啊，吃饭喝酒、坐的凳子，你咋个晓得他害你啊"。这些报道显示，莽人村寨中不仅存在黑巫术，而且他们对此有所忌

---

① James George Frazer, *The Golden Bough*: *a study of magic and religion*, Beijing: China Social Sciences Publishing House, 1999, pp. 12 –48.

惮，并因此影响他们的人际交往。

据说莽人并不轻易对他人实施黑巫术，因为这是一把双刃剑，若实施不善，反将受其害；若受害者延请法术高强的魔公予以施救，并以其高超的法术还击施用黑巫术者及其家人，他们将遭受报复，并因此而生病，甚至丧生。综合诸位报道人的零碎信息如下：

（1）若无深仇大恨，一般不会实施黑巫术。

（2）实施黑巫术者"良心"不好、大多年事已高、亦无子嗣，死不足惜。

（3）实施者及其家庭将招致他人报复。

（4）魔公通过施放一种妖鬼去害人，"相当于杀人"。该鬼受魔公的调遣、指使与操控，有针对性地祸害他人。但这也是一把双刃剑，如果驱使者的法术不高，或者魔公所欲陷害者法力高深，那么被调遣的妖鬼则反过来会致使魔公自身受伤。

（5）被害者若不能及时找到法术高深的魔公为其治病、降伏妖鬼，则难以苟活。

（6）若请魔公为己对仇敌"放巫害，要给很多钱，还有一只鸡"，但具体钱数不清。

（7）"向师傅学习放巫害，要给钱给师傅，听说安南（越南）20 世纪 60—70 年代时要人民币 300 元，老是贵哦。中国这边不知道。"

（8）往昔中国莽人村寨中盛行巫害，并是一种处理激烈矛盾的手段；现在会者所剩无几。有位会者告知："我会嘛是会，但我从来没放过（巫害），有小娃（子女）的不能做，做了，他们会出事；五保户可以做，得些钱买吃买喝，死了算了。"

黑巫术极其隐秘，习得与实施皆隐而不宣，而且不能演示。相较而言，白巫术情况稍好，并有难得的观察机会。

（二）白巫术

莽人将白巫术称为魔术 *a be man*，我将其分为"救人"与"做好事"两种，前者系指患者有明显的症状，诸如身体疼痛，四肢乏力，在医院诊治无效的情况下请求魔公施救；后者为通过法术，撮合姻缘的"好事"。

（1）救人。黑巫术的咒语与如何实施皆不得而知，而魔公的救治亦避讳我的实地考察①，虽曾"跟踪"他们的行动，却常常是无功而返。以

---

① 村民将之视为"迷信"，却又常常求助于迷信。据报道人告知，魔公害怕我的询问与拍照，担心被公安局抓去坐牢，故而躲避我的观察。

下为调查记录的代表性观点：

"魔公救人老是厉害，医院都看不好的病，他几分钟就整好了。我们村的××，被人放巫害整疯了，到处乱跑，家都不知道回，就是下寨的魔公救的"（男，56岁）。"魔公就像电视上的魔术师一样，你不晓得他咋个整的，能从你身上吸出鸡骨头、石头来，有时候吸出来就好了，有时候也不灵的"（男，36岁）。"被人放巫害，你有再多的钱到医院都医不好，不请魔公是不成的"（女，27岁）。"魔公不是什么病都能看，着了巫害、鬼，魔公比医院厉害多了。不过，现在科学发达，有些病不去医院早就死了。我们寨子的罗三，魔公是医不好他的，花了好几千呢，儿子、姑爷都出了好多钱"（女，52岁）。"老师，我对你讲，他们好多人对你是乱说的，巫害有嘛是有，现在人不敢放了，以前老是厉害哦，各个寨子都有，老人都会。现在科学发达，有'新农合'，魔公就不厉害了"（男，44岁）。"我10多岁的时候着了巫害，那时我还没结婚，在中国这边都医不好，后来去越南，一个傣族女魔公医好了，她是我们金水河镇的，嫁到越南去的，我们寨子也有人嫁到那边。那时我老是难在（不舒服），卖了一片草果地给哈尼族，也没医好"（男，29岁）。

魔公亦有他们的看法："我们看病不会乱看，医院看不好的我们才看。巫害我不太会医，平和的××（魔公名）厉害"（男，62岁）。"巫害越南人厉害，我们中国以前也厉害，现在老人还是会，每个寨子都有，不过有小娃的就不能放，放了就像杀人一样，别人要报仇的。越南那边不管这么多，寨子的男人都死完了，以前我们老寨子那边来了很多女人哦，来找男人，比我们人好看，皮白白的。我一年做10多个吧，我们寨子的××（魔公名）可能20多个，平和的××（魔公名）最厉害，一年100多个都做不完"（男，52岁）。

以上表述虽是见仁见智，但我们不难得出以下结论：往昔盛行黑巫术，现已式微；但至今尚存，具体实施之法不明，而魔公医治的疗效远胜于医院；魔公医治与医院治疗为现在莽人"治病"的两条主要途径。

（2）做好事。为了撮合姻缘，魔公亦实施特别的法术，以助年轻未婚者赢得心仪对象的宠爱。通常有两种方法：其一，对清水念诵咒语，再将它送给他/她喝，他/她喝过这种水后，即便以前并无好感，也会死心塌地地爱上她/他。其二，在他/她路过的必经之处，将茅草打结拦路，并施之以咒语，他/她不经意间触碰该拦截物，即将转变心意而爱上她/他。但这种法术仅能解决一时之需，因为法术一段时间后将失去灵力而无效。

此外还有一种预测男女双方是否得以做爱的法术。2011年9月20日

16：29—16：59 在龙凤村刀正华家，魔公罗文金为我演示了这一法术。他取一茅草叶，将其对折后，在其表面放一根茅草秆，并顺时针卷起来；再一手握住茅草，一边念诵咒语。如果那根茅草茎自动钻进茅草对折之中，则预示与对方有缘，晚上可以做爱；否则表示与对方无缘。咒语如下：

> guo gua guo guo，guo jiong bang guo nang nang，guo jiong bu guo-niang niang；
>
> guo jiong bang guo nang nang，guo jiong bu guo niang niang；
>
> mi guo mi de mi，mi guo di de di。

咒语大意为：你爱我嘛，我爱你，晚上我们在一起，就让草秆钻入茅草里。此为一种模拟巫术，折叠的茅草与茅草秆分别象征女性与男性的生殖器，而草秆钻入茅草即喻示男性生殖器插入女性生殖器，表示性交。

从访谈中获知，无论是黑巫术还是白巫术，今非昔比均是不争的事实。由于传统文化的惯性与其实践中的有效性，尤其是莽人文化的深层结构中还存有巫术信仰时，巫术就不会销声匿迹，在某种程度上甚至有复苏的迹象。这一点在科学的医疗体系覆盖到莽村后依然如此。报道人告知，他们在医院就诊后，有时"还是要找魔公看看，以后好在些"。当身体出现不适时，昔时他们首先想到的即是请魔公打卦占卜，问明招惹了何种鬼魂或是否为巫害所伤。倘若身体好转，接着就是遵守诺言，予以献祭。从20 世纪末期开始，莽人逐渐开始寻医问药，但魔公至今尚未在他们的医疗系统中消失，我将在第六章中详加讨论具体救治之法及其相关仪式。

第四章　岁时祭仪

　　与邻近的瑶族、苗族、哈尼族等相比，莽人的岁时祭仪极其稀少，而且随着时代的变迁，往昔的祭仪不再存续。因民族文化之间的交流与涵化，莽人村寨中逐渐时兴中秋节与春节，这些节日不仅与汉族的节庆有较大差异，具有莽人自身的文化特色，而且村寨习俗亦不完全相同。本章分为两节，第一节简介岁时与生计的关系，从而为岁时仪式做必要的铺垫；在第二节中，按一年四季的时序变换进行描述，从而得以了解他们在不同的时节中举行相应的仪式，并略窥该方面的文化变迁。

第一节　岁时与生计

　　在第二章中曾提到莽人生活在滇南低纬高原区北回归线以南，具有低纬山原型季风气候特点，其生计方式与岁时密切相关。并村定居后，随着定耕生产的发展及与其他民族文化交流的扩展，其生计方式以遵循岁时规律的农耕解决主食问题，并以种植经济作物为主要收入来源、辅之以编织传统的藤篾器具；2007 年至今，越来越多的莽人青年也加入打工大潮，到他乡寻找生存之道。

一　历法与岁时

　　以往学者对莽人的历法及活动有所记载，如据越南民族学者青然调查，越南莽人将一年分为十二个月，以阴历记月，各月活动如下："正月：建盖新房、修补旧居、休息；二月：休息、准备在大坡地撒种；三月：撒早野生稻种；四月：安设陷阱抓鸟兽、保护大坡地、除稻田中的草、收早玉米；五月：祭拜祈求收获时风调雨顺；六月：编制、打猎、准备养牲口；七月：收晚熟玉米和早熟稻谷、做扁米糕；八月：稻谷熟季，打猎、打理大坡地；九月：稻米大片成熟，准备收稻米；十月：收稻米、供山神；冬月：庆丰收、寻找新的大坡地；腊月：休息，在新大坡地上娱乐"①。

与越南不同，中国莽人将一年分为十三个月。关于十三个月的设置，学者中有两种不同的代表性观点②，其一为前十二个月每月30天，第十三个月5—7天，用十二个属相计算日期。各月的具体生计安排如下：一月播种早玉米；二月播种晚玉米；三月栽培旱稻；四月早玉米除草；五月晚玉米除草和旱稻第一遍除草；六月收获早玉米；七月旱稻除第二遍草；九月晚玉米和旱稻成熟，开始收获，一直到十月；十一月和十二月收芭蕉芋、木苔和芋头；十三月是庆祝丰收和进行整地的时间③。其二为一月与十二月均为25天，第十三个月15天，其他各月天数并未明确指出；各月名称及具体生计活动如下：一月（密哈）种植早玉米，二月（密哈木）种植晚玉米，三月（密百）种植旱稻，四月（密波木）早玉米地除草，五月（密哈乌）晚玉米地除草，六月（密窝木）早玉米成熟，七月（密比乌）旱稻地除草，八月（密哈恶）旱稻抽穗，九月（密克乌）晚玉米和旱稻成熟，十月（密矣木）收割玉米和旱稻，十一月（密奥木），十二月（密哈农）收获薯类，十三月（密安奥）过年和砍林地④。莽语的"密"*mi* 为"月"，在其后加上相应的数字，即为某月。

据我调查，莽人将一年分为12个月，以农历记月，从一月开始，至12月过年结束，分别为一月 *mi shuang*，二月 *mi wan*，三月 *mi be*，四月 *mi buan*，五月 *mi han*，六月 *mi gongm*，七月 *mi bv*，八月 *mi ham*，九月 *mi shin*，十月 *mi gi*，十一月 *mi gam*，十二月 *mi huon*。昔时莽人并无确切纪年之俗，若有也仅以属相概纪，如出生在狗年、龙年，但具体的年月日大多不知。2010年9—10月我花费近一个月的时间在龙凤村核实莽人的人口与出生年月时就能证明这一点：通过比对户口簿、身份证及龙凤村驻村工作队登记的花名册，我发现同一莽人的出生年月不同的现象很普遍。对当事人及其家人进行访谈，诸多老年人对自身的出生年月一无所知；少部

---

① Lưu Xuân Lý, *Bản sắc văn hóa Dân Tộc Mảng*, Hà Nội：Nhà xuất bản văn hóa dân tộc Hà Nội，2003，pp. 190 – 191. 陈文仙翻译，特此致谢！

② 均未区分阴历与阳历。

③ 缺八月。宋恩常：《插满人社会经济调查》，载中国科学院民族研究所云南民族调查组、云南省民族研究所《云南省红河哈尼族彝族自治州金平县苦聪人社会经济调查》，云南省民族研究所1963年版，第49页。

④ 杨六金：《莽人的过去和现在——十六年跟踪实察研究》，云南教育出版社2004年版，第287页。

分中青年与大多数儿童亦是如此；很多父母也不清楚子女的出生年月。此外在莽人翻译的帮助下，我就一年分为多少个月、各月多少天对三个村寨的36位老年报道人（年龄50岁以上）进行访谈，回答结果如下：不知道约占半数；一年12个月，每月30天占35%；一年12个月365天，与汉族一样占15%，他们均有上学经历。因此我认为虽然莽人有对应的词汇表达年月，但却无纪年习俗。

在第三章曾指出莽人的乡村生活以事件时间为主，此即表明各月的生计活动并不单一与固定，读者切不可以上引宋恩常与杨六金几乎相同的叙述而形成对莽人岁时与生计的刻板成见。其实他们的记录仅告知莽人的生计以玉米与旱稻为主食。如果历时性地审视，我们可以发现莽人的主食从玉米为主、旱稻为辅，逐渐过渡到如今的以水稻为主，这与水田面积的增长及水稻优良品种的引进与推广紧密相关。与莽人岁时仪式有关的是昔时刀耕火种与近年的稻作生产，将在下一小节中讨论，为描述岁时仪式提供清晰的历史脉络。

二　生计方式

在60余年的时间里，莽人的生计方式发生了急剧变迁，从并村定居前的以锄耕/粗放农作（hoticulture/extensive cultivation）为主，辅之以掠食与畜牧；到如今的以农业为主，辅之以畜牧与务工。这些生计方式主要还是依赖土地与森林等自然资源，亦是俗称的"靠山吃山，靠水吃水"。以下分述锄耕与精耕农业。

（一）锄耕农业

锄耕是指应用简单、非机械化的技术栽培作物；这种粗放式耕作方式的生产工具多是经简单加工的木棒，铁制农具较少；土地使用若干年后即抛荒，待数年后又可重复利用；最为典型的技术就是刀耕火种。刀耕火种的耕作方式在各大洲的民族志材料中不难发现，在云南的山地民族中也广为存在，莽人并不例外①。在出林定居前莽人主要依靠这种技能维持生存；定居定耕后逐渐减少；新世纪后仅在小范围内使用。根据有关研究，至少须满足两个前提条件才能维持刀耕火种的耕作方式：一是人口密度每平方千米不超过30人，二是人均至少拥有林地50亩。莽人集聚区的林地资源远远超过这些指标，无须赘述。以下讨论四个问题：刀耕火种的"刀"与"火"、实施工序、耕作特点以及主要种植作物。

---

① 宋恩常：《云南少数民族研究文集》，云南人民出版社1986年版，第179—191页。

昔时莽人对"刀"与"火"分外珍惜，因为煮食、照明、取暖均不可或缺，而且获取它们亦不容易。

在有记载以前，莽人即已进入铁器时代，如使用铁锅做饭、刀具砍伐树木。莽人在上世纪初从越南搬迁而来，调查了解到他们并无冶炼铁矿石的技术，但却能将废铁加以回收利用、加工锻造。在现今的莽人中，尚有陈四新、陈小大、罗文金等铁匠。20 世纪 90 年代后由于购买铁制生产工具极其方便，他们基本不再重操旧业，用于打铁的工具也基本散失。2012年 1 月 25 日我在南科老寨访谈邓朝粮时，见到他 20 世纪 60 年代买自南科老寨大陈二制作的打铁用的风箱。箱部用的是质地坚硬、不易炸裂的桐木（P. tomentosa Steud.），长约 90 厘米，直径约 26 厘米，箱内放有一些鸡毛，有一铁棍为拉杆；箱部左边中间有一出风口，当推拉拉杆，从风口压出气流，便形成风，从而起到助燃的作用（见图 4 - 1）。

图 4 - 1 莽人自制的风箱

除了请本族群中的师傅制造刀具外，更多是从外地购买，甚至不惜步行 2 天前往勐拉或越南购买。此外也以其他物品与邻近民族如苗族、瑶族交换弯刀、斧头等工具。

在使用火柴与打火机之前，莽人以摩擦取火。材料有干火草（Epi-lobium angustifolium）、水晶石（俗称白石头）、铁片、竹片。火草为一年生草本种子植物，春季发芽，夏季开黄花，秋季结籽细小。茎秆长30—50厘米，叶片长8—20厘米，宽3—7厘米，视土质的肥沃与雨水的丰歉程度而定。新鲜叶片的阳面光滑细腻，为绿色，晒干后为灰黄色。因火草的纤维容易燃烧，遂成为取火的重要原料。本地盛产水晶石，有一地方名叫白石头岩，就是因此而得名。金属片多为铁片，竹片则就地取材。

取火方式有多种。第一种方法为火镰取火：左右手各持一水晶石与铁片，互相用力击打，溅出的火星落入干火草中，如此持续数分钟；待火草中冒出火烟，再吹气助燃，火草即可燃烧。第二种为竹片取火：将竹片与金属片互相用力摩擦数分钟，待竹片表面温度升高后，将火草放入竹片与金属片之间后，再继续猛烈摩擦，这时火草受热就会冒烟，继续摩擦，并吹气助燃，直到取火成功。如果没有金属片，用两片粗竹片也可。将一些干火草放于一块竹片上，用手指按住，再用另一只手拿竹片在火草边沿用力摩擦，数分钟后火草因受热而变红冒烟，再吹气助燃，将燃烧的火草放入干草中吹燃。第三种是钻木取火：在一干树桩或干树上用刀斧凿一个深约5厘米的小洞，放入一些干火草；再取一根质地坚硬的干木，直径约5厘米，长约50厘米，将其一段削尖，插入洞中，双手用力搓动干木，并吹气助燃，约30分钟火草或可燃烧。

描述取火容易，在实际生活中往往较为艰难。在田野调查期间，我曾经请求报道人示范火镰取火。他持续努力了10分钟还是徒劳无功，因此我们不难理解往昔莽人为何常有老者保护家中火塘中的火种不灭。如果相隔不远，莽人常常从家中带着燃烧的棍棒去点燃砍后的山地内晾晒多日的草木。

在简述刀耕火种的前提条件后，下一个问题就是如何"砍烧"与"耕种"。莽人传统的刀耕火种有以下的生产工序。

（1）择地。出林定居前，莽人认为，未经开垦的土地皆为公有，各家可以自行选择使用。这些土地一般在阳光较为充足、树木或茅草较为茂盛的山坡上。选中之后，须做醒目标记，告诫他人：此地将为我所用。标记为地块的四周每隔一段距离就砍去一些小树或茅草，或者砍去大树干的树皮，或者在地上插入一根棍子，破开棍子的上部，夹入一根短棍，呈十字形标记，此即为"号地"。一旦号地，他人不可占用。已经开垦的土地，原使用者继续享有使用权，而若抛荒数年不再耕作（轮作休耕的土地除外），其他人可以重新占地。昔时当地并无土地纠纷之事，原因在于一来土地资源极其丰富，邻近区域家户甚少；二来他人也忌惮号地者在号地时已施放黑巫术。

（2）砍伐。在干燥的冬季开始砍伐树木，但第一次砍山须择一吉日举行。首先须避开马日（也有虎日之说）。据说该日曾有一位莽人被其伐倒的树木击中腹部而丧生，因此视该日为不吉而禁止砍山。其次猴日与猪日也不吉：猪日为"大日子"而视为忌日；而昔时猴子成群危害庄稼，避开该日祈望作物少遭破坏，而有好收成。最后建寨的寨老及各家三代内直系血亲的祭日也都不宜。除此之外的其他诸日均可，但各家庭还有自属的吉日，诸如在某一属相日获得特别的收获，于是延续为幸运吉日。无论是在个体家庭时期，还是集体时代，熟记日子都既是"老人"的特长，也是他们决定何日行事，从而获得尊重与权威的表征。

此外砍伐须视林木茂盛程度、海拔高低、土地用途而定。如海拔较高，则湿气较重，林木茂盛，一般砍伐与种植的时间间隔约为3个月，甚至更长；如果海拔较低，无大树巨材，则其间隔可能不足1月。砍伐工具为刀斧，而大树巨材须用扁斧。由于往昔扁斧因稀少而珍贵，外人借用还须支付"使用费"，一般一把斧头一天一背玉米（约12千克）。为了便于树木再生，莽人并不是从根部砍伐，而会预留1米左右，当然这样也便于砍伐，节省体力。为了提高劳动效率，莽人砍伐大树的方法是先砍左右两边，再砍背面，这样树木容易倒下。如果是砍伐成片森林，根据经验先砍下坡树木（无须砍倒），再砍上坡树木，这样上坡倒下的树木便将下坡的顺势压倒，以提高伐木效率。砍伐小树与茅草，则用弯刀与平头刀。

（3）焚地。焚地前须将四周砍伐的草木拉到耕地中间，形成一个隔离带，以免火势蔓延。为了烧"透"，即不仅烧完树木获取充足的肥料，而且烧死虫害，选择连续晴天这样柴火才干透，易燃烧。为避免火势蔓延，多从上坡往下坡烧。烧地不仅是种植工作中的重要工序，还是莽人猎物的大好时机，因为火势致使小型动物四处奔窜，甚至遭到炙热的火焰烤死。由于可以享受肉类美食，又有乐趣，所以烧地时无须请人相助，亦有他人乐意前往。现在仅有小片麻坡地，烧时须借助地势与风向，一般从下坡往上坡烧（见图4-2）。

（4）点种。烧地后3日左右可以点种，因为土壤已经冷却。如果是播种玉米，并无男女分工，他们一手持木棒掘穴，一手放入种子，并顺势用手拨土覆盖。如果是早玉米，则每穴二三粒；若是晚玉米，则为三五粒。如果是播种旱稻，则有固定的男女分工，即男子用尖木棒挖洞戳穴，女子每穴放入稻种7粒左右，并用脚拨土覆盖。每穴种子的多寡与土壤的肥瘦相关，肥则少放，瘦则多放，从下往上依次进行。如今播种玉米多用

图 4 - 2　烧过的麻坡地

小铲；旱稻仅在水源匮乏之地种植，与以往直播法不同，采用育苗移栽之法。近年来莽人开始种植木薯，多以刀耕火种形式在麻坡地耕作，砍烧与以往无异，但用锄头挖穴，再放入木薯苗（见图 4 - 3）。

（5）薅草。这是一项繁重的工作，往昔全靠手工劳动，玉米与旱稻一般均须薅草两次。第一次在出芽后四周左右，第二次在抽穗开花之前。当然须视杂草的情况而定，如果杂草丛生，可能要薅草三次。薅草的时间与劳动效率及劳动时间密切相关。据宋恩常调查，"一斗种子面积的玉米地，除一遍草便需三四十天至六七十天，一斗种子面积的旱稻除两次草需工一百个左右"[1]。20 世纪 70 年代莽人开始引入锄头，劳动效率大为提高。但这种劳动工具受购买力所限，当时的生产队并不能为每个劳动者在薅草时提供一把，据说相当多的工作还是依靠手工。家庭联产承包责任制后，为了提高劳动效率，莽人改善了劳动工具；但喷施农药除草，如草甘膦、百草枯，则是近年之事，并已普遍采用。

---

[1]　宋恩常：《插满人社会经济调查》，载中国科学院民族研究所云南民族调查组、云南省民族研究所《云南省红河哈尼族彝族自治州金平县苦聪人社会经济调查》，云南省民族研究所 1963年版，第 51 页。

图4-3　次生林土地上种植木薯与红薯

（6）看守。从播种伊始，与鸟兽进行斗争就是一项艰巨的管理任务。鸟雀、老鼠、猴子、野猪、老熊等是防护的对象。莽人在地边搭建地棚看护，这并非仅在收获时节入住，而是与播种同步，因为若不小心看守，可能鸟兽将破坏甚至毁灭作物。采用的方法有设置陷阱、射击、惊扰（火、假人）等。

在日常生活实践中，莽人积累了丰富的经验，他们知晓动物的特点与习性，根据它们的活动规律与活动区域，采用不同的方法予以应对。对付老鼠，莽人在田地周围与中间支起石块或石板，下面撒些谷粒做诱饵，老鼠吃食，触碰支架，石块落下压死老鼠；为了更高效地捕鼠，莽人根据它们的足迹，将支架放置在它们经常出没之处。莽人用竹套扣子捕捉兔子、松鼠等小型动物，方法是将扣子的一头插在动物可能出没之处，扣子的另一头拴在一棍子上，当动物经过触动扣子时，它就套住动物的身体，如颈脖或双脚，动物难以逃脱，甚至因挣扎而窒息至死。为了预防猴子危害作物，莽人在地边安装像笼子的陷阱，里面放些苞谷，猴子跳进去吃食，碰动机关，将猴子关在笼内。防守大型动物，如老熊、豹子、马鹿（Cervus elaphus），则更有难度。莽人将削尖的50厘米左右的竹子斜插在地边，尖部朝上，露出地面约20厘米，每一处安装百支左右；甚至在它们可能出没之处挖掘深约四米的陷阱，其中安置若干削尖的竹刀，将一长约两米、宽约一米的竹排放于陷阱之上，再用枯枝落叶覆盖，当野兽踏上竹排，即落入陷阱，被锋利的竹刀刺死。

射击入侵的鸟兽主要有弩箭、鸣火枪、弹弓等工具。弩是莽人传统的捕猎工具，他们用以射击侵害庄稼的鸟兽。莽人自幼即已练习，在 25 米射程内颇有力度，40 米之外几无杀伤力。鸣火枪从 20 世纪 60 年代末期传入莽人村寨，但拥有者极少；之后逐渐普及，甚至有些莽人还能制造，如上文提及的大陈二；虽然国家明令禁止拥有猎枪已多年，但边民（不限于莽人）中至今几乎每家仍然拥有。莽人还使用弹弓射击侵扰庄稼的鸟兽，这种工具的射程极其有限，在 30 米内对小型鸟雀尚有一定的杀伤力。

惊扰之法有点燃篝火、制造声响与制作草人等。动物大多惧怕火焰，因此在夜晚时，莽人在田地四周燃烧几堆篝火，以防动物破坏庄稼。他们或者发出吼叫，或者敲击金属来发出巨大声响惊吓动物。此外他们还在地中插入一些棍棒，棍棒的顶部悬挂一些稻草人，它们"穿着"破旧的衣服、系着破烂的布条等，仿佛有人看守，用以阻吓鸟类。

（7）采收。为了防止野猪、老熊、猴子等糟蹋粮食，莽人常常在地边搭起棚屋看守，甚至举家入住也很常见。早玉米 5—6 月成熟，多吃青，意即边收边吃，因为这是缺粮的时节。晚玉米 8—10 月成熟，除了吃青外，将剩下的玉米棒子晒干，悬挂起来备用。旱稻一般 10 月成熟，用小镰刀剪下稻穗，放入背篓之中，技术熟练者一天约能剪一背，约 25 千克；一般人只能为前者效率的一半。因成熟的稻谷容易脱落，所以务须小心谨慎。莽人将剪下的稻穗放在篾垫之上暴晒，再用脚踩脱粒，并用簸箕清除杂物，将剩下的稻谷放于地棚，或运回家中谷仓。如今收获玉米的方式与以前并无不同，无须赘述。20 世纪 80 年代后期，莽人开始使用镰刀收割稻谷，并学习瑶族、哈尼族的脱粒方法，提高了劳动效率。进入新世纪后摩托车在莽人村寨逐渐普及，成为交通运输的主要工具，而田边地头多已修通简易土路，因此摩托车运输成为运送谷物的主要手段。

由于刀耕火种并不施肥，完全依赖燃烧林木的草木灰向土壤提供养料，地力极易耗尽，其耕作特点如下：

首先，为了保证农作物的稳产与增产，实行轮歇耕作制。这一耕作制度有两类"轮歇"：一是土地的轮歇，二是作物的轮种。以开垦一片原生林为例，农历 10 月砍伐原生林，农历 2、3 月烧地，烧透共耗时约 2 个月，成为处女地，以木棒点种苞谷，种 2 年后轮歇；处女地轮歇 5—7 年，待树木长成幼林后，农历 1、2 月砍地，农历 3、4 月烧地，种植苞谷，2

年后抛荒；抛荒至该地茅草丛生，称为麻坡地，农历3月砍地，农历4月底烧地，用锄头挖地，敲碎大的土块，再撒谷种（糯谷与粘谷），种植1年后轮歇，二三年后又可使用。处女地与幼林地如果抛荒达10年以上，可以长成次生林，土地可再如此循环使用。作物的轮种是指连续种植的作物不同，如第一年种苞谷，第二年种旱稻或芋头。为了保持土壤肥度，还实行间种，如在苞谷地中还套种豆类、芋头。

其次，有限开垦原生林。我固然无法还原定居前莽人的垦殖情况，但以长期的参与观察与多次的深度访谈，约略可以推测他们开垦原生林亦很有限。理由如下：（1）有限的劳动时间。林地海拔多在1200—1800米，在砍伐林地的秋冬时节，该地天亮约在8点之后，约在10点后才无露水。因此他们一般约在10点后出工，以行程半小时计算，到林地砍树已是10：30。11：30他们休息做早饭，耗时1小时；吃饭、抽烟、聊天共计30分钟，已是13：00。下午以每干1小时休息15分钟、5点天黑收工计算，共砍树3小时。一天共计砍树4小时，以一家2个劳动力计算，每天工作时数为8小时；再以每月出工21天计算，一个家庭一个月的工作时数总计为168小时。（2）简单的劳动工具。往昔莽人的砍伐工具仅有刀与斧头，不仅数量有限，受当时锻造与淬火技术所限，刀斧的质量也较为低劣。（3）低下的劳动效率。笔者跟随莽人前往林中的耕地，发现两人合抱的巨大树木，报道人告知，以往1人1天砍不倒2棵如此大树；以直径约30厘米的小树计算，砍倒约需5分钟，1人1天可砍48棵；直径60厘米的树木，砍倒约需20分钟，1人1天可砍12棵；直径80厘米的树木，砍倒约需40分钟，1人1天可砍6棵；直径1米以上的树木，1人1天可砍3棵。砍倒树木后尚须对枝丫稍加处理，以此推测一个仅有2个劳动力的家庭1个月砍伐原生林不过数亩。为了获取足够的粮食，莽人更多的还是开垦幼林地与麻坡地。

刀耕火种是一种科学的土地利用制度。在历史上莽人的建村立寨与他们实行刀耕火种的耕作方式密切相关。他们根据生存环境的空间与可资利用的土地资源分散居住，注重人口规模与资源的有效配置、土地与森林的循环再生利用。莽人将原生林改造成处女地、抛荒后长成次生林地，再开垦为幼林地，数年后再改造成麻坡地，休耕若干年后又可长成次生林，在他们迁徙后的若干年，留待他人再利用，故这并非毁林开荒，而是土地与森林的往复再生利用。刀耕火种以燃烧天然林木所得的草木灰为原料，不使用任何其他的农药与肥料，而林木在多年休耕后可以再生，因而这是一种低碳经济的耕作方式。

莽人利用刀耕火种种植的主要作物有玉米（俗称苞谷）和旱稻。往昔种植苞谷无须翻地，待烧山冷却后即可播种，主要有三个品种：文山苞谷 *da mu*、苗族苞谷 *bu gang miao*、马亚苞谷 *mong gi*。与现在杂交玉米相比，这些苞谷叶子宽大、高达 3 米、风吹易倒，一般成人一顿可食用 6—10 根苞谷。

稻谷的耕作采用直播法，即烧山后并不挖地，而是由男性用长约 2 米的掘棒在上坡戳穴，女性在下坡放入谷种，并拨土覆盖；随着锄头的引进，莽人开始翻地，并敲碎较大的土块，再同前播种。昔时旱稻有四个品种：①黑谷 *lan bu liu su* 的稻禾高度可与成人相仿，风吹易倒；稻谷为黑色，米粒短小而色泽微红，虽入口粗糙，但莽人认为该饭好吃，亩产不到 50 千克。②马家谷 *lan ge jie* 的稻禾高，风吹易倒，稻谷黄中带黑，米粒微红，莽人认为这种饭最难吃，但亩产较高，高产可达 150 千克。③大红谷 *lan dang* 的稻壳黄色，米粒细长微红，米饭很香，亩产可超过 50 千克。④马六谷 *lan bu nv* 是糯米，一般亩产不足 30 千克，稻壳黄色，白色的米粒细长，绝大多数莽人认为该米饭最好吃，献祭也只能使用这种糯米。

（二）精耕农业

与粗放式的锄耕相比，精耕农业是指以精耕细作的生产方式，对土地进行长期的耕种，常使用犁耙等农具、畜力及水土的控制技术，提高生产效率与作物产量。莽人精耕农业的发展主要表现在粮食生产与经济作物两方面，前者主要是稻作的发展并导致了主食结构的变化，而后者主要为种植草果与香草，以增加他们的经济收入。2013 年金平县大力推广种植榨糖甘蔗，莽人亦不例外，但具体收益有待观察。在草果与香草的种植方面，家庭中各个小群体/个体大多"各有各的地"，作为各自活动支配资金的来源。举例来说，牛场坪某家有 6 口人 3 个小群体，即家长、长子夫妻及长孙、幼子，这 3 个小群体/个体均各有其草果地与香草地。若没有或欲图扩大面积，他们可以各自去自留山开垦种植属于"自己的地"，所得归其所有与支配。如平和村有一核心家庭，时读小学 3 年级的长子在 2010 年利用假期即插植 2 亩香草，作为他"交手机话费、买摩托车的汽油、买东西吃"的资金。与男生相比，女生中类似情况较少。

与岁时祭仪密切相关的仅有稻谷的生产。为了发展农业生产、提高单位产量、改善莽人生活，必须减少刀耕火种的耕作面积，开垦水田与固定耕地。莽人农业发展最显著的就体现在水田的开发、利用与管理上。1950 年水田面积为 0，到 2010 年已有 640 亩；1950 年人均面积为 0，到 2010

年为 0.94 亩；1960 年亩产约 60 千克，到 2010 年已达 300 千克，莽人的稻谷生产实现了跨越式发展，主食也由玉米改为稻米，从数个月缺粮而采摘野果、挖掘块根植物充饥，到基本实现自给自足的温饱。稻谷生产的改进主要表现在开垦水田与固定耕地、修建灌溉系统、改良品种、加强农业管理等方面。

1. 开垦水田

莽人开垦水田有几个标志性的事件：一是 1958 年第三区（勐拉区）区委根据金平县委的指示，为了帮助莽人摆脱贫困，发展生产，实行并村。这一举措解决了开挖水田的生产力问题，因为单个家庭无此能力，需要集体劳作。二是在区委和民族工作队的领导下，将南科的莽人并入拉祜西与南科瑶族，成立民族联合社，他们帮助莽人学习与掌握新的生产技术。之后南科的莽人与其他民族工作队一起进入其他莽人村寨，教导他们生产劳动。三是土地承包责任制实施后，莽人积极主动开垦水田，从 1980 年的 111 亩上升到 1990 年的 192 亩，增长 73%。四是从 2008 年 5 月 22 日正式开始的莽人扶贫工程，帮助莽人开垦新田 206 亩，并改造部分中低产田。莽人实有水田 640 亩，与 2007 年相比，增长 47.4%，人均增长 0.24 亩。与此相应，也将原刀耕火种地固定为耕地，这是一个问题的两个方面。大体可将开垦过程分为三个时期：集体开垦固定时期（1958—1981 年）、个体家庭垦殖时期（1982—2007 年）、莽人扶贫工程开垦时期（2008—2010 年）。

①集体开垦固定时期（1958—1981 年）

莽人原本在 1955 年以前没有一丘水田，更遑论水田耕作技术，而且他们认为河边多鬼，不敢在河边种植，以免"着病"。为了帮助莽人摆脱贫困，发展生产，当地党委与民族工作组从组织上、思想上、行动上耐心细致地做工作，消除他们的思想顾虑，动员他们并村定耕，教授他们生产技能。

中共勐拉区党委与民族工作组首先改造莽人的生产关系：1957 年帮助南科村公所附近的莽人（后组成南科新寨）组织了变工组[①]，1958 年组织了互助组，1959 年成立了联合社。其次耐心细致地做工作，并以定居后拉祜西（苦聪人）生活改善的实例帮助他们解放思想，开展定居

---

① 现在南科村委会附近的布朗族（莽人）、瑶族、苗族、拉祜族（苦聪人）在金平解放前即已形成大杂居与小集居的分布格局，但族群之间有所往来。因此该地的莽人较其他村寨的莽人思想较为开放，从而以他们为示范，辐射其他莽人村寨。莽人扶贫工程也是依循这一工作思路。

定耕①。最后从生产技术上进行教育与示范，种植比旱稻高产的水稻，加强对作物的管理。1957 年莽人中仅有个别家庭开始种植水稻，1958 年国家提倡"大跃进"，金平县委也提出每人有粮双千斤的口号，莽人同其他民族社员一样，开挖田地，扩大播种面积。1959 年并村定居后，水稻面积大幅提升，他们的生产技术也得以逐步提高。1959 年草果坪的 6 户 30 位莽人加入拉祜西的合作社，人均分得稻谷 245.5 千克；南科 19 户莽人，人均稻谷超过 200 千克；坪河中寨与坪河下寨在 1959 年虽未成立互助组或合作社，但也播种 73.5 千克的水稻种子②。

受生产工具与经验技术限制，最初垦田进展缓慢，之后有所提升，人均水田面积也随之增加。1960 年莽人有水田 67 亩，人均 0.21 亩；1970 年 111 亩，人均 0.3 亩；1980 年 192 亩，人均 0.49 亩③。另外，政治上要求减少刀耕火种的轮作与休耕，而是逐渐固定耕地。这一"要求"有所成效，但莽人的生活较刀耕火种时更"苦"④。此外还不得不提及"批斗"事件。

> "中央搞'批林批孔'那会儿，我们边疆不斗不得，把他们拉到瑶族村公所那里斗，我们寨子罗继高的爸爸、中寨的龙大，就是龙美芬家公（祖父）都斗过；雷公打牛属于乌丫坪，我们不知道。我们把他们的双手绑住，靠在背后，头不给抬哦，打倒是没有打，要他们坦白，以后不能砍老林，烧老林，搞破坏。"

经过这一运动，莽人不敢再砍伐次生林与原生林。由于耕作的土地锐减，而水田很少，缺乏相应的耕作技术，所以莽人的生活较以往有所下

---

① 1958 年底至 1959 年初，龙树河的莽人并入草果坪，南科附近的莽人与苗族一起并入南科瑶族老寨。之后其他的莽人也并村，组成了坪河中寨、坪河下寨、雷公打牛、刀家寨、波翁等村寨。20 世纪 70 年代形成了南科新寨、坪河中寨、坪河下寨、雷公打牛等四个自然村。

② 宋恩常：《插满人社会经济调查》，载中国科学院民族研究所云南民族调查组、云南省民族研究所《云南省红河哈尼族彝族自治州金平县苦聪人社会经济调查》，云南省民族研究所 1963 年版，第 65 页。但我对人均稻谷的数量持怀疑态度。

③ 杨六金：《莽人的过去和现在——十六年跟踪实察研究》，云南教育出版社 2004 年版，第 35、135 页。

④ 邻近村寨的老年报道人告知："莽族砍老林老是厉害，那时他们的生活不苦多少。国家不给砍后，他们不会种田种地，生活就不成略。""我们教他们挖田，他们不愿意干，人太懒了，又跑到老林去挖山羊头、芭蕉芯来整吃。"

降。但工作队还在积极帮助莽人开田垦地；为了生存，莽人也在为固定耕地付出努力。

南科老寨瑶族邓朝粮告知："互助组我们搞了 1 年，莽人来拢。合作社时有个姓韩的老红军，专门在莽族的地方干工作。拢一起时，还有苗族，有几百人，大食堂吃了 2—3 个月，来了个运动，说边疆的人不能办啦，没有觉悟整①不成。食堂一丢掉，就分开了。莽族、瑶族、苗族各在各的""人民公社，我搞不懂，那时运动多得很，一下来一样，推翻老品种，新品种拿来整，把粮食整害，工作队都难过，68 年的事情""坪河中寨、下寨，我参加工作，互助组，评工分，我心肠好，（分配活计时）哪个人强点，排长点；弱点的人就短点。在下寨时，我和苦聪姓白的一个，带头教他们挖田，挖了 3 天，挖地也干了 10 多天""重话不能讲哦，你一讲，他们就跑到老林，在窝棚里住。党的政策是要慢慢地做思想工作，教他们不容易啊"。

据曾任南科新寨生产队长的陈继新与罗继高回忆，"那时挖田挖地，苦得很！早早就出工，天黑才回来，中午就乱吃，带点苞谷饭，下雨都不得闲""大树多哦，一人抱不过来，不帮忙不成。毛主席说'人多力量大嘛'，不是靠集体，那些老林能开出田地来？""那时刀都不多呢，锄头也没有，用棒棒搞，（一人）一天挖不了一排长②"。

原雷公打牛村村民陈小大、陈四新追忆："互助组时，有部队工作队领导我们开田开地，与我们一起在了 2 年，他们是杨连长、杨排长，另有一个傣族人叫刀世平，还有一个姓刘的，他们就住在我们寨子呢，教育我们""以前我们没有田，他们来教我们开田的，种菜也教，青菜、南瓜、红薯，以前我们没有的""1971 年搬到雷公打牛，就是老房子那里，以前是田房苗族的寨子，他们搬走了，工作队就叫我们搬来，他们是苗族，姓刘和姓李的 2 个人。他们还叫下寨拢到我们寨子，说是方便教育和管理，也是教育我们做田做地。下寨搬来了几家，在了 1 年后，他们不爱在，又搬回去了"。

经过合作社 20 年的努力，莽人生活较初始阶段有所好转，但尚未解决温饱问题，一年一般要吃返销粮 2—3 个月。如 1979 年坪河中寨和下寨共有 33 户，仅有 4 户基本够吃，其余 29 户共吃返销粮 1 万余斤③。1980

---

① 整为动词，在当地口语中使用极其广泛，具体意义根据情境而定。

② 一排系长度单位，为伸展双臂达到的长度，1.5 米左右。此处为虚指，意为开挖田地较少。

③ 高立士：《曼人的社会经济与传统文化》，《广西民族研究》1996 年第 1 期。

年莽人共有 75 户 382 人，户均 5.09 人；耕地面积 805 亩，人均 2.09 亩；水田 145 亩，人均 0.37 亩，旱地 660 亩，人均 1.72 亩；人均有粮 239.6 千克①。据此可制成表 4 - 1。

表 4 - 1　　　1980 年莽人人口、耕地、粮食总产统计表　　单位：户、人、亩、千克

项目 1980 年	户口	人口	劳力	水田	旱地	粮食总产
南科新寨	25	129	55	60	200	26800
坪河中寨	17	93	43	92	150	21500
坪河下寨	15	71	34	21	130	14250
雷公打牛	18	89	45	22	180	29000
合计	75	382	177	145	660	91550

资料来源：高立士：《曼人的社会经济与传统文化》，《广西民族研究》1996 年第 1 期。

②个体家庭垦殖时期（1982—2007 年）

集体时代生产统一指挥，所得统一分配，这种大锅饭的方式不利于激发群众的生产积极性。1981 年后实行家庭联产承包责任制，各村按人口与劳力平均分配水田与耕地。为了生产更多的粮食，莽人以家庭为单位各自开垦了一些自留地与荒山，这些地方为水源较为便利、土壤肥沃的向阳山坡。至 1984 年 4 个莽人村寨共有 80 户 453 人；耕地 750 亩，人均 1.66 亩；种植水稻 137 亩，总产 32900 千克，亩产 240 千克；种植旱稻 343 亩，总产 65000 千克，亩产 189.5 千克；种植玉米 270 亩，总产 19250 千克，亩产 142.6 千克；人均有粮 301 千克，其中稻谷 216 千克（见表 4 - 2）。

表 4 - 2　　　　　　　1984 年莽人基本情况统计表　　单位：户、人、亩、斤

	户口	人口	劳力	面积	产量	品种产量/面积		
						水稻	旱稻	苞谷
南科新寨	29	142	62	170	30100	12500/50	11600/80	6000/40
坪河中寨	19	110	53	163	43000	10750/43	21750/50	10500/70
坪河下寨	13	82	35	164	23900	2750/21	9150/63	12000/80
雷公打牛村	19	119	58	253	39400	6900/23	22500/150	10000/80
合计	80	453	208	750	136400	32900/137	65000/343	38500/270

资料来源：时任勐拉区区委书记胡仕源 1985 年 6 月 26 日工作笔记。

---

① 高立士：《曼人的社会经济与传统文化》，《广西民族研究》1996 年第 1 期。

此后耕地面积与单位产量虽然有所增加，但人口增长速度过快，温饱问题依然严峻。如 1990 年莽人人均耕地 1.52 亩，人均种植草果 1.82 亩，年人均收入 249 元，年人均口粮 190 千克；仅有 23.65% 的人基本解决温饱，大多数人尚处于贫困之中，因而需国家发放一定的救济粮款①。再如 2007 年 4 个自然村共有莽人 126 户 681 人，人均耕地 1.45 亩，人均有粮 244 公斤。随着"家庭联产承包责任制"与林业"三定"的实施，莽人适宜开垦的坡地基本已被垦殖殆尽，少有拓展的土地；加之地力消耗过多，几无肥料补给，亦有少量抛荒；而人口又自然增长，这些原因综合导致莽人人均耕地面积有所减少。而单位面积产量又不能快速增长，因此到 2007 年底，莽人尚未解决温饱问题。

③莽人扶贫工程开垦时期（2008—2010 年）

解决莽人粮食自给在于耕地面积与单位产量。以下内容将以提高单位产量的措施为主，主要涉及改造与垦殖农田和耕地。按照保水、保土、保肥的要求，由金平县农业局牵头，莽人扶贫工程各指挥点配合，扶贫工程规划实施坡改梯与中低产田改造共 1350 亩（包括新增耕地 560 亩，其中水田 206 亩），其中坡地改台地 950 亩，包括牛场坪村 250 亩、平和村 550 亩、龙凤村 150 亩；中低产田改造 400 亩，其中牛场坪村 150 亩、平和村 150 亩、龙凤村 100 亩。实际完成 1394.9 亩（包括新增耕地 560 亩，其中水田 206 亩），其中坡改梯 1013.4 亩，中低产田改造 381.5 亩。各村具体亩数如下：龙凤村莽人完成坡改梯 475.9 亩，中低产田改造 95.3 亩；牛场坪村完成坡改梯 280.2 亩，中低产田改造 143.1 亩；平和村完成坡改梯 257.3 亩，中低产田改造 143.1 亩②。

2. 修建灌溉水渠

在 20 世纪 50 年代后期与 60 年代，莽人村寨开垦的水田全在海拔千米左右的河边，便于引水灌溉。随着这些土地被开垦殆尽，为了垦殖更多的田地，只好开发海拔较高的山坡，相应就出现了灌溉水渠的问题。在 70 年代的集体时期，依靠集体的力量开挖沟渠，将高山的天然流水引入田地灌溉。由于劳动工具简陋，加之集体劳作，容易"窝工"，所以劳动

① 杨翔、马培洲：《云南莽人人口素质的调查研究》，《中华优生与遗传杂志》1995 年第 3 期，第 38 页。

② "金平莽人综合扶贫项目工程进度计划表"显示至 2009 年 2 月已完成 1350 亩的坡改梯与平整水田工作（2009 年 5 月 13 日）。这些数据皆由金平县莽人办提供，但与实际情况不符。据很多报道人告知，坡地面积有所增加，具体面积不详，但未开垦水田。

效率并不高。包产到户后，自然村集体难以有效组织集体的力量新修沟渠；引水灌溉由各家自行解决，故而因缺水而抛荒的田地也不在少数。

为了较为彻底地改善莽人农业的灌溉问题，莽人扶贫工程投入资金数百万元，至 2009 年 3 月修建了牛场坪大沟、龙树河大沟、水龙岩大沟 3 条共 24 千米的干支渠防渗硬化，新增和改善了灌溉面积 3400 亩，包括邻近民族村寨的田地。其中水龙岩大沟建设四面光、三面光、陡坡涵管、挡墙衬砌等建筑物，建设长度为 4980 米；建成 5 立方米前池 2 座；累计完成土石开挖 7100 立方米。龙树河大沟建设四面光、三面光、沉沙池、挡墙衬砌等建筑物，建设长度为 3480 米，累计完成土石开挖 3100 立方米；牛场坪大沟建设四面光、三面光、沉沙池、挡墙衬砌等建筑物，修复总长度为 4600 米，累计完成石开挖 5950 立方米①。

3. 改进生产工具

除了偶尔用马运输，往昔莽人在农业生产中不曾使用畜力。开挖水田后，在邻近民族与工作队的指导下，莽人逐渐学会了使用耕牛犁田、耙田，而且已能自行制造这些农具（见图 4 - 4、图 4 - 5），这样也就提高了生产力。

图 4 - 4　莽人制作犁

① 数据由金平县莽人扶贫办公室提供，特此致谢！

图 4 - 5　莽人制作耙

4. 引进优良品种

出林定居后，莽人耕作使用的品种由组织上免费提供；之后的集体时代，也由上级以行政命令的方式分配耕种；1970 年前后这类运动较为常见；包产到户后，情况相对较为复杂。由于农村基层组织的涣散，家庭耕作的品种由各家自行选择，而他们根据已有经验，沿袭使用收成较好的品种。1997 年曾当过农业技术员的杨六金在金水河镇政府挂职副镇长，曾经多次到莽人村寨对莽人进行简单的农业技术培训，如教他们挑选粮种、如何进行田间管理；还从外地引进 25 个适宜在高寒山区种植的水稻品种，在莽人田地中试种，有两个喜获成功，亩产超过 300 千克。这两个品种至今还在继续耕种，尤其是在海拔 1400 米以上的田地。2008 年实施的莽人扶贫工程，发动莽人种植杂交水稻，如 Q 优 6 号（稻种 1 千克约 45 元）、Ⅱ优 6 号（稻种 1 千克约 31 元）。从 2008 年至 2011 年，莽人村寨中共推广杂交水稻 3066 亩（见图 4 - 6）。据笔者粗略统计，在正常情况下，新型杂交水稻较老品种亩产高出 20% 左右；海拔超过 1200 米时，并无优势；在海拔 1400 米以上地区，产量则不如老品种，甚至不到正常收成的一半。

5. 加强田地管理

往昔莽人的田地管理仅在作物播种前焚烧田地内草木，增强田地肥力；生长期间进行薅草与看护。之后工作队教会莽人翻土深耕与引水灌溉的技术；到 20 世纪 90 年代左右莽人主动向其他民族学习对作物喷洒农药，清除虫害。从 1998 年至 2003 年杨六金在金水河镇政府任职期间，多次前往莽人地区调研，并亲自向莽人传授如何选种、如何进行田地管理等技术。实施莽人扶贫工程期间，由金平县科学技术协会负责举办了种植与养殖科技培训班53期2950余人次，推广杂交水稻、杂交玉米计5377亩，包括对作物的管理技能。如2011年4月7—9日，金平县科协副主席刘开亮就带领技术人员到莽人三村培训，其中农业技术员黄磊讲解杂交水稻如何选种、育秧（包括水秧与旱秧）、施肥、打药除虫等技术要领。

图4-6   莽人在高山水田插杂交水稻秧

莽人从刀耕火种过渡到精耕农业历时较短，无论是生产技能，还是劳动观念，莽人均经历了急剧变迁。这一变迁的发生，并非莽人自身当时社会发展的必然结果，而是国家政权体系推动所致，为此莽人不得不为生计做出调整。于是开垦水田、固定耕地、精耕细作是他们不二的选择。在这一进程中，莽人在集体时期的早期以被动地接受与被教育为主，在后期则体现了他们一定的主动性；包产到户后，为了改善生活，莽人自发地借用外来文化，主动学习先进的生产技能；在扶贫工程的设计中，莽人以接受教育与培训为主，逐渐转向自力更生。耕作方式的改变必然导致饮食结构的变化，而稻谷的增加与玉米的减少就成为这一问题的两个方面。为了获取更多的收益，则须修建水渠，引水灌溉；使用畜力与农具，提高生产效率；引进优良品种与加强田地管理，增加单位产量。这些努力终见成效，到2010年底绝大多数莽人家庭在粮食生产上已能自给自足，莽人的人均粮食达到347千克。

昔时莽人集聚区域地广人稀、自然资源极其丰富。但随着中越边界的划定、森林保护区的建立、人口压力的加剧（本地人口的增长与外来人口的涌入），乃至森林的不断被破坏，与土地被大面积承包，莽人的生产生活空间从某种程度而言正在逐渐萎缩。这种形势使得莽人不得不从粗放式农业向精耕农业发展，其岁时祭仪的变迁也与之相适应。

第二节 岁时祭仪

据杨六金调查，"莽人将一年分为四个季度。如得威鸟鸣叫时为第一季度，包括一至三月以及十三月的 7 天；扎瓷鸟鸣叫时为第二季度，包括四至六月；梅旺虫鸣叫时为第三季度，包括七至八月；蛇、熊冬眠时为第四季度，包括十至十二月以及十三月的 8 天"①。在前引文中，缺少九月。据行文逻辑，推测九月可能属于第三季度。据我调查，仅有个别莽人如杨氏所说的分为四个季度。以我在莽村长期的观察，结合当地的自然条件、现行的日历与农事，分为春（3—5 月）、夏（6—8 月）、秋（9—11 月）、冬（12—2 月）四季来表述莽人的岁时祭仪较为妥当。

往昔莽人并无政治疆域概念，其基本的社会组织为"米" *mv*（英文文献中译为 muy），意为"寨子"，如刀家寨 *mv mang suan bai*、草果坪寨 *mv mang bang huo*。从牛场坪陈小大演唱的古歌中了解到，"米"原为由血亲与姻亲组成的联合大家庭，居住在宛如基诺族的长屋中。随着人口的增加与姻亲的分家独立，寨子的规模有所扩大，逐渐扩展为多个世系群，如并村前坪河中寨 10 户莽人，龙姓 5 户、黑陈 2 户、白陈 3 户②。村寨的公共事务或重要决定皆听命于年尊辈长者，岁时祭仪亦不例外。国家政权体系渗透到莽人村寨之后，虽然在每个村寨皆任命或选举"干部"，但前述的"民间领袖"依然保持对公共事务的发言权，尤其是祭仪方面，甚至也担任村寨中的"干部"。莽人常常将他们称为"老人"，因其拥有丰富的文化知识而备受尊敬，岁时祭仪在何时与何地举行也由他们决定。

莽人的岁时祭仪较少，可分为两类，第一类是节日庆典，如新米节、过年；第二类为在重要的生产活动时举行的仪式，如祭祀稻魂仪式。除中

---

① 杨六金：《莽人的过去和现在——十六年跟踪实察研究》，云南教育出版社 2004 年版，第 287 页。

② 宋恩常：《插满人社会经济调查》，载中国科学院民族研究所云南民族调查组、云南省民族研究所《云南省红河哈尼族彝族自治州金平县苦聪人社会经济调查》，云南省民族研究所 1963 年版，第 57 页。

秋节外，举行这些仪式均无固定日期，以下即按春、夏、秋、冬交替的顺序，呈现一年之中的岁时祭仪。

一 春季祭仪

莽人春季祭仪阙如，本节仅讨论祭祖之辨。据越方文献记载，相传莽人有祭祀祖先之俗。每一氏族均有男性族长，由本族中熟知各种地方性知识的年尊辈长者或最具威信者担当，在其家中供奉着9代祖先，由他组织本族男性成员集体献祭，时间原定为年初，后改在春季播种结束后的农历三月。仪式由族长主持，地点为族长家中，目的在于祈求祖先庇佑，团结族人、少病少灾、五谷丰登、六畜兴旺。族人须杀猪宰牛来献祭祖先。仪式完成后，全村男女老少一起共食。酒足饭饱之余，通宵达旦地敲锣打鼓、唱歌跳舞，持续2—3天。随着社会变迁，氏族裂变分支，家户又散居于不同聚落，祭祀祖先之俗也逐渐淡化；族长的地位也随之衰落，但因其知晓家中如何安置祖先位置而仍受他人尊重①。

据龙凤村陈继新（1951—）告知，他生于1912年前后的祖父在儿时曾经跟随其父参加过祭祀祖先的活动，那时他们家还在越南南班；迁入中国后，不曾听说有此类风俗。牛场坪村陈四新（1956—）报道，20世纪70年代初期他在越南南丹"上门（即入赘）上得5年，不认得有这个"，因而具体如何祭祀不得而知。依此而论，集体祭祀祖先可能业已销声匿迹。如今越南的莽人家庭还供奉祖先，位置在家屋的第二根主房柱与横梁交接处；而进入中国莽人家屋大门的右侧即为祖先的所在，却无诸如牌位之类的任何实体标志。虽然莽人将此视为神圣空间，却无祭祀之说。若莽人曾有祭祀祖先之俗，我推测在从越南颠沛流离地逃到中国之后，这些个体（家庭）短期内未能形成或组织世系群的力量来祭祀，从而逐渐丢弃这一仪式。实际上我对越南莽族曾有祭祖习俗持怀疑态度，因为受文化传承性的影响，若无族祭，家祭当是莽人逃离中最大的精神支柱与安慰，而该仪式阙如似乎更加确定我的看法；另一强有力的证据为莽人将死者埋葬并送火②后即不予理睬。据我了解，越方莽人研究成果较为丰硕，但至今并无专题性民族志，缺乏深入的实地调查，而流于人云亦云可能是其症结所在。希望此处的抛砖引玉能吸引更多的学者进行研究，消除我心中的疑惑。

---

① Lưu Xuân Lý, *Bản sắc văn hóa Dân Tộc Mảng*, Hà Nội: Nhà xuất bản văn hóa dân tộc Hà Nội, 2003, pp. 78 – 79. 林春香翻译，特此致谢！

② "送火"为莽人丧葬的一种仪式，详情参见本书第203—205页。

二 夏季祭仪

莽人地区虽然纬度较低，但由于海拔均在千米之上，种植的作物多为一年一熟，因此夏季为农作物最重要的生长季节，在此期间举行祭仪的主要目的为祈求丰收，主要有禾苗治病与稻谷抽穗两种仪式。

(一) 禾苗治病仪式

莽人的田地均处于海拔千米以上的向阳山坡，昔时耕种 3—5 年后就抛荒，以便恢复地力，再寻觅他处进行刀耕火种。每当种植的玉米和稻谷严重害病时，莽人将此视为禾苗的魂魄被鬼灵所害，须举行治病仪式，献祭鬼灵，使得禾苗健康成长。主持仪式者可以是田地的主人，也可请人代替；时间为上午；地点通常在田地边，也可在家中。若在家中，则须拔些玉米秆和稻禾回家。

举行禾苗治病仪式一般有狗血与狗毛两种献祭方式[①]。用狗血献祭时主持者首先在地上铺一芭蕉叶，将拔来的数根玉米秆或稻禾置于其上；主持者将主家交付的一只黄狗或白狗用刀割破耳朵，将狗血滴洒在玉米秆或稻禾上；最后主持者扇着用竹篾编织的扇子驱鬼，同时念诵祷辞："尊敬的天上的鬼、山上的鬼、河边的鬼、土里的鬼……我们给你们喝狗血。你们喝了狗血就不要回来吃稻谷和玉米了，不要再让稻谷和玉米枯死；喝了狗血后让稻谷、玉米抽更多的穗、开更多的花、结成更多的谷粒和玉米粒，这样我们才得吃……"约持续半小时后，主持者将狗放走，意为致使禾苗枯萎的鬼魂享用了牺牲；并带走用于祭祀的玉米秆和稻禾，表明禾苗的病害已经清除，该仪式即告结束。用狗毛献祭与狗血献祭的过程与祷辞的内容基本相同，不同之处有两点：一是祭品狗血与狗毛的差别，二是狗毛须在田地边烧一笼火。莽人认为狗是一种生命力顽强的动物。在禾苗治病仪式中，狗血与狗毛不仅象征牺牲的祭品，也象征着狗顽强的生命力通过献祭后渗透到禾苗之上；祭品与禾苗接触后，通过主持者的祷辞，鬼魂享用祭品后即自行离去，从而禾苗得以抽穗、开花、结果。实际上这是庄稼的主人通过牺牲的献祭，与鬼魂进行的象征性交换：人向鬼魂献祭换取禾苗健康成长；鬼魂不再危害禾苗得以享用牺牲。

(二) 稻谷抽穗仪式

当种在田地里的稻谷进入抽穗时期，尤其在穗头已出而穗尾不出或抽

[①] 亦有报道人说以活鸡献祭，方式相同；不同的是鸡在献祭后就地宰杀食用，而狗一般并不宰杀。

穗不佳的情况下，为了稻穗抽穗快捷而举行稻谷抽穗仪式。该仪式的主持者、时间、地点、献祭方式皆与禾苗治病仪式相同，不同在于需 3 条鱼与少许妇女的头发作为祭品。主持者将它们放到火上烘烤，直到散发出焦味。然后他夹起祭品，并在一束稻禾上绕来绕去；同时口中喃喃地念着祷辞。其大意为："祈愿上天保佑，让稻禾抽出众多的稻穗，以后稻穗不会变白、不会腐烂、不被林中的野兽与鸟雀破坏糟蹋；各种鬼魂不要危害稻谷，让禾苗多抽实穗，而且谷粒饱满，这样辛苦劳作的人们都有稻米吃……"如此重复多次，持续 30 到 40 分钟即可。莽人认为鱼与妇女生育能力旺盛，象征着丰收。在该仪式中，烘烤鱼与妇女头发则意味着它们的魂魄渗透到稻禾之中，使得稻禾获得它们丰富的生产能力，从而谷粒饱满、稻谷丰收。

以此观之，夏季的祭祀仪式主要在于治病消灾与抽穗结实，为生产丰收奠定基础。农村合作化运动之后，这些仪式一度招致地方政府与工作队的歧视与打压；随着家庭联产承包责任制的实行，涣散的基层组织不再具有昔时的威权，这些仪式在一定程度上又有所复苏；进入新世纪，随着莽人认知的提高与温饱问题的解决，又缺乏操演这些仪式的空间，许多中老年人对此尚存一鳞半爪的记忆，青少年则基本对此一无所知，因此不难推测不久的将来它们终将成为不复存在的历史。

三　秋季祭仪

秋季是收获的季节，期间所举行的祭仪与此密切相关。与其他种植稻谷的民族相同，在刚开始收获稻谷或收割完毕时，莽人也常会组织祭供新稻的仪式，主要包括祭祀稻母与谷魂两种仪式。此后就是庆祝丰收的节日庆典——新米节以及后来的中秋节。

（一）祭祀稻母仪式

据越方文献记载，祭祀稻母仪式以家庭为单位进行，而独特之处是整个仪式由妇女主持，她的同胞兄弟姐妹均可参加，而丈夫却不能直接参与仪式，最多仅能做些辅助性的工作。在联合大家庭中，主持者由年尊辈长的妇女或长媳担任"稻母"的角色，其他家庭由主妇担当。

为了举行该仪式，妇女从地中割下一些新稻谷带回家，晒干后舂成米，在甑中蒸熟成糯米饭。将圆形篾桌摆放在老祖公所在的火塘旁边作为供桌，祭品就放在上面。祭品通常有一碗糯米饭、一只熟鸡、一杯酒、一碟盐巴与辣椒和其他用鲜花、水果、薯类做成的汤或小炒。有的家庭甚至特地为此杀猪、打猎、捕鱼，这样就可能增加了猪肉、鸟兽肉与鱼肉，显得更为丰盛。祭供将结束时，主持者与参与者均面向供桌和祖先处庄重严肃地站立，各自双手在胸前合十、颔首、眯着双眼、全神贯注地口念祭文。祭文大意为：恭请祖先，尤其是（祖）父母、叔伯弟兄回家和子孙们一起享用新稻；祈求祖先亡魂和家鬼保佑家里明年稻谷增产，家人身体健康。仪式结束之后，大家一起吃喝并尽情唱歌。由于各家均组织祭祀仪式，而且时间并不统一，所以各家分散进行，该仪式几乎贯穿收割稻谷的整个季节①。

与其说该仪式是祭祀稻母，不如说是用新米祭祀祖先。在田野调查期间，我未有见闻中国莽人有此风俗。

（二）祭祀谷魂仪式

在莽人的各种仪式中，祭供谷魂在农事祭仪中具有特别重要的意义，因为每一年的祭祀仪式均事关来年稻谷的收成。换言之，来年稻谷生长的好坏与丰歉程度，都与今年祭供谷魂仪式进行得是否周全有关，因而莽人对该仪式尤为关切，举行仪式时务必小心谨慎，避免出现差错。举行仪式的时间大概在9月末，其时稻谷开始成熟。仪式由各家自行组织安排，但须由妇女主持并扮演"稻母"的角色，常由婆婆或长媳主持，家中男性成员不可参与该仪式，但妇女的同胞兄弟姐妹却可以参加。

为了举行该仪式，扮演"稻母"的妇女还要自己准备祭品，并做好相关的各项事宜。祭供"稻母"的前晚，主持仪式的妇女要沐浴更衣②。第二天清早她必须早于家中其他成员起床，准备以下祭品：一整只白水鸡或一只鸡之部分，但必须有两只鸡脚、一个鸡头与鸡脖子、两个鸡翅膀、鸡胗；一小碟食盐与数个小米辣。如果用猪肉进行祭供，则取少许猪头肉、猪肝、猪心，佐料同前。将这些祭品小心谨慎地放入背篓之后，她只能从小门前往田地，而且途中不可停留，遇见他人不可说话，即使他人主动问话也不能回答，而是一路沉默着直抵目的地。

到达田地，主持仪式的妇女首先要选择地中一片长势较好的稻谷，在该处放一块小石头。之后她用镶刀③剪取三把稻穗，用篾条扎成一捆；待有三捆后再合扎成一大捆，放在石头上面作为谷魂的家屋。接着她将供品

---

① 陈友山：《莽族宗教信仰》（未刊本）。

② 昔时莽人并无洗澡的习惯，甚至常年不洗。扶贫工程中的驻村工作队曾以村规民约的形式要求中青年每周至少洗澡2次，老年人每周1次。

③ 镶刀以小钢片为刀刃，以木片为手柄，剪取稻穗虽然效率低下，却与稻谷品种相匹配，因为昔时稻谷成熟后容易脱粒，下文中莽人的脱粒之法也与此有关。

摆在稻谷堆上，双手合十，向四周呼喊谷魂回家，如此三次。依照莽人的观念，尚未收割的稻谷之魂还在外面流浪，居无定所。因此需要用石头和稻谷建成房子，当作谷魂临时的居所，这样它才有家可归。

喊完谷魂之后，她才开始就地收割。她将第一把稻谷用藤篾拴起，待当日返家后放于长者火塘上方的火炕上面；再从田地中间开始收割稻谷，即从祭供谷魂的地方开始向周围收割，当收割完毕之后将它们聚成垛堆起来。在收割期间，她不能与路过田地的任何人讲话，甚至也不可去田地附近大小便，以免引起谷魂不快而逃走。

当夕阳西下时，她将一些谷粒饱满的稻穗脱粒，将稻谷和供品放进背篓一起带回家，并按去时的原路返回。到家后她拿出谷子舂成米粒，将它们浸泡在清水中。当晚她将新米放入薄竹筒中煮成糯米饭，待其他人熟睡后才独自享用。此时她不能点灯或者烧火，也不能吃其他食品，更不可全部吃完，而须剩下一些，意为有吃有剩，粮食生产丰收。次日她将昨晚所剩下的新米饭拌到为家人早餐所煮的米饭之中，让家人一起分享。

吃过早饭，她在前头带路，家人相随，按昨日她所行路线前往田地收割。途中若遇他人，虽可互致问候，但却不可告知他人真实意图，以免谷魂逃离而影响收成。同理在收割时，家人之间可以轻松愉悦地交谈，却不能与外人说话。收割完毕，须将所有稻谷聚拢到祭供谷魂仪式之处，并将它们打成垛堆起来。祭供谷魂仪式至此似已结束。如果一个家庭有很多片稻田，那就只选择在最大的一块稻田里组织祭供。但是必须在完成祭供谷魂仪式后，才能收割其他几片田地的稻谷。

这些堆成垛的稻谷一般均是现时脱粒，当然也可延迟。昔时脱粒之法为莽人将镰刀剪下的稻穗放于篾垫之上，先使用棍棒敲打，再以脚踩搓；之后学习邻近民族以谷槽 *ha bang* 掼稻谷，采借自苗族和瑶族的为方形、哈尼族的为船形。脱粒后可以放于田地旁边的棚屋之中，待需要时再分批运回家中；也可请人相助，一次性运回。往昔莽人大多将稻谷存储在棚屋中，因为他们通常就生活在那里。进入 21 世纪，莽人多生活在家中，而田棚不过是劳作时的休憩之处，因而无须大量存放用于就地消费；再者田棚老鼠甚多，也会偷噬粮食，因而运回家中也是务实的做法。如今各村莽人自行修建了从家到（部分）田地的简易土路，交通较以往便利很多，甚至可以通行摩托车，因此可采用人工、马、摩托车等多种运输方式①。

———————————

① 摩托车载运稻谷是一种普遍现象，若请他人，由主家提供所需的汽油即可，无须付费，但在车主家农忙时主家亦须相助。这其实是以换工的形式进行的一种延迟性的互惠性交换。

若掼谷子后很久还未运回，该家男主人被人视为"懒多"（懒惰之意）、女主人被视为"不会过日子"，因为"粮食被老鼠吃完了，也不背回家"。

上述两种仪式的主题均是关于新稻，或许在变迁中，中国莽人将所谓的祭祀稻母仪式整合到祭祀谷魂仪式之中。当稻米还是珍贵的食物时，对于农耕族群而言，围绕着新稻的仪式无疑具有重大的意义。但随着时代的发展与社会的变迁，越来越多的年轻人当家做主，他们对传统的看法有了较大改变。体现在这一仪式上，许多成家立业不久的年轻人，对此虽有所耳闻，却很少有人亲自实践；甚至有些中老年人也放弃传统；但至今还是有极少家庭持有对未来丰收的希冀，在坚守传统的基础上又有所变革，较以往的仪式简化甚多。如龙凤村某位报道人（1970—）告知他家的做法是：父亲去世后，年事已高的母亲择一吉日，在该日由妻子与媳妇一起去长势较好的田地收割一些成熟的稻谷，将它们脱粒晒干后，在碓窝中舂出大米，与陈米混杂一起煮熟食用；除了螃蟹之外别无他菜，若无则只能吃"空饭"；若有他人遇见，也不与分食。她们享用3顿新米饭之后，男性方可食用；这时家人才能参与大面积地收割稻谷。他们将新收的稻谷存储在家中粮仓之中，第一次打开仓门时也须择吉日。

（三）新米节与中秋节

新米节 sa la mi 本意为"吃新米"。该节的目的在于庆祝庄稼丰收，犒赏辛苦的劳作。举行的时间亦由各家择日自行安排，可在收割完稻谷后进行，在收割期间亦可，但至少须在自家吃过新米三餐之后方能邀请近亲共享，以免自家谷魂不快。由于节庆的规模不大，因而该节不若"老年"热闹。但对于乡村生活极其悠闲的莽人来说，犒赏劳作的心情急不可待，所以在收获一些稻谷后，各家即满怀欣喜地开始庆祝该节。

庆祝节日的准备最为重要的就是酿酒。原料为玉米或木薯。将原料煮熟后，倒入大木桶①之中，酌量放入酵母（俗称"酒药"）拌匀后，再以芭蕉叶密封，一般"一街"后即可出酒。出酒与气温关系密切，若气温高，则不仅出酒的时间会早1—2天，而且出酒率也略高；若气温低，则出酒稍晚，而且出酒率偏低。待出酒后，若想喝酒，用插入中空的细竹竿②直接吸取；或者将酒吸出，引入到竹筒之中，再加清水密封数天，方法同前。村民告知，如果酒药好，可以接着掺水3—4次；如果不好，2

---

① 截取一段大树，先用斧头挖空部分，再以蜂蜡燃烧而制成木桶。

② 将烧红的铁丝捣空野竹的竹节而成，但其底部不捣空，须在其两侧各切三个小孔，便于酒流入。

次后的酒就"不力"（酒味不浓烈之意）。这种酒不苦不辣，被称为"甜酒"*hong blong*。酒药原为莽人将发酵的大红谷捣碎，加入适量苦菜拌匀，3晚后分成小坨晒干或放在火炕上烤干即可。20世纪80年代后多购自市场，包括越南。莽人擅长酿酒在当地传为佳话，邻近的其他民族自愧不如。我曾喝过他们以玉米和木薯为原料酿造的酒，略有甜味却又辛辣，喝后容易头昏，具体酒精度不详。

为了对莽人酿酒有一直观认识，我于2012年2月1日请牛场坪罗开文示范了一次，以下即简述这一过程。该日早晨罗开文之妻用家中平常煮饭的罗锅煮了大半锅粘米饭，约1.5千克；冷却之后，他将饭盛到电饭锅中，再倒入半包买自越南的酒药约2克，拌匀后用塑料薄膜密封电饭锅，任其发酵。2月4日20：20他揭开薄膜查看，认为已经发酵，可以熬酒。20：24他将发酵的米饭倒入购自市场的铝制酒甑之中，接着在其底部中间再放入清洗干净的电饭锅，再在酒甑上放置洗净的铁锅后，用布包裹密封，最后在锅内添加冷水，点燃柴火蒸馏。热蒸汽遇到上面锅内的冷水即凝结成酒滴，并顺着锅底滴入电饭锅中。20：57蒸馏完毕，待酒冷却后倒入酒瓶中，估计不到150毫升。

20世纪90年代之后，莽村皆开办数家经营日用品的小商店，买酒较为方便，而且绝大多数家庭收入也较以往有所提高，因而自酿酒的家庭急剧减少。除酒之外，还须"备菜"，莽人认为不是肉类不算"菜"。菜的来源有以下几个途径：一是自家养殖的禽畜，如鸡、猪、牛；二是家中男子打猎捕鱼所获的"野味"；三是从市场购买。在报道人的记忆中，以往各家养殖的禽畜为现在的数倍，多的人家"本地鸡有100多只；牛30多头，马7、8匹；本地猪也多，不过没有现在的杂交猪大"；而且"猴子、岩羊（Pseudois nayaur）、'标猪'（红腹松鼠，Callosciurus flavimanus）、黄麂（Muntiacus reevesi），多得很，老熊、野猪都能整到（捕猎到），山上的鸟雀也多，现在少咯；连河里的鱼都没有了，他们都用电瓶去整嘛，哪里还会有啊？""现在，路是方便，东西也方便，就是没钱就不方便了，哈哈。买不得东西啊！"

虽然该节为各家自行其是，但村寨甚小，他人早有耳闻目睹，不请自来者常常会聚于过节之家。通常男女须分桌而食，未成年人不上桌。男性的桌子摆放在前门的火塘边，女性的桌子位于后门煮菜的火塘边，男女长辈均落座于尊位，即靠近火塘一侧。男女共享的酒菜并无差别，但鸡头或猪尾巴一定是献给长辈；席间亦无敬酒划拳之风。酒量自行控制，他人不予干涉，醉后即席地而睡、醒后接着再吃再喝的现象不足为奇。酒足饭饱之余，即为娱乐时间：吹奏楞弄①、唱起山歌、跳起舞蹈、讲述故事传说等。大家手牵手，跳起莽人传统的舞蹈。舞蹈有三种表演方式：第一种是舞者为男性，他们手拉手排成一排，向前进两步半，再后退两步半，进的步幅大于退的，可边唱边跳；第二种为女性舞蹈，她们斜伸左手，右手叉腰，围成圆圈，步法同前；第三种为混合舞，男女老少皆可参加，围成圆圈，边舞边唱，步法相同。这三种舞蹈动作幅度不大，移动缓慢，可能与它仅限于家中进行有关。过节最兴奋的无疑是青年男女，因为这是寻觅意中人的良好时机：通过情歌对唱，互相加深了解；还在跳舞过程中，试探对方心意。男方总是千方百计地触摸女方的身体，而女方假装尽力避让，又在意乱情迷中暗送秋波。如果女方同意男方抚摸其乳房，则表明女方对男方心有所属；如果女方对男方的"图谋不轨"左推右挡，则意为拒绝，各自再寻找彼此的目标。那些情投意合者在酒精与歌舞的催动下双双借机遁入夜色之中，享受愉悦的二人世界。

　　如今几个村寨的莽人不再庆祝新米节，但各家不定时地做些美食犒赏自己的辛劳更是有增无减，尤其是龙凤村的莽人受联防村拉祜族与1997年并村而来的彝族及苗族的影响，从1998年开始也庆祝中秋节。不过并无其他民族有赏月与吃团圆饭的习俗，而是享受丰盛的晚餐，并期盼稻谷有好收成。为了这顿美食，家中男性常会提前几天去原始森林打猎、寻找蜂蜜、安放铁猫②等；也去溪水和河流中捕鱼，鱼类并不丰富，最为著名的就是高山"大头鱼"，市价每千克200元左右；宰杀家中饲养的鸡鸭；去商店购买烟酒与其他食品，多数家庭喝酒聊天到深夜。不过他们既不献祭也无歌舞，

---

① 楞弄 leng nong 是莽人特有的一种乐器，长约1.2米，以小拇指粗细的野竹制作而成。须以烧红的铁丝将竹子捣成中空，便于吹奏的气流冲出；将细竹削成约3厘米的舌，插入端口，成为吹口；再在该口约30厘米处凿一鸣声小孔。楞弄可独吹，亦可对吹，声音较为哀怨低沉。随着老一代乐手的逐渐故去，目前尚能吹奏的仅有三五人而已。歌唱丰收的《丰收歌》是必不可少的内容——"旱谷抽穗建谷仓，谷仓建好收谷子，谷子堆满仓，年末粮食吃不完，剩余粮食酿酒喝……"（杨六金：《莽人的过去和现在——十六年跟踪实察研究》，云南教育出版社2004年版，第178页）。

② 铁猫因"抓捕"老鼠而得名，实为一种活扣铁质陷机，由扣子与铁链组成。前者为一机关，起捕获猎物的作用，即一旦动物踩上它，扣子即合拢，夹住兽足，除非断脚逃逸，否则只待猎人来收取猎物；后者与前者相连，起固定作用。它有大中小三种不同型号，目前小型的市场售价为5—8元，中型的为15元左右，大型的重达1千克，需60元左右。使用时首先将铁猫固定，如是中小型，将穿入铁链端口的棍棒插入地中；如是大型，为了防止猎物挣脱或带着铁猫逃走，须用树桩并且钉牢实。再将铁猫放于动物经常出没之处，而且在上面覆盖一些草叶。它从20世纪80年代后期引入莽村，之后迅速普及。

休闲娱乐以看电视、听手机下载的流行音乐、闲聊、喝酒为主。

　　以 2010 年 9 月 22 日我在龙凤村的观察与统计略作说明：在 36 户中有 33 家庆祝这一节日，每家均有村民所谓的"好菜"，但丰盛程度大有差别：有 22 家宰杀了自家饲养的鸡或鸭子；购买猪肉的 8 家、鱼类的 4 家；捕鱼打猎的共有 30 家，其中 30 家有数只"白肚" *ong bu lu*①、1 家捕获一只猫头鹰、1 家捕获一只蝙蝠、1 家用电瓶捞得一些小鱼、1 家获得一些树虫（见图 4 - 7）、1 家获取一些蜂蛹（见图 4 - 8）。33 家均购买了酒，其中仅有白酒的 18 家，仅有啤酒的 1 家，两种酒类均有的 14 家。

图 4 - 7　树虫 *ma dei bu di*

图 4 - 8　蜂蛹

　　据我个人观察，他们庆祝中秋节以享受美食为主，以联络彼此的感情为辅，因为当晚很多中青年在自家吃饱喝足后，再去"哥弟"与"朋友"家，并不在于酒肉口欲，而在于交往沟通。换言之，通过共享饮食与情感

---

① "白肚" *ong bu lu*，即为老鼠，因其腹部白毛而得名，多在海拔千米之上的山林出没，体型较大，可达 1 千克左右。莽人以火烧烤除去鼠毛，并制成干巴，如此煮食时没有臭味。

交换，巩固彼此的关系。莽人醉酒在当地颇有盛名，节日更甚。据我当晚至 11：40 粗略统计，醉倒在桌旁的就有 20 余人；第二天清早我还发现有 2 人因醉酒睡在屋外。

祭祀稻母与谷魂的仪式早已成为历史的记忆，如今仅限少数家庭延续选择吉日由妇女先行收割若干稻谷的传统，这表明祈求丰收的良好愿望还残存于他们心中。传说莽人种植旱稻是麂子教会妇女的，所以稻谷由妇女先收先吃。至今该地还流传莽人妇女不吃麂子肉的故事，而且她们还严格遵守此俗。随着时代的变迁与文化的交融，莽人村寨中不再举行新米节，取而代之的是时兴的中秋节。与此相似，沙吉恩节也被汉族的春节代替，这将在下文中讨论。

四 冬季庆典

经过春耕、夏种、秋收的辛劳之后，冬季相对较为清闲，因而也是享受收获的时节，庆祝的节日为沙吉恩节，至 20 世纪末它被汉族的春节所取代，却又保留族群自身特色。

（一）沙吉恩节

沙吉恩 *sa jiang* 中的 "*sa*" 意为 "吃"，"*jiang*" 意为 "年"，"沙吉恩" 字面意为 "吃年"，实为 "过年，大吃大喝的节日"，俗称为 "老年"，类似于汉族春节。据民间故事传说，中国莽人的祖先在越南时，每一姓氏均有各自的庙房。在庆祝这一节日之前，每家须派一名男性代表携带酒肉前往庙房献祭祖先，并由族长主持祭拜后，大家在庙房一起分享酒肉。祭祀之后各家方能举行沙吉恩节。莽人迁入中国后，虽无庙房，过年时依旧会齐聚红陈的 "龙头" 家共享酒肉，这一习俗在龙凤村的莽人中至今尚存（详见后文春节部分）。在文献回顾部分，我曾指出学者对莽人过年时间的说法不一，根源在于他们并未实地调查这一问题。以下对该节日举行的时间、内容等予以说明。

前人对沙吉恩节庆祝与持续的时间说法不一，实有讨论的必要。宋恩常指出，由 "米" 内各氏族的兄长共同协商确定各家过年的日子与顺序①，秋收后即可举行，但该日的属相不为猪日，其他皆可，持

---

① 宋恩常：《插满人社会经济调查》，载中国科学院民族研究所云南民族调查组、云南省民族研究所《云南省红河哈尼族彝族自治州金平县苦聪人社会经济调查》，云南省民族研究所 1963 年版，第 58 页。

续 3 天①，这一结论得到其他学者的反复强化②。杨六金明确指出，"它
（沙吉恩节）在每年腊月初一开始杀猪过节，如初一那天属猪，就要推迟
到初二那天过，因为莽人忌属猪日过节"③。而刀洁指出莽人过年的"时
间为农历十二月底开始，除属猪日外，其余日子都可以过年"④。上引文
献有三个时间点：秋收后、腊月初一、腊月底。为何众多学者的研究结论
不一呢？不可否认其中有人云亦云之说，根本原因在于研究者并未全盘考
察。我在第三章时间观中指出莽人本就没有限定确切过年的时间，不再赘
言。我以"怎样才算过老年"对莽人进行开放式访谈，以下即为代表性
观点。

"以前过哪样年啊，衣裳裤子都没得，一样都没得，过什么啊，过
年，我都不认得；现在好哦，有酒有肉，算是过年"（男，67 岁）。"过
年就是有猪杀猪、有鸡杀鸡、熬酒，请亲戚朋友来吃肉喝酒，大家热热闹
闹地在一起"（女，53 岁）。"过年就是大家拢一起，高高兴兴地送走过
去的一年，迎来新的一年，热热闹闹地过，喝酒吃肉、唱歌跳舞"（女，
43 岁）。"我告诉你，以前过年时，村子里可热闹了，大家都在一起玩，
哪像现在啊。以前的老房子里我们还在一起跳舞呢，老人讲我们民族的故
事，现在都没几个人会了"（男，36 岁）。

以上观点表明过年以饮食与娱乐为主，主要内容有杀猪请客、吃肉喝
酒、唱歌跳舞，却无诸多民族中常见的拜年之俗。新中国成立前由"米"
的"老人们"统筹安排过年事宜；新中国成立后由各家庭与同村亲戚协
商而定。过年的家庭以杀猪请客为标志，该日即为过老年。至于座次与吃
喝的情况与新米节无异。因为是过年，所以庆贺新年的歌曲必不可少，试

---

① 宋恩常：《插满人社会经济调查》，载中国科学院民族研究所云南民族调查组、云南省民族研
　究所《云南省红河哈尼族彝族自治州金平县苦聪人社会经济调查》，云南省民族研究所 1963
　年版，第 64 页。
② 晏红兴：《金平少数民族的历史和文化》，云南民族出版社 1995 年版，第 52 页。毛佑全：
　《云南金平芒人的社会经济活动及其文化习俗概观》，《思想战线》1994 年第 3 期；《云南金
　平芒人的文化习俗概观》，《阵地与熔炉》2002 年第 3 期。
③ 杨六金：《莽人的过去和现在——十六年跟踪实察研究》，云南教育出版社 2004 年版，第
　170 页。
④ 刀洁：《金水河莽人社会调查》，载和少英（编著）《云南特有族群社会文化调查》，云南大
　学出版社 2006 年版，第 127 页。和少英等：《云南跨境民族文化初探》，中国社会科学出版
　社 2011 年版，第 116 页。

举客方代表先唱，主家应和的例证①。
客方：

> 过去的一年，
> 你家辛勤劳动，
> 要吃得吃，
> 要哪样有哪样。

> 今天，你家杀猪过年，
> 邀请我们到你家吃肉喝酒，
> 我们太感谢啦。
> 明年我们大家也要像你家一样，
> 多出工，有吃有穿，还有酒喝。

主家：

> 你们能来我家一起过年，
> 是哥弟看得起我们，
> 我们太高兴了，
> 谢谢你们啦。
> 今天，你们还抬酒来，
> 我们真对不住你们了。
> 我家一样菜都没得，
> 没有好招待，
> 对不起哥弟哦。

> 明年我家要多努力，
> 准备好酒好菜，
> 请大家来过年。

生活极其悠闲的莽人以事件为时间导向，时间仅在行动和过程中才显示其存在。而仪式只有在一切准备就绪的情况下才会举行，因为时间不是

_____

①　陈继新用莽语演唱，陈小华翻译。

稀缺资源，起决定作用的恰恰是事件。当莽人收割全部结束，酒肉备好之后，各家即可随性过年，其标志为杀猪或宴请宾客，这一特性延续至今。

与新米节相比，沙吉恩节有三点不同：①全村杀猪过年的家庭，均须请村人共享，至亲好友回家时，还常另赠送一些猪肉；全村各家不再杀猪，过年才宣告结束。以此而论，过年的始终时间并无限定，与村寨大小与年猪的丰歉有关。②歌舞展演远胜于新米节：持续的时间更长、气氛更热闹，尤其在南科新寨。③在过老年时，各家均须在前后门上方悬挂两种拦鬼法物：一是用竹篾编织而成的多孔法物；二是魔公用阔叶草或纸张制作的长约 15 厘米的人形法物。

（二）春节

受汉文化涵化的影响，从 20 世纪 90 年代开始，莽人也同附近的其他民族一样，年末庆祝春节，沙吉恩节因此逐渐被淡忘。这种文化采借，并非全盘接收，而仅仅是借其形式，实质上仍保有自身的文化特色。莽人告知："我们现在过年和你们差不多，腊月二十五、二十六就开始过，差不多七天就完啦，和哈尼族一样"（男，38 岁）。"现在过年，算嘛算和汉族的春节一样，实际不一样哦，哪天有哥弟朋友来参我们过年，就是过年的时候，你和孟老师来我家（2012 年 1 月 18 日），我家晚上就过年了，我家兄弟还放炮了，你记得吧。你不是照相了吗？不再请朋友了，年就完了，就这样"（男，30 岁）。以下以 2011 年 1 月 24—2 月 20 日与 2012 年 1 月 15—2 月 5 日参与观察及访谈所得的资料为主，予以描述。

1. 过年的时间

过年的时间大致始于农历 12 月 20 日左右，终于正月初十左右，持续约 20 天。此外各家还有各自的过年时间，即杀猪请客的当日即为过年，如 2012 年 1 月 15 日（农历 12 月 23 日）牛场坪村即有 2 家过年，该村的陈海林家为 1 月 18 日（农历 12 月 25 日）；平和村的陈玉光家 2012 年 1 月 19 日（农历 12 月 26 日）①；龙凤村罗大妹家过年在 2011 年 2 月 3 日（正月初一）。

2. 过年的标志

村民普遍认为，"没有年猪，过哪样年呐？"但实际情况并非如此。

---

① 附近的哈尼族、拉祜族的情况与此相似，如 2012 年 1 月 20 日，我在乌丫坪村委会田房下寨的两户人家过年；苗族、瑶族、彝族过年的时间与汉族相同，但风俗习惯差异较大。2013 年 1 月 23 日，我接到平和村莽人朋友的来电，邀请我参加他们"后天过年"（即农历腊月二十五）。

杀猪过年固然是过年的明显标志，但没有年猪，也可购买酒菜招待亲朋，否则家庭会"没面子""丢人"。以此而论，邀请亲朋聚会共餐才是各家过年的标志。

3. 过年的准备工作

每村均有数家商店出卖酒肉，所以往昔过年酿酒的习俗早已衰落，村民也抱怨说"自己整（酿酒），老是麻烦，店里买才方便"。其他一应用品亦可从本村或集市的商店购买，故不必细表。以下以陈玉光家杀年猪为例予以说明。

为了这头年猪，陈玉光家在宰杀前一个月仅喂食谷糠、野菜、木薯、剩饭剩菜，而不再夹拌饲料，这样猪肉才更香、更油腻。宰杀之前，几人合力将猪的后、前腿分别用藤条捆扎在一起，为了防止猪逃脱，再用藤条将四脚拴在一起。同时还须用藤条捆扎猪嘴，以防咬人。宰杀时在清洗猪的咽喉部位后，将尖刀用力刺入并搅动数次，他人迅速地用大盆接住流出的猪血，放入一些食盐与味精，并用筷子不停地搅动，使猪血不致马上凝结，据说生食这种猪血（俗称血旺）别有风味，但最后流出稠浓的猪血则舍弃不要。

待猪死后，众人将猪抬至铺有塑料布的小坑边，浇上开水，再用尖刀、菜刀甚至锄头来刮猪毛。由于这样不能清除所有的猪毛，还需以清水冲洗干净，再燃烧茅草炙烤难以刮掉的猪毛，并用刀刮去烧后余留的毛根。据说以前除毛全用茅草烧，现在有所区分。莽人认为献祭死者的猪才用火烧除毛，而年猪须用开水，最多仅用火炙烤那些难以清除的猪毛。报道人特别提醒，杀猪不用献祭祖先，但猪头须留起，待过年之夜察看猪的眼睛和舌头，以此预测明年是否还有年猪，当晚十二点之后才能煮食猪头肉。

4. 其他习俗

近年来莽人过年也时兴燃放炮仗。一般由户主点燃，但如果是世系群及其他亲朋一起聚会，我所见的习俗各村皆不相同：龙凤村是由年尊辈长的男性燃放，牛场坪村则是户主弟弟，平和村为户主本人。席间斟酒通常由年幼辈低的成年男性负责，而添菜则多为主妇。往昔的歌舞展演几近销声匿迹，也鲜有老者讲述本族群的历史。

5. 过年祭仪

除上述过年习俗之外，龙凤村在腊月三十下午还有特别的过年祭仪（2012年没有腊月三十，推迟到2013年正月初一，即2013年2月10日），该村每户莽人有一名代表参与由陈继新在家主持的仪式，包括祈福仪式与洁净仪式。这一仪式仅见于龙凤村，其他莽人村寨并无此俗。陈继新告知，"从我家爹时就这样做，以前别的寨子都来人，大集体后就不来了"。访谈其他村寨的诸位老年报道人，均未获知个中缘由。以下描述2011年2月2日在该村之所见。据陈继新告知，"请师傅①一起来过年，清除过去的一年所有不好的东西；全村人团结起来，热热闹闹、快快乐乐地送走过去的一年，迎接新的一年"。从其所行仪式来看，可分为祈福仪式与洁净仪式。

（1）祈福仪式。早饭后陈继新一家即为下午的仪式而忙碌，他的侄子陈小华也赶来相助，他们主要忙于准备仪式的器物；而陈继新的妻子与大女儿则负责洗菜备饭。未到12点即有数人已来陈家，每人略带礼物，诸如一瓶酒、两个鸡蛋。陈拿出平常不用的传统圆形篾桌，放于客厅右后侧，将备好的祭品放于其上。祭品有：用甑子煮熟的糯米饭、一个糯米粑粑、三杯酒、用彩纸剪成的一束花、一束野花、一根白蜡烛②、四个碗，其中分别装有一些大米，上面竖放一个鸡蛋，米饭，清水；几块煮熟的鸡肉与猪肉（见图4-9）。12：10陈家与先来的客人一起用餐，至12：25结束。期间参与仪式者陆续地来到陈家。12：31陈家摆放2桌酒菜，男女分桌而食。14：02陈继新开始举行祭祀仪式。他首先点燃蜡烛，滴了几滴烛油在一小片纸上，画成"＋"形状，接着将它包好，用左手大拇指与食指夹住；其次，他口念傣语祷辞，右手握住竹质篾杯，每一段落结束后均掷篾问卜，如此反复多次，持续时间约15分钟。事后访谈，他告知，"＋"形状是将各种恶鬼撵出村寨；打卦问卜是代众人向师傅祈福；祷辞大意为：请求师傅保佑全村人身体健康、五谷丰登、六畜兴旺、财源广进。

（2）洁净仪式。14：15众人皆已酒足饭饱，纷纷离席。14：18在他们离开陈家之前，陈继新用一脸盆装些清水，倒入一些洗衣粉③，搅动后，用毛巾蘸水在他们的额头——轻轻拍打或擦拭，意为清除过去一年的各种病痛与不好的事情，此即象征他们在来年身体安康，不致生病吃药。至此新年的洁净仪式结束。

---

① 每个魔公均有师傅，师傅虽是鬼灵，但具有神的特性，这一点在防治疫病仪式中体现得最为明显。魔公并不能治病救人，而是通过禀告师傅，请其施以援手，魔公实则充当师傅在尘世的代言人，因而具有神媒的特点。

② 据陈继新告知，红蜡烛较好，但未买到，只好以白蜡烛代替。

③ 昔时用名为 ba gam 的草（学名待考），可用于洗澡、洗衣服。

图 4 - 9　祈福仪式

　　春节与沙吉恩节相比，有诸多异同。共同点在于过节的时间均不固定，通常以宴请宾客为标志，互惠性的请吃之风依然延续。不同点在于酿酒习俗与歌舞之风日显凋零；迁入新居后，莽人认为新居不像传统家屋那样多鬼，因而在过年悬挂拦鬼厌胜物之俗业已衰落；随着通婚圈与交际圈的扩大，请吃亲朋好友的范围远胜于以往。因文化交融的影响，莽人采借了汉族的春节，却并不遵循汉族的习俗，而是在其传统沙吉恩节的基础上有所调整，彰显其族群特色，如在腊月 20 左右即已开始过年；村民认为，自家宴请宾客的当日才算过年。而龙凤村独有的过年仪式，却又显示莽人各村过年习俗之差别。

　　近年来莽人山村又时兴欢庆元宵节，可视为春节的延续，时间并不固定在正月十五，而是根据各家宴请亲朋的时日而定，或早或晚。该节并无仪式可言，表面看仅有以吃喝为主、情感交流为辅的宴请之俗，实则为维持社会交往的必然途径。

　　从莽人春、夏、秋、冬的四季祭仪，我们可以发现它们与莽人的生产生活紧密相连，却又显示各个季节不同的特点，如夏季祭仪侧重于作物生产，秋冬仪式侧重于分享丰收。受文化交流与融合的影响，莽人对仪式也在进行吐故纳新与革新整合，如春夏仪式业已成为历史的记忆，而采借汉族的中秋节与春节分别代替新米节与沙吉恩节，同时又保持自身族群的文化特色。换言之，仪式的取舍与整合均体现了莽人自身的主体性，实为其自主意识与理性实践的确切表达。

第五章　生命仪礼

莽人一生基本包括出生、成年、结婚与死亡四个重要的生命关口，围绕着它们举行的相关仪式与莽人的信仰密切相关，也彰显其文化特色，从中即可洞察其文化变迁。本章分为四节具体描述这些仪式。第一节庆生仪式在介绍莽人生育观念的基础上，具体描述孕期护理、选择生育场所、接生与禁忌、命名与举行庆生仪式等。第二节成年仪礼首先描述成年的外在显性标志，重点讨论社会交往才是成年内在的过渡，而其标志即为订婚仪式，这在以往的研究中多有忽略。第三节为结婚与离婚，包括传统婚礼的仪式过程、离婚与再婚仪式；最后总结婚礼仪式的变迁，包括其特点与原因。生命的终结是人生最后的关口，为此举行的丧葬仪式在第四节中讨论。首先简介莽人的丧葬观念；其次详细地描述正常死亡的所有仪式过程；最后列举事例说明简化的丧葬仪式。

第一节　庆生仪式

莽人俗称生育为"生小娃"*a wen*，本节力图呈现莽人的生育习俗，包括求子习俗、判断胎儿性别、孕期禁忌、生育地点、接生、处理脐带和胎盘、产妇生育后的饮食和行为禁忌、新生儿命名、周岁等生命仪礼。需要特别说明的是，作为一名男性调查者，生育的诸多场合不可能参与观察，而且访谈妇女也存在诸多不便，甚至招致他人误解而被骂为"憨包"（傻瓜）"不要脸""流氓"等。虽然从已婚男性那里能获取一些信息，略有弥补，但终究资料并不翔实，也仅能勉为其难地尽力而为。与汉族繁琐的生育仪礼相比①，莽人的有关仪礼较为简单，但亦有其族群的文化特

---

① 杨明华：《璞山村的生育与养育》，载余光弘、杨明华《闽南璞山人的社会与文化》，厦门大学出版社 2010 年版，第 201—231 页。李昆：《顶城的生育与养育》，载余光弘、杨晋涛《闽南顶城人的社会与文化》，厦门大学出版社 2012 年版，第 177—202 页。

色。以下从产前习俗、生产习俗、新生仪礼三个部分进行描述。

一　产前习俗

产前习俗主要介绍莽人怀孕的观念及不孕的处理方式、孕期护理及禁忌。

(一) 怀孕的观念及不孕的处理

生命从何而来？现代人都知道乃男性精子与女性卵子的结晶。这一科学常识其实在昔时并不为众人所知，莽人亦不例外。他们虽知成年后的男女必须做爱，女性才有生育的可能，却将婴儿归功于"老天"所赐。如果已婚女性不能怀孕与生育，则被视为"老天不给她小娃""生小娃的路不通""生小娃的桥没有搭"，该妇女"命不好"。若某对夫妻生育子女较多，村民则戏称"老婆的洞洞与老公的××特别厉害"。就此而言，与其说"天"是决定生育能力的因素，不如说是充当不能生育的"替罪羊"。

曾有学者提及莽人妇女不能生育就要祭神[1]，但并未描述如何献祭。据我调查所知，莽人并无神的概念，遑论不育祭神之说。据说龙凤村曾有4位莽人姑娘吃了一种草药后就不能生育，而牛场坪某位妇女子宫过小也不能怀孕，曾在厦门打工时到当地某医院就诊无效。一般而言，解决不育之道有三：一是求助于邻近民族的民间医生，打开妇女生育通路，如龙凤村某一莽人妇女服用附近苗族医生的数贴草药后，生育10名子女；或者通过收养亲属的子女打通生育之路，如牛场坪某一妇女抱养其姐的女儿后就生育一女；或者请魔公举行"搭桥"仪式，首先魔公用青色的棍棒搭建两个楼梯，插入两边的泥土之中，再用线将它们上沿的两端连接起来后，魔公诵念祷辞，请上天赐予该妇女小孩，并随着这个通道进入其体内，不久即能生产。二是丈夫再娶妻，但须征得大妻同意，也有大妻帮助丈夫再物色小妻的事例。昔时的莽村均有一夫二妻，因1984年《婚姻法》的颁布实施，1986年后这种案例未有增加。三是"偷别的男人的种"，坊间传言某村某位男子"那个没用，小娃都是老婆和××生的"。

(二) 孕期护理

初次怀孕的女性可能对是否怀孕并不知晓，有经验者则以月经不来为标志，并记下日期，昔时为属相日，并以"大街"或"小街"计算时间。现在亦延续此俗，但绝大多数年轻女性以日历记时。在孕妇腹部没有明显

---

① 杨六金：《莽人的过去和现在——十六年跟踪实察研究》，云南教育出版社2004年版，第239页。

变化的情况下，有经验的村民从其生活习惯亦能判断是否怀孕：腰身变硬变粗、行走时呈"外八字"、脸色不若平常、容易犯困、劳动时体力较弱、呕吐、厌食、头昏等征兆。当孕妇出现头昏眼花的症状时，莽人用辣姜 guang （Zingiber officinale Roscoe）煮泡开水饮用，对缓解妊娠反应有较好功效。

　　怀孕数月后，村人即开始判断婴儿的性别：孕妇腹部朝左边凸出为男婴，反之为女婴，这一方法也是见仁见智，有一产妇根据她的经验与之相反；若生育后孕妇的饮食口味异于前胎，则将生婴儿的性别与前相反；孕妇腿脚浮肿为女婴。当然这些也仅是猜测而已，并不完全准确。直到2007年后莽村孕妇始有去医院对胎儿进行超声波检查，但按规定院方不可告知婴儿性别，以免孕妇中断怀孕。据我访谈来看，莽人对胎儿的性别并不十分在意。

　　孕妇饮食起居大多与往常无异，依旧与其他家人一样一日二餐或三餐，但"肚子长大后，听老人说，我们仍要用带子把肚子绑起，这样小娃不会掉"。据说这种带子用破旧的衣服或破布撤下来的线纱纺织而成，在20世纪60年代不过数人能织，如今该技艺失传。替代之法就是用藤条编织长过1米、宽0.2米左右的带子捆扎在肚脐上部的腰部。该带实为腹带，起安胎作用。莽人认为，孕妇自身的"灵魂"须分一些给胎儿，其灵魂的力量有所减弱，因而其体力、能力有所下降，必须遵守一些禁忌，以免流产或影响胎儿。在言语方面：不能说怀的是双胞胎，以免灵验而使母婴难以存活；孕妇也不得动怒争吵，以免婴儿长大后脾气不好。在生产方面：干活计时少干重活，不能背负重物；不能乱砍乱画，以免胎儿畸形；不能爬树，以免胎儿流产；外出劳动尽可能有人做伴，而且晚出早归，尤其是夜间外出更需男子相陪，以免遇到鬼魂；行走山路务必小心，以免摔倒流产。参与仪式方面：与鬼魂有关的仪式均不可参加，尤其是丧葬仪式，以免死者的鬼魂伤及孕妇及胎儿，但婚礼仪式可以。饮食方面：为了胎儿的健康，孕妇不能抽烟喝酒、不能食用麂子肉及其他大型动物之肉、不吃苦味的食物；可食酸性食物；少食刺激性食物。性行为方面：怀孕前六个月并无特别禁忌；之后虽然肚子很大，但只要双方愿意，依然可行房事，据说只采用男上女下式，但男子不能用力过猛，也不能压迫孕妇腹部，以免"把小娃干出来"。也有诸多报道人告知，"老婆肚子那么大，不能干（做爱），对小娃不好"。男子解决性需求的办法是可以去"玩姑娘" man wan dv 或"找好心人"（已婚妇女），我在田野调查中发现妻子们对此多持默认或支持的态度。2012年11月21日我在牛场坪访谈某位妇女，她坦言"我们眼睛看不见，咋个会生气啊？有好心人帮助才好啊"。据我平常生活中的观察，遵守以上禁忌的并不多见，如在生产中，孕妇与常人一样劳动，甚至临产前的妇女还在挖地；饮食方面，孕妇抽烟较为少见，但喝酒的现象司空见惯。这可能与她们艰辛的生活与平常的饮食习惯有关。

因条件艰苦、生活艰辛，许多妇女皆有流产经历。昔时当孕妇下体出血时，除了前述熬煮辣姜汤饮用外，别无他法，只是卧床静养；现在有少数村民开始去邻近的卫生室或找其他民族的民间医生寻求帮助安胎。村民将流产的孕妇与胎儿视为"可怜""命不好"。一般而言，该产妇享受不了正常产妇的待遇，数天后即须参加家务劳动、2 周左右即外出务工。

二 生产习俗

前贤认为莽人须在家屋附近搭建一窝棚，用于生育；由丈夫接生；并以冷水冲洗新生儿。通过调查与深入访谈，我认为所述多有不实之处。如果祖先不同，自然不可在同一家屋中生产；如果男子已经另立门户，则其妻当然可在自家生产。而由丈夫接生，更是一种误导，囿于条件所限，丈夫接生乃不得已而为之。通常情况下，多由有生产经验的妇女接生。以下从生产前的准备、生产中的事务处理、处理脐带与胎盘、产妇的饮食与禁忌等方面予以描述，并对前人所述的不实之处略加解释。

（一）生产前的准备

何时确切生产，难以预测，加之生活艰辛，所以往昔妇女在劳作中"生产"也时有耳闻，此种例外不在讨论之列。根据经验，莽人也有预产期之说，时间为 24 "大街"（大街为赶集的时间，间隔为 12 天）左右。为此亦须做些必要准备。

1. 接生物品

接生物品主要有用于接生的竹绒 *ding/long ding*、装胎盘的竹筒、卫生纸、破布、一根横木 *bu o*、一截青竹皮。

莽人传统的生产之法为产妇手握一根横木，立蹲式生产，婴儿落入柔软物体之中。莽人将自家平常编织篾器刮下的竹绒收集起来，这一工作在怀孕前即已开始。若自家的竹绒不多，可去同一亚氏族家中拿取。以从妻居的情况为例，丈夫为红陈，妻子为黑陈，则只能去红陈家户中拿，一般不能取自黑陈家庭；但因与黑陈的岳父生活在一起而成为一家人，故而岳父家中的竹绒可以，但岳父兄弟家的却不可取。用于装入胎盘的竹筒长约50 厘米，最好取材于竹龄超过 1 年的大龙竹（Dendrocalamus giganteus）。

据老年报道人告知，往昔成人均缺衣少穿，遑论孩童，婴儿随便用一些破布或妇女的围腰包裹。随着经济条件的改善，婴儿也受到更好的照料。最为理想的为自家健康小孩穿过的旧衣服留给弟妹，若无则可向亲戚朋友索取；现在年轻父母多从商店购买柔软的棉质衣服给新生婴儿穿着。青竹皮用于割断婴儿的脐带，以刀代替亦可，他们未曾想到用未经消毒的刀来割断脐带可能会导致感染。此外还需破布与卫生纸，用于擦除产妇生产时的血迹。

2. 生产场所

生产场所分为自家生产与临时搭建的棚屋生产两种情况。

（1）自家生产。自家生产有两种情况，一是夫妻有自属家屋，则自然可在自家生产，但生产场所仅限于夫妻狭小的卧室。以传统家屋而论，卧室面积仅2—4平方米。如坪河下寨陈玉光虽属于入赘婚，但他已自建家屋，故妻子可在自家生产；他们搬迁后，他兄弟入住该屋，弟媳也在该屋内生产。二为入赘或在上门期间，丈夫可将妻子从岳父家带回自己家中生产，如龙凤村陈小农在牛场坪入赘，他将妻子带至龙凤村家中生产，产后不足一周，将妻儿以摩托车载回牛场坪。

（2）棚屋生产。以从妻居者而论，若已在岳父家屋旁边搭建小型房屋，则可在此生产。若无则夫妻须特为生产搭建一芭蕉叶棚 *ha bla nvo*。该棚为单坡、比人略高，仅有四根立柱，四周用芭蕉叶围起，留一个门出入。在生产期间，夫妻须在此生活。前贤认为"在棚内举行安家仪式后，孕妇就在棚内生育"①，对此我不敢苟同，因这本就不是"家"，何来安家仪式之说。往昔莽人婚后"上门"（详见本章第二节）3—5年极为常见，坪河下寨陈小大父亲在越南某村上门长达12年，在此期间，生育自是必然发生的。由于莽人实行父系继嗣制度，生育的婴儿虽然称呼"外公"与"祖父"均为 *meng*，但终究因祖先不同而不是一家人②，显示出"内外有别"，因而女儿不可能在父母家屋中生产，包括入赘婚也是如此。

---

① 杨六金：《莽人的过去和现在——十六年跟踪实察研究》，云南教育出版社2004年版，第239页。宋恩常：《插满人社会经济调查》，载中国科学院民族研究所云南民族调查组、云南省民族研究所《云南省红河哈尼族彝族自治州金平县苦聪人社会经济调查》，云南省民族研究所1963年版，第63页。

② 泛指的一家人既可指血亲关系，也可指姻亲与拟亲关系；狭义的仅指以父系继嗣为标准的血亲。

（二）生产中的事务处理

据我不完全统计，莽人妇女人均头胎生育年龄约为 17 周岁，加之孕妇一直劳作，故而少有难产的事例。因此莽人将生育视为自然现象，并不十分重视。

莽人村寨中并无专门的接生人员，有时仅有夫妻二人，甚至仅有产妇一人，只能由她/他们自行处理，如坪河下寨陈立光的妻子生产时，即由他接生；而平和村的龙大妹 2012 年 5 月 19 日在家生育时，一切皆由她独自处理。通常情况下，莽人请那些有过生育经验的亲戚朋友来接生，除了产妇生母，产妇的其他长辈女性不可接生，尤其是其婆婆，因为她们的"灵魂"比产妇大，将导致产妇生育能力下降，可能丧失生育能力，或下次怀孕时容易流产。因此接生的女性大多为父母健在、有生育经验并与产妇同辈或下辈的女性。

传统的生产方式为产妇双手交叉紧握横木、立式下蹲生育，莽人笑称"这是把小娃拉出来"。若有人协助，则在产妇身后双手交叉抱住产妇胸部以下与腰部以上的腹部，用力往上抬托，产妇阵痛时出力生产，"拉出来的小娃"直接落在垫着竹绒和破布的地上或协助者用手接住新生儿。脐带只能由产妇或其丈夫亲自用青竹皮划断，免遭其他人身上魂魄 nv 的侵害；若没准备竹皮，用未经消毒的刀割断亦可，但刀一定是自家的，不能借自他人。之后用手抠出或用嘴巴吸出婴儿嘴中的秽物；再用冷水清洗新生婴儿；若无他人相助，这一切皆由产妇自为；产妇以破布擦除身上的血污，待两日过后再用冷水清洗下体，现在当天即用热水清洗。

婴儿出生后，以冷水清洗，这常被描述为类似"斯巴达人"[1]"阿凡达人"[2]，或成为"落后"与"愚昧"的表征。殊不知在当时的情形下，这却是科学实用的方式，因为冷水刺激有助于婴儿吐出嘴与鼻中的羊水与胎血，以免婴儿吸入导致肺部感染。受限于当时的生活条件，除了做饭的 1—2 口罗锅，并无其他器物可以用于烧水，因而并无使用热水的习惯。此外莽人认为生产中的血污属于不吉之物，而做饭的罗锅是不容污染的，因此不可能用罗锅烧热水去清洗生产时的血污。即便是现在，莽人有时会煮菜汤喝，但尚未形成储存热水的习惯，一个村寨暖瓶的数量屈指可数，而且常常是闲置不用。随着生活器具的丰富、卫生意识的改善，如今莽人不再用冷水清洗新生婴儿，而改用热水，产妇亦用热水清洗下体。所以并

---

① 张渝光：《莽人：中国的斯巴达人》，《文明》2009 年第 8 期。

② 张德强：《莽人部落：中国"阿凡达人"的神秘生活》，《文化月刊》2011 年第 5 期。

不是莽人担心热水会将婴儿的魂魄烫死，而本就是生活所限，既缺乏烧热水的器具，亦无该方面的卫生知识与习惯。据报道人告知，2010 年某妇女去勐拉卫生院生产，婴儿在出生后并未啼哭，受思维惯性的影响，产妇之母即说用冷水来浇泼，被医生阻止；后经医生抢救，新生儿安然无恙。

若遇难产，则有积极与消极处理之别。积极的助产措施有两种：第一种方法是将熊鞭用热水泡软，放于产妇头顶，据说这样她很快将顺利产下婴儿；但由于熊鞭并不易得，所以常常采用第二种方法，即请魔公打卦问卜，问询何种鬼魂作祟，并以必需之物品献祭。此外，消极的措施就是坐以待毙，诸如大出血之类，如原雷公打牛村即有母婴因难产均死亡，莽人认为她们"命不好""命被鬼魂拉走了"。

（三）处理脐带与胎盘

婴儿出生后，须妥善处置脐带 hua blu dan 与胎盘 a li wen，因为这关涉新生婴儿的安康。脐带由产妇或其夫以竹片或刀割断，留起约数厘米，再以一长布条围绕婴儿腰部一周系住，以免大人触碰脐部。胎盘装入竹筒，用破布塞紧筒口，以免气味散溢，再放于卧室的某一角落。三天之后，由婴儿的父亲在黄昏时分将竹筒悄悄地悬挂于某一偏僻之处的树枝，任其自然腐烂。竹筒略有倾斜或平放，如果竹筒与树干的角度太大，婴儿会经常哭闹、生病；筒口朝向东方，喻为新生命的开始。若竹筒被他人或野兽破坏①，莽人认为该婴儿将多灾多难，难以成活。据说盛装原坪河中寨某婴儿胎盘的竹筒被某一哈尼族人打猎时击中，该婴儿不久即生病死去。诸如此类的事件，在田野中时有耳闻。因此悬挂装着胎盘的竹筒务必小心谨慎，不得出现任何差错。数天后婴儿身上的脐带自动脱落，以阔叶草或卫生纸包好埋入床下。现在安居房内为水泥地，将卫生纸包好的脐带放到床下一段时间后再扫掉丢弃。

（四）新生儿的护理

杨翔等人指出，莽人"婴儿死亡率为 68.36%，其中新生儿死亡约占半数"，其原因与莽人生育习俗、营养不良、疫病流行、抚喂不良有关②。在田野中的观察与访谈也印证了这一结论。以下从卫生处理、避邪、穿着习俗与喂养方面予以描述。

---

① 悄悄地去放置竹筒是因为当地其他民族有将胎盘拿去治病之俗，但这却不利于婴儿的健康成长，所以不能让人看见取走。此外还须提防森林中松鼠等动物的破坏。

② 杨翔、马培洲：《云南莽人人口素质的调查研究》，《中华优生与遗传杂志》1995 年第 3 期。

1. 卫生处理

新生儿出生后，一人从竹筒中倒水、一人清洗婴儿；再用布或旧衣服将清洗的婴儿包裹，置于母亲身旁。如果气温较低，还须生火取暖。此后数日，除了清洗婴儿便迹，并无其他卫生处理。报道人对此的解释是"以前水不方便，要用竹筒去下面河沟抬，一个街后，再（为婴儿）洗一次"。现在村中已有自来水，加之卫生习惯的改善，现在母亲为婴儿洗澡的频率大为增加。

2. 避邪

新生儿的灵魂极其脆弱，要精心呵护。莽人采取三种辟邪方法：一是用黑线拴住婴儿的一只手腕，意为拴住婴儿的灵魂，不致外逃。二是在家屋或棚屋的前后门处挂起绿色植物与"八眼"①，既为拦截其他鬼魂，也是警示外人莫入家中；若有人不慎闯入，变通之法是误入者须为新生儿取名，并成为新生儿的干爹/妈。这其实是"变外为内"的仪式，经此过程"外人"成为自家人，不可能伤害婴儿。三是在前门悬挂黑豆 be suo（长约 10 厘米），并焚烧一点布条，以免鬼魂进入家中危害婴儿。

一周之后婴儿的父亲去森林砍一棵大树，架在河流上做成独木桥，意为婴儿的魂魄不跟随父母蹚水过河，而是从树上过河，这样就不会被河中的水鬼 bli nvang 抓走。据说水鬼害怕辣姜，因此莽人还有一种对抗水鬼的方法，即将拇指大小的辣姜晒干后，拴于婴儿的项脖或手腕，如此婴儿过河时就不惧怕水鬼。

3. 穿着

往昔由于缺衣少穿，包裹婴儿的布片多为母亲或女性长辈纺织与缝制，极其简便。新生儿的穿着按村民的说法为"大人都没衣服穿，小娃穿哪样衣服啊，随便乱整"。经济条件较好的家庭，可能会用布或毛巾包裹婴儿，但基本不穿裤子，也无使用尿布的传统。近年来随着生活的改善，所有的家庭均是购买成品的婴儿服装与专门用于包裹婴儿的毡子，毡子一般为喜庆的红色。为新生儿穿衣，务须细心，将婴儿的手臂伸直后再为他/她穿上质地柔软的衣服，这些衣服通常均无纽扣，上衣在右侧腋下系带，下衣为松紧带。穿好衣服后，再用毡子包裹，并用红带子缠绕，以防毡子散开，婴儿着凉感冒。婴儿取名后，父母常为他们佩戴动物牙齿的饰物，起到驱邪的作用。

---

① 均为厌胜物，详见第六章第二节。

4. 喂养

在产妇没有奶水的近二天时间内，她们并不刻意去喂食婴儿，根据莽人的民族习惯，婴儿一般不得吮吸她人的乳汁，以防婴儿的魂魄被喂奶者的"灵魂"伤害。"就那样给他/她在（任其自然）""指头上湿点水，让他/她舔舔"。直到20世纪末期，始有家户购买奶粉或榨糖冲兑开水喂养婴儿。昔时喂奶前，产妇均不清洗乳头，现在这一习惯可能略有改变。此外尚有一习俗必须交代，外甥/女可吮吸舅妈的乳汁，但侄儿/女不能吸食姑妈的。

（五）产妇的饮食及禁忌

莽人并无"坐月子"之俗，但有一些务须遵守的禁忌，尤其是饮食与行为方面。

1. 饮食及其禁忌

老年女性报道人告知，产后三日内"只吃干饭，煮点开水喝，有时也喝冷水，老是可怜哦""一样没得，以前老人都是这么教我们的，吃了别的东西会死人，三晚后杀鸡煮吃"。现在已有改变，为了恢复元气、增强抵抗力，家人一般将三个胡椒、三个草果捣碎拌鸡蛋给产妇食用；此外她还喝鸡蛋汤、吃本地鸡的鸡肉。报道人特别提醒，"杂交鸡吃不成，对小娃不好"，而且还须剥去鸡皮、除掉骨头，将剩下的鸡肉与木瓜一起煮食①。为了产妇奶水更为富足，还要遵守一些饮食禁忌，不能抽烟喝酒；饮食以清淡为主，不可食用辣椒等刺激性食物，菜中也不添加味精之类的调味品，只放少许食盐与草果粉（将草果碾成粉末）；不可食用青菜②，以免产妇因此落病，婴儿像绿叶一样干枯，但卷心菜不在此列；不得食用牛肉与马肉，否则婴儿将会被牛马的蹄印踩伤而难以健康成长；一个月后仅限于黑猪的瘦肉可以食用，即"不是瘦肉吃不成，肚子和四只脚有花的猪肉全部不能吃"，否则产妇会生病；主食为米饭，据说糯米饭和稀饭均不得食用，以免伤害产妇的身体；三个月后才能吃叶边有毛的蔬菜与绿菜；特意为产妇煮菜的锅必须清洗干净，不能有污迹，以免产妇生病。

---

① 木瓜煮鸡为催奶佳品，做法为待水沸腾后，放入鸡肉与木瓜，先大火煮约20分钟，再文火炖约5分钟。因其中并无任何佐料，所以产妇沾湿蘸水食用。蘸水实为调味品，在汤水中放入食盐与佐料，但产妇食用时并无平时喜放的味精、辣椒与薄荷，仅有少许食盐与草果粉。
② 青菜俗称"绿菜"，系指叶边有毛的蔬菜。产妇若食用，其身会发痒，而婴儿喝其乳汁，身上会生疮。

2. 行为禁忌

除上文所述的饮食及其禁忌外，产妇还须注意一些其他事项，诸如未满月禁止房事、不能从大门出入。

往昔产妇均以冷水清洗下体，之后改用热水。因产妇身体虚弱，不得触碰冷水，数日内由他人代劳烧水，但清洗时并不像瑶族那样放入草药；而且务须保暖以免受寒，昔时均为生火取暖，现在衣食无忧，多穿些衣物并戴上帽子，以防感冒，也可在外晒太阳。未满月时夫妻分床而睡并禁房事，以防伤害产妇身体，并影响今后的生育能力。据诸多男性报道人告知，他们"过2—3个月才做（爱）"。满月前产妇不能触摸冷水，以免受寒。产后4—5个月才能劳动，如果很早就外出务工，婴儿的魂魄可能会进入母亲的劳动对象中，婴儿会因此丧生。

莽人认为产妇不洁，未满月不得从大门进出，以免冒犯祖先而招致惩罚，最为严重的是丧失生育能力。这种禁忌得到严格的遵守，即便在自家生产亦如此。若是在棚屋中生产，一般在3天之后才回到娘家父母的家屋中，而且须从小门进入，待满月后方能进出大门。但产妇的丈夫并无此限制，也可将婴儿抱进岳父家中。2009年迁入的安居房仅有一扇大门，如果在内生产，则这一禁忌自然无法遵守。其他未满月行事的禁忌是：不能进入其他人家中、不能过河，否则今后将不再生育。

我发现很多人未曾如此遵守这些禁忌：户口登记簿的出生年月间隔不足一年就又生育并非个案，以此推论产后2—3个月不做爱难以成立；龙凤村某产妇产后第5天就用冷水清洗一大堆衣服；牛场坪某一产妇在小产后第3天居然去原始森林寻找药材，并留宿一晚后才返回家中；产后不足4个月就背负婴儿外出劳动更是司空见惯；哺乳期间喝酒的现象也是见怪不怪，我曾多次劝阻她们不要喝酒，均是无功而返，甚至遭到她们的辱骂。

三　新生仪礼

新生儿的诞生标志着家庭增添新成员，也导致家人身份及称谓发生相应的变化。为祝福新生儿，祖父母和父母邀请亲朋好友一起庆贺。往昔新生仪礼仅有命名仪式，现在也有周岁庆典。

（一）命名仪式

家有新生儿，须在门前竖立一根挂着绿叶的棍子，提醒外人不得入内，如此三天。如果在三天内有外人误入家中，则来客须为新生婴儿取名，并做他/她的"干爹/妈"。这种情况在莽人中很少发生，因为他们处在一个非常同质化的"熟人社会"，各家情况彼此都很清楚，而且对这一常识也是了如指掌，几无误人的可能，所以这类情况通常发生在其他民族身上。出生第三天夜晚，新生儿将被抱入家中举行仪式，此即表明其灵魂已被祖先所接纳，也意味着该生命被视为社会个体，成为具有社会身份标识符号的社会人。当晚父母备酒菜邀请亲戚朋友前来商议，为婴儿取名 *ji bhuo wen*。所需费用多由婴儿的父母承担，亦有祖父母以财物相助的例证。为了一探究竟，在新生儿祖父的带领下，我故意闯入某产妇家中，并因此成为她女儿的干爹。按莽人风俗，我应该为干女儿取名，并略表心意，而她家须杀鸡招待我，将鸡头赠送给我享用。以下描述当日所见。

　　13：30 婴儿的祖父带我来到产妇家中，见门前悬挂着绿色植物与"八眼"*len dea* 的标志（见图 5 - 1），其时婴儿父亲去地里劳动未回，产妇在家做鸡蛋汤食用。我们寒暄数句，她有点爱理不理的，可能是我的"闯入"多有冒犯。于是我无趣地走到家外，不经意间见到她拿钱给报道人，后他告知，"媳妇给钱叫我去买鸡买酒"。按照莽人的习惯，我略表心意，请报道人转交给产妇后，我们即离开。

图 5 - 1　产妇家门前悬挂"八眼"与绿叶

　　因当天该村有人结婚，待我观看婚礼后抵达新生儿家时已是 18：36，宴席业已开始。因该户为分家独立不久的新户，建盖的家屋面积不大，约莫 40 平方米，仅有 2 间房，一间为厨房，一间为卧室兼客厅。空余面积不足 10 平方米的客厅内摆放两张桌子，靠近前门的一桌为男性客人，婴儿的祖父与父亲也在座；靠近后门处全为女性客人，产妇并未上桌。客人皆为本村亲友，因产妇来自越南，故外家并无人前来。他们客气地招呼我落座喝酒，并挪出里侧的一尊位给我，婴儿之父立即为我拿来酒杯与碗筷，并为我打开一瓶啤酒。我发现菜肴较为丰盛，有猪肉、鸡肉、鱼肉、丰收瓜、青菜、豆腐等；酒有白酒和啤酒。

　　据说"在大老林时困难，取名是空空地取，后来生活好点，大家来取名，吃肉喝酒"。以往在两杯酒后，即由男性长辈为新生儿取名。我并不清楚我到达前他们喝了多少，他们告知我喝了好几杯/瓶。待亲家为我倒上满满一杯啤酒后，他们提议"a hong, a hong"（喝酒），再建议我们亲家之间要干杯。两杯酒下肚后，我才得以拿出相机拍摄几张照片，以作纪念。这时婴儿的祖父——为客人夹菜，即将肉食按辈分大小一一分送，受者须双手掌缘并拢接受，并说些感激的话。鸡头送予辈分为"爷爷"meng 的一位客人，而不是我这位"干爹"，这说明他们并未将我视为外人而予以特别对待，而是纳入他们辈分的考量之中。

　　之后互相夹起肉食送予其他人，方式同上。此番热闹之后，开始进入取名时间。通常由男性提供两个名字供大家讨论，即一个族名与一个将登记在册的学名。族名俗称"小名"，多在族群内部使用，取名的原则是现在本寨人的名字不可取、祖先的名字不可用；一般以"阿"开头，再加一字即可，如阿瑞、阿建；一旦命名，不再改动，终身使用。学名对外使用，尤其是现在规定新生儿在四个月内必须登记在册，若未登记就医时不能享受合作医疗的报销，因此还须取一个学名。往昔受限于薄弱的汉语水平，在姓氏后多以排行来命名，故而同名同姓较为常见，如陈大、龙三；女性则在其后加"妹"，即陈大妹、龙三妹，因此同一家庭出现数个同姓同名的现象也很常见；随着文化知识的提高，现在已有较大改观；对外使用的姓名以姓氏开头，名字为一个或两个汉字，如罗雯、陈心意。与终身使用的唯一族名相比，学名可以改动，同村中同名现象正在逐渐减少。我为干女儿提供三个名字以便他们选择：雅兰、恬静与欣悦；他们也提供几个名字备选。最后大家觉得雅兰好听，确定为新生儿的名字。2013 年 3月我再到龙凤村，干女儿的名字已经改为罗心联。

　　此后这些来客多少会"意思意思"表示心意，一元不少，百元不多，"各有各的良心"。男性客人将钱直接交给婴儿之父，女性客人则多塞入婴儿的襁褓之中，或放于卧床之上。据我观察，多的数十元，少的几元。共同之处是必不可少的祝福语，诸如"不要生病、健康成长""有病给他去别处，不要到小娃身上""以后会干活计""当大官""生许多小娃""长到头发比我们还要白"。新生儿的父母则一再感谢众人的祝福与破费，并谦卑地说："一样菜都没得，对不住你们，你们还给小娃钱，我们太感谢了!"

按习惯还要由年尊辈长者为新生儿拴线，意味着将他/她的魂魄拴住，线拴在婴儿的手腕上或颈脖上，一边拴线还一边说些祈福的话。此外还有可能将猎得大型野兽的骨头或牙齿拴于新生儿手腕或项脖，起到驱邪的作用。当晚由外曾祖母为新生儿拴线。据说昔日还有传统的歌舞展演，以示对新生儿的庆祝，但当晚这些均未做。至此新生礼仪结束，他人即无特殊禁忌，可以进出产妇家中。

莽人实行亲从子名制，即随着新生儿成为正式的社会成员，其纵向直系血亲关系者的称谓因之发生变化。例如新生儿名叫"阿雅"*a ya*，则他人称呼其父母及其母父的互称分别为"on ya"和"ma ya"，on 是爸爸的意思，ma 是妈妈之意，on ya/ma ya 为雅的爸爸/妈妈；阿雅的（外）祖父/母为 meng ya /jiong ya、（外）曾祖父/母为 meng wu ya /jiong wu ya；即便是阿雅的父母也不再称呼阿雅的祖父母为爸爸妈妈，而是 meng ya 与 jiong ya；反之为 on ya 与 ma ya。

为了降低孕产妇和婴儿死亡率，从 2009 年开始国家提出实施"降消"项目，即国家为提高孕产妇住院分娩率、降低孕产妇死亡率、消除新生儿破伤风而投入专项实施经费的一个卫生项目。之后在此基础上进一步实施"农村孕产妇住院分娩补助"项目，不仅扩大了孕产妇住院分娩的补助范围，而且还提高了补助标准：乡镇卫生院为 300 元，县级医院为 400 元；住院分娩超过 800 元的补助享受同级医疗机构的住院报销比例。根据就近原则，县内村民去邻近县乡的非营利性医疗机构住院医治，享受县内同等级别的报销比例，但并不补助在县级以上的医疗机构住院分娩[①]。受优惠政策的刺激与安全生育意识的提高，有越来越多的莽人妇女在医院生产。据笔者统计，从 2009 年到 2012 年 1 月底，已超过 10 人次住院分娩，并享受这一惠民政策的补助。某报道人告知："我老婆在医院生小娃不要钱，生完回家时，医院还给了 2 袋奶粉、200 元钱。"[②]另一报道人说："我是在医院生小娃的，老公、我家妈和嫂子都去了，在了 3 天，我们只出了 8 元，其他都是国家开的。"

① 杨福泉、杨士杰：《云南省少小边穷地区新型农村合作医疗机制研究》，中国书籍出版社 2009 年版，第 114—115 页。
② 农村低保户的孕产妇住院分娩，按每例 200 元的标准给予一次性临时生活困难救助，补助其路费和部分生活费。

（二）周岁庆典

莽人并无庆贺周岁的传统，随着文化交流的增多，莽人也采借其他民族的习俗，并融入其文化体系之中。这种创新性借用或许将成为明天的传统，周岁庆典即为典型的例证。

牛场坪的陈海林（1981—　）与罗二妹（1980—　）夫妇于 2000 年结婚，2002 年生育一小孩，据说其胎盘被人取走，几个月后该婴儿因此夭折，此后多年未育。2006 年从连襟家抱养一女孩后，于 2010 年 4 月 17 日终于喜得一千金，夫妻格外高兴。仿效汉族的习惯，夫妻向亲戚朋友发放请柬，邀请他们参加 2011 年 4 月 17 日为爱女举办的周岁庆典。是日庆贺的宾客既有本村寨的，亦有附近寨子的；既有莽人，又有哈尼族、苗族。本次共收得礼金 3500 元，除去酒水花费 2000 元，盈余 1500 元。招待酒席 8 桌，每桌四荤四素共 8 个菜肴，荤菜为猪肉、鸡肉、牛肉、罗非鱼；素菜为豆腐、白菜、鸡蛋、芽菜。此外每桌还有香烟、瓜子、糖果、啤酒、白酒若干。酒席间的习俗与前述无异，故不再赘述。如今这一"时髦"的庆祝方式在莽人中逐渐扩散，如 2012 年牛场坪又有 2 家举办生日庆典。

综上所述，莽人生育分为家中与棚内。因遵循父系继嗣制度，若家庭成员归属不同的世系群，则产妇不可在家屋中生产，而要另行搭建棚屋。无论在孕期还是生产中及之后，均须遵守一些禁忌，尤其是产妇本人。这些禁忌实乃禳灾避厄的现实追求，亦投射出他们的鬼魂观念，诸如生产时选择的接生人员、产后三天内门前悬挂绿色植物及处理新生儿的胎盘。具体以绿色植物为例，它用于阻挡外人与鬼魂等邪恶的力量。三天后为迎接新生儿成为社会成员，特地举办新生仪礼，标志着新生儿的"魂魄"已被祖先所接纳，也相应地使其直系血亲的称谓发生变化。

第二节　成年仪礼

我在文献回顾部分指出论述莽人的成年仪礼仅有服饰特征[1]，与附近其他族群相比（如南科老寨蓝靛瑶男子的度戒、女子穿戴平帽），莽人似

---

[1]　李道勇：《莽村考察》，《中央民族学院学报》1993 年第 1 期；毛佑全：《云南金平芒人的社会经济活动及其文化习俗概观》，《思想战线》1994 年第 3 期；《云南金平芒人的文化习俗概观》，《阵地与熔炉》2002 年第 3 期。

乎并无明确的成年仪式。经过深入调查，我发现若以文化"整体观"来审视，结合其实践行为以事件为指向的时间观念与传统家屋中以婚否为界限的空间布局，我认为莽人的成年仪礼极有特色。在这一过渡时期内，无论是生理还是心智方面，个人均逐步走向成熟：外部的显性标志在于衣着服饰，而其内部的主要变化则是社会行为的拓展，承担相应的社会责任，并以订婚为标志。本节分为三部分，首先描述文嘴、拔毛、服饰等外在特征，其次描写社会行为与社会交往的拓展，最后描写订婚仪式。

一　成年的外在特征

莽人成年的外在特征主要表现在文嘴、拔毛、服饰三方面。

（一）文嘴

往昔莽人女性有文嘴习俗，相传该俗始于上天对一好吃懒做的已婚妇女的惩罚，之后逐渐流行，遂成为女性成年仪礼的内容之一。这一习俗在20世纪60年代的莽人中尚有存续，如今仅有极少数老年妇女的嘴部尚依稀可见。以下即简介该习俗的由来与实施。

1. 习俗的由来

综合多位报道人的讲述，故事梗概如下：从前有对年轻夫妻结婚后即独立门户，他们夫唱妇随，辛勤劳作，过着简单又快乐的生活。然而好景不长，妻子产下一子后，突然变得好逸恶劳，家里家外均由丈夫独自操劳。无论丈夫如何规劝，妻子总是置之不理，甚至变本加厉。某日小孩病得不能吃喝，妻子竟然吩咐丈夫去捕鱼给她吃。可是直到天黑，他除了几只螃蟹和小鱼，别无所获。到家后妻子对他破口大骂，责怪他并未专心捕鱼，而是寻找姑娘调情做爱。无奈丈夫只好又出门捕鱼，伤心不已的他来到水边悲叹不幸，并向上天哭诉这一切，请求上天相助，改变妻子，让他们过着如同从前一样的幸福生活。突然上天真的出现了，问清他哭泣的缘由后，送给他一根黑绳，并嘱咐他回家后用黑绳将妻子的嘴巴捆扎起来，并让他转告她："如果她不改掉好吃懒做的坏毛病，死后过不了天门，到不了天上，只能成为土中的野鬼。"妻子对此甚是忌惮，吓得连连求饶，一切听凭上天的安排。可是心慈手软的丈夫折腾半天还是无法用黑绳扎住妻子的嘴巴。于是他想出一个变通之法，用竹针在妻子嘴巴周围扎些小孔，然后用树叶的蓝靛色涂成黑色痕迹。从此妻子彻底改掉了好逸恶劳的恶习，相夫教子，他们又过着其乐融融的幸福生活。为了以后的生活幸福，家长也纷纷仿效，对即将成年的女孩进行文嘴。随着这一做法的扩散普及，渐渐成为莽人的传统习惯。

此后对这一传说又不断地增加复合的意义，诸如文嘴的姑娘才漂亮，才能吸引异性的追求、婚后才能与丈夫心有灵犀、死后夫家会以棺材埋葬、死者的鬼魂才能回归祖地，得以"上天"。不文嘴则死后的灵魂要身负碓窝上天，它因负重而进入不了天上与祖先会合，成为孤魂野鬼。据传往昔若女子未文嘴就身亡，尚须弥补这一缺失方能埋葬，方式为用锅底灰、黑炭或蓝靛在嘴边画一些痕迹。

2. 文嘴的实施

与文嘴由来中的女子为已婚不同，须文嘴者均为未婚女性。文嘴的时间并不固定，10 岁亦可，18 岁也行，纯视个人喜好与家长意见而定，但多在青春期进行。地点须躲避风吹以免发炎，因而多在家中。实施者多为经验丰富的中老年女性，亦有同龄的玩伴，她们将 4 根细针排在一起、蘸湿浸泡切碎的板蓝根叶子的汁水、扎入嘴巴周围的皮肉之中，经验丰富者刺入的深度恰到好处，让蓝靛色渗入所刺小孔，又不过于疼痛，使人难以忍受。所绘图案亦由实施者与被文嘴者协商而定，中国莽人图案仅在嘴唇周围；而越南的图案较为复杂，除了嘴唇周围，还延伸至眼睑之下。随着年龄的增长，图案的墨迹将逐渐变淡，因此每隔 10 年左右须"翻新"一次。20 世纪 60 年代以前中国莽人妇女文嘴习俗尚存，此后不知何故极少文嘴，如今"硕果仅存"的几位老妪，文嘴的墨迹均不明显。

（二）拔毛

除了文嘴，还有拔毛 a la huon man（包括眉毛与眼睫毛）习俗视为女性成年仪礼的内容之一，其中"a la"意为"拔/拉扯出来"，"huon"为"毛"，"man"为"眼睛"（见图 5 - 2）。莽人认为，拔毛后的女子"好看""好瞧"，易于辨认，死后方受男方祖先的接纳。实施地点与人物和上述文嘴相同，但时间与方式有别。一般来说，拔毛时间略早于文嘴，始于青春期之前。有的直接用手拔除；有的用马尾毛或野麻皮搓成细绳，卷入眉毛后，再拉扯去除。这一习俗在 20 世纪 80 年代后即不复存在，访谈的诸多报道人均不明其因。

现在女性不再文嘴，但有些还是长出黑黑的须毛，于是兴起拔须 a la huon bla dv 之风，其中"bla dv"为"下巴"。这一做法较为随意，大多在闲聊或晒太阳时由妇女互相用手拔、个人自己亦可操作，尚未发现有使用脱毛膏之类的现象。

（三）服饰

莽人并不种植棉花，所需布匹基本来自与附近民族的交换，如哈尼族、傣族、瑶族。但有一种名为 hou a dan 的纺织机可对从旧布或破旧衣服上拆

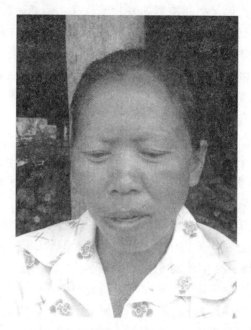

图 5 - 2　拔眉的莽人妇女

下的纱线进行简陋的再加工，织机共有八个主要部件，均以竹木制作而成。纺织时将纺织机与相隔数米的纺织者的腰间相连。生产的成品极其单一，仅有黑白两种花色、简约的横向花纹。这种纺织技术在新中国成立前业已衰落，仅有数个老年妇女尚且知晓，她们故去后，这一技艺即已失传。因未能亲眼所见，报道人的所述又语焉不详，故而描述仅能寥寥数语。

　　往昔莽人缺衣少穿，儿童常常更是赤身裸体。在物资极其匮乏的年代，成年的标志之一就是穿戴的服饰。男子蓄留长发，在脑后打结，如去做媒，须用黑布包头或戴帽子；女子以红色头绳将头发在头顶扎一高髻，并带有饰珠。男子上穿黑色对襟短采，长至臀部；衣前左边订有五颗布制纽扣，每颗相隔约 6 厘米，可与右边衣襟相连；下穿宽大的黑色裤子（之前为白色），裤长至脚后跟，裤腰用野麻皮或马尾毛搓成的绳子系紧，以防滑落。女子上穿对开襟的艳丽短衣，下摆长仅过胸部，而窄袖长至腕部；两襟以 15 颗金属纽扣相连，贵重者为银制，其次为铝制或布制；胸前两边还各有 2 排金属装饰品，以银制最为贵重，即村民所谓的"花钱"，此外就是新中国成立后流通的金属货币①，如以往流通的五分钱、

———————————

① 我在越南民族博物馆（越南河内）中见到陈列的莽族服饰就用中国流通的货币来装饰。

现在的1角或1元；在纽扣与金属装饰品之间，还常饰有红、黄、绿等颜色的彩线；在两排金属装饰品之间以彩线刺绣简单的图案。下穿长至脚踝的傣式黑色长裙，裙裾绣有简单花纹；卷起腰身插入腰部，或用红色布条系紧。在上衣和裙子之间，还围着一块白色的围腰 *bo mang*，长约1米，在两边用红线饰有简单的几何图案；宽约0.6米，在中间亦用红线装饰，并在胸前纹有略微复杂的图形；穿戴时将上端绕至胸部之上一周，再卷起上围在腋下处插入，以防滑落；下围并不掖紧，自然下垂；因其大小均等，视个人的身高而定，高挑者下过臀部，矮者甚至可到膝盖（见图5-3）。往昔男女均不穿衬裤，这一习惯现已改变。

图5-3　莽人少女的服饰

　　莽人的文嘴、拔眉与服饰的时限虽无定规，但却标志着男女由儿童进入成年。所谓"成年"并非"社会成熟期"与"生理成熟期"的完全重合，有时甚至存在较大的年限差距。换言之，社会成熟期可能早于或晚于生理成熟期。诸多研究常常将围绕着出现第二性征所举行的仪礼活动视为成年仪礼，以此比照上述所讲的莽人的成年，即可发现并不吻合。就我个人而言，成年也并非标志着"社会成熟期"，而是走向社会所要求的一个成人所作所为的过程，下文将对此予以讨论。

二　社会行为与社会交往

莽人的成年礼仪并不以单一的事件为始终，而是行进在人生中的一段时期。在此过程中，成年的基础至少需要学习两方面的技能，其一为习得必要的生产技能，为今后承担相应的社会责任做准备；其二主要体现在社会交往方面，包括抽烟喝酒与谈情说爱。

（一）学习生产生活技能

新中国成立前莽人以农耕为主，兼营采集渔猎；新中国成立后随着并村后定居定耕，除农耕外，采集渔猎的比重大为降低。莽人男女分工并不明显，甚至有些女子从事重体力劳动亦不逊色于男子。但具体而言，还是存在一定的性别差异，如在刀耕火种时期，男子在上坡手持掘棒戳穴，女子在下坡放入谷种；男子外出打猎，妇女主持家务，这些即已表明男、女性别不同的分工与男主外、女主内的职能属性。为此须进行必要的技能训练，方能承担今后相应的社会责任。在莽人村寨中，除了通常所指的勤劳、尊老爱幼等美德外，评价一个"好男人"的标准主要有擅长打猎、能挣钱养家；而一个"好女人"须擅长饲养家畜、勤俭持家。

莽人并无会所制度，亦无明确的师徒制度，但这并不妨碍莽人互相学习必要的技能。在这一高度同质化的"熟人社会"中，习得的途径大体来说为学习者的耳濡目染与个体的实践钻研，其中也有有经验者向学习者的主动传授；方式以帮教与自学为主。既然男女有别，习得的内容自然不同，以下仅就如何习得成为"好男人"与"好女人"的技能予以描述。

1. 成为好男人

莽人认为，成为一个好男人，除了必备的生活技能外，必须习得高超的打猎技艺、较强的挣钱能力、在外面"不乱"。

（1）成为一名好猎手

成为一名好猎手来自多方面能力的综合，首先是擅长制作打猎器具；其次是高超的打猎技艺，包括捕捉动物活动规律的能力；最后是打猎时良好的分工协作与打猎后慷慨分享猎物的美德。

良好的工具可增强捕猎的效果，以制作弩弓、鸣火枪为例。弩弓是莽人传统的狩猎工具，原料多选自质地坚硬的树木，如麻栗树（Quercus acutissima Carruth）、岩桑树（Morusalbal）①；主体为呈十字形交叉的两块

---

① 桑树的一个亚种，长于岩石缝隙中，质地坚韧，不易折断开裂，多用于制作弩弓、犁耙等用具。

木块组合而成。以龙凤村陈继新家现存的弩弓为例，横档长约 60 厘米，直档长约 80 厘米；交叉点为横档的中点与直档前部约 20 厘米处；横档的两端用长约 60 厘米的野麻皮纤维或马尾毛制成的弦相连；在直档的木块中，从前端至后部用刀凿刻安放箭身的槽沟，长约 45 厘米，在其后的 5 厘米处钉一铁钉，用于挂弦；箭身由笔直的竹子或细木棒削制而成，前端削尖；当箭身安放于射槽后，用力拉弦，挂于铁钉，再拨动挂钉上的弦，箭身受弦的弹力发射而出（见图 5 – 4）。弩弓的构造与原理相同，但个人臂力不同，弩弓的大小也有差别。弩弓被视为男性身份的一种表征，主要在成年期内练习射击，所以善射者颇多。就弩弓而言，在 25 米射程之内颇有威力，40 米左右即已大为减弱，甚至了无杀伤力。射杀的对象多为鸟类与小型动物，如鸟雀与松鼠，对大中型动物难有杀伤效果。

图 5 – 4 莽人少年制弩

　莽人的猎枪（即鸣火枪）来自购买与自制。20 世纪 60 年代猎枪即已传入莽人村寨，因价格昂贵，当时拥有者极少；之后逐渐普及，如今平均每家至少拥有一杆猎枪。在 20 世纪 60 年代末期即有莽人能够仿制猎枪；在 20 世纪 70 年代很多村民接受过基本的军事训练，包括使用枪支弹药。据说当时每村均发放了数支枪，有全自动与半自动的、有步枪与机枪、有国产的也有进口的。这些训练加强了他们制造鸣火枪的能力。如今各村皆有如此能人。在我调查期间的"市场价"为每杆枪 240 元左右；如自制须购买枪管、扳机等材料花费约 100 元，耗工约 3 天。因此他们购买无法自产的材料，再自行组合。枪托用质地坚硬又不易开裂的银木荷（Schima argentea Pritz，俗称麻木树）制作而成，长约 2 米，中间挖空，放入枪管，外面用刀刮平。准星的调整尤为关键，它关涉到射击的准确性。猎枪的子弹原料铁砂与硝石从商店购买，若受潮可在锅中用微火烤干；而燃烧产生推力的"火"则自行生产，即将木炭在碓窝中舂成粉末，再在烈日下暴晒。将硝石与炭末按一定比例混合，倒入一些到枪管中后，用钢丝条将其捅至底部，再装入数粒铁砂，瞄准目标，拉动扳机，即可发射。猎枪威力虽无法与制式枪支相提并论，就其射程与杀伤力而言，却也是弹弓与弩弓所不能比拟的，所以飞禽走兽皆为猎杀对象。

　　高超的狩猎技艺主要指洞察猎物出没的规律、射击有准头。如育儿的蜂猴在白天较易捕捉、猎取松鼠只能在夜间，而且它们多成双出现，若在某处猎得一只，还可在原地安放铁猫以捕获另一只。据我调查，现在家户中拥有铁猫的少则 10 多具，多则几十具；家中、田棚与地棚均有，便于随时随地安放。这些陷机的放置若不能洞察猎物的出没规律，自然是徒劳无功，如龙凤村的罗文金就以安放铁猫闻名，而刀世荣擅长在白天打鸟，盘世忠则长于在夜间猎取"飞虎"（xanthipes）①、标猪等。打猎时猎手轻手轻脚地行走，左顾右盼，保持高度警觉，以发现猎物的轻微动向。猎人常常模仿鸟的叫声，从而激发鸟的鸣叫，因之发现目标，再蹑手蹑脚地跟踪，悄悄射击。充电头灯的普及为夜间打猎提供了便利，目前市场售价一般为数十元，充满电后一次可使用几十小时。夜间打猎的时间多在晚上九点至凌晨两点，将头灯戴在头上，发现猎物的蛛丝马迹后，用头灯照射，再伺机射击。

　　最后为猎手的美德。由于受狩猎工具所限，以往猎取大型野兽常是集体行动，并有所分工，因此须听从指挥与安排。如果终有所获，则实行平均分配的原则，参与者人人有份，但为了敬重击中者的突出贡献，兽头归他所有；若是独自猎取，则猎者须拿出部分分给村寨的其他家庭，或者邀约村人去他家共享，直至"消灭"全部肉食。猎者常常将兽头或其下颚骨悬挂于屋梁之上，既展示自我的才能，又具有避邪拦鬼的作用。如果仅是中小型动物，虽然无须分配，但与亲友共享是必不可少的。如果猎得猎

---

①　飞虎 deng dong 又名"鼺鼠"，有翅膀能滑翔，主要采食植物性食物，尤其喜爱坚果，多在9—10 月间出没于高山密林。当地有两种类型，较小的毛为红色，较大的毛为黑色。

物私自享受，将招致他人的唾弃。

（2）能挣钱养家

莽人注重培养自力更生的能力，在未婚前，亟须为自己今后的家庭付出努力，如开挖田地、发展生产，尤其是男子须积攒婚姻中不菲的礼银钱，及应付其他的各项开支，按村民的说法即是"自己苦钱"。这有两种方式，其一为做生意，其二为拓宽致富门路，主要是栽种经济作物、寻找药材与打工。

地处中国西南边陲的莽人村寨，在昔时也不是完全封闭的，至少与当地的市场体系关系较为密切，诸如交换或购买食盐、刀具等生产生活的必需品。改革开放后，这一联系更为密切。据我调查，个体经商始于家庭联产承包责任制之后，此后逐步兴盛。近年来莽人也不断拓宽致富渠道，不仅栽种经济作物，也贩卖采集的原生药材，而且越来越多的青年人外出打工。

在经商方面，原南科新寨陈继新（1951—　）是莽人经商者中的先行者，早在20世纪70年代他就编制篾器、收购木耳等到勐拉去卖，至今还在家中经营小商店，稍有盈利，补贴家用。在他的影响下，很多人也学会了"干生意"，如陈小三（1970—　）在婚前到勐拉背鱼肉与蔬菜等到村里贩卖，赚取差价。罗云祥（1984—　）告知，"我上小学的时候，就从勐拉进货到村里卖，像水果糖，品种不多，后来到金水河读初中，就没法卖了。"刀文金（1987—　）说："我们以前小小的就到边界那边等越南人，抬酒啊、面条啊那些东西，跟越南人换东西，然后我们再拿到南科卖，也很能赚钱啊。"如今各村皆有一些被村民艳羡的"生意人"，佼佼者有龙凤村刀世荣、平和村陈忠文与龙正强、牛场坪村陈小华等。

在拓展致富门路方面，主要表现在种植经济作物、采集药材与打工。以草果（Amomum tsaoko）为例，如原雷公打牛村陈金亮（1977—　）从1994年开始栽种，至今已达10亩，草果收入也从2001年400多元增长到2010年10700元、2011年11000元、2012年12000元。从2006年开始，草果死亡甚多，具体原因不明，村民栽种草果的兴趣骤降。加之2008—2010年灵香草（Lysimachia foenum - graecum）行情看涨，引发了种植灵香草的热潮，如牛场坪村某初一学生、平和村两位小学四年级学生、龙凤村某辍学小学生均去老林砍地，购买香草栽种。他们告诉我，"自己没钱不方便啊，要买衣服、充电话费，还要交朋友，都要钱，没钱是不成的""我自己栽，卖的钱自己得，想干什么就干什么"。牛场坪村陈海林从下田房哈尼族连襟那里拉来杂交木薯种植，仅2010年就卖得2700元，除去肥料与农药化肥 260 元，获利 2440 元。2011 年与 2012 年平和村陈忠明卖灵香草共获 24000 元。2012 年龙凤村刀文金在自家稻田栽种水果甘蔗，当年喜获丰收，卖完三分之一即已收回成本，若能拓宽市场渠道，将获利更丰。

为了获得收入，这些未成年人常常邀约同龄伙伴去老林采集药材，如 2010 年 10 月龙凤村 6 名小学高年级学生就曾花费 3 天时间去挖小白芨 [Bletilla formosana（Hayata）Schltr.]，时价每千克 8 元，所得共 230 元；平均分配后各得 35 元，余钱购买零食，共同分享。2011 年 6 月野三七（panax zingibereensis）收购价每千克高达 3000 元以上，牛场坪村多名学生不惜旷课，前往老林寻找。2012 年 8 月每千克飞松① （pinus yunnanensis faranch）收购价为 35—40 元，平和村多名未成年人也加入寻找的行列。

目前较为严重的情况是众多适龄儿童未完成九年义务教育就加入打工者的行列，尤其是女生。莽人打工始于 2007 年，如今成为未成年人"苦钱"的主要途径，如龙凤村年方 15 岁的某男子就曾前往广东打工，牛场坪村某 16 岁初一辍学的男生到厦门打工，平和村某一小学六年级辍学女生前往勐拉打工。据我 2013 年 3 月统计打工情况如下：在勐拉乡与金平县城有 5 人，广东省东莞与深圳有 15 人，福建厦门 1 人，海南 1 人，广西南宁 1 人，湖南 2 人，重庆 1 人。

（3）"不乱"

在莽人村寨调查，我常听到一个关于道德标准的词汇"不乱"，意为在外能自我约束、不胡作非为；如果限于夫妻之间，则最基本的含义为彼此"忠贞"。访谈时诸多妇女反复向我提及这一词汇，并有亲身经历者告知"那些越南的女人来我们村，一个村的男人都去与她们'玩'，给不给钱不认得，回家还打老婆"。其他村寨也提到类似情况："我们民族就是落后，男人女人喝酒醉了，老是一起乱。"正是由于"乱"的问题确实存在，而且可能还很严重，因此妇女才将"不乱"作为"好男人"的标准之一。

莽人认为"好男人"须具备生活技能、高超的打猎技艺、较强的挣钱能力与"不乱"。随着时代的变迁，这些标准也在悄悄地发生改变，如高超的打猎技艺逐渐淡出，而更加凸显"苦钱"的能力；干家务活也不是最重要的；她们对时下"帅"男孩的看法不一，代表性观点为"帅有

① 据说可做药，仅收购嫩苗。

什么用，又不能当饭吃""帅一点比较好，不然以后小孩子不好看"。若与挣钱能力、勤劳相比，"帅"较为次要。

2. 成为一个好女人

莽人眼中传统的"好女人"须勤快干活、饲养家畜、勤俭持家、"不乱"。如今这一观念也在发生与时俱进的变化，能"苦钱"的女生更令人青睐。随着女孩的逐渐长大，须习得如何操持家务与缝缝补补的技能，诸如提水、砍柴、舂米、生火做饭、喂鸡喂猪等。就"苦钱"而言，莽人女性毫不逊色于男子，甚至有过之而无不及，尤其是现在外出打工，更显示出她们的性别优势。除了读书的学生外，在莽人村寨中很难找到处于青春期的女孩，她们或近或远地打工"苦钱"。如龙凤村某一女性从14岁即辍学打工，已留足于昆明、上海、南宁等地。牛场坪村某初一辍学女生在3年时间内在厦门、东莞、深圳等地打工。以下就操持家务方面，以往昔的舂苞谷面和现在的喂养鸡猪为例。

2000年以前莽人村寨中没有碾米机，所吃的米面均来自碓窝舂碓，而这主要是妇女的职责。家有女孩待其力量可以提起舂碓的木棒后，即开始练习，并辅助家中年长的女性做此工作。碓窝的材质为质地坚硬的粗大银木荷，中空实底，高约40厘米，手持的碓棒长约1米，重约3千克，中间削细，便于手握。舂够六口之家吃一顿苞谷面，需舂三次一人耗时约2小时。第一次舂去玉米的表皮，后用簸箕簸去皮；第二次再舂碎，第三次方能将玉米小颗粒舂成细面，清除杂质后，加入清水浸泡拌匀，放入竹质甑子中蒸煮，约莫半小时后可熟，整块倒出来后，香气四溢，个人掰取小块自食。舂碓玉米剩下的皮与残渣用来喂养鸡猪。

在实施莽人扶贫工程以前，莽人养猪多为放养，喂食的时间不定。之后在畜牧人员的指导下，莽人不仅定时喂养，而且饲料也很精细。据我观察，除了刚买来的小仔猪喂养从市场上购买的饲料外，其他均来自自家种植的木薯、菜叶与采集的野菜。若是木薯，她们首先用刨子将木薯刨成小片、晒干甚至用打米机粉碎，每袋5—6元；若是野菜则切碎。将木薯、野菜、米糠、玉米皮等拌匀，放入大锅中煮熟后再喂食。她们认为，"女人要良心好，对待鸡猪像对待家里人一样"。

除了勤劳地操持家务外，就是学习勤俭持家。莽人认为一个好女人还要"带好小娃""不乱花钱""家里整干净"；而"不乱"与上文提到的"好男人"的"不乱"是一体两面的问题，不再赘述。

（二）社会交往

以往的众多文献常提及莽人男女老少均喝酒，据我调查，莽人孩童并不抽烟喝酒。当然成人在饮酒时，夹菜给小孩吃，小孩可能因此而"蘸了一些酒气"，但不可将之夸张为小孩饮酒。其实在莽人村寨中，通常只有步入成年时期后方可享受抽烟喝酒，因此可将之视为成人身份的一种礼遇。与此相应，方能与异性进行谈情说爱的交往，莽人称为"玩姑娘"*man wan dv*与"玩小伙子"*man wan bao*，man 是"与……一起玩"之意，wan dv 指"姑娘"，wan bao 指"小伙子"。家长对少男少女之间的"玩"并不干涉，甚至持有鼓励的态度。如果家有女儿初长成，而没有小伙子来追求，父母亦感到脸面无光。在田野调查中，耳闻目睹诸多小学生即已嫁娶①，就我看来，家长缺乏对他们在这方面的管教，也可视为传统习惯的延续。

"玩"*man*字在这一特定的语境中具有深意，我将玩的过程归纳为"谁与谁"在"什么时间"和"什么地点""通过什么渠道""玩什么""产生什么效果"。

一般皆是男子在饭后主动前往心仪女子家中，进家时男子务须彬彬有礼，轻声问候女子家人，在某一角落安静地落座。此时女子须放下手中忙碌之事，招呼男子到待客的火塘边闲聊，如取野果共享。见此情形，女方家长均不干涉，大多借机外出找伴闲聊，或者休息就寝。寒暄一会儿后，若女子对男子不中意，则有点爱理不理；若中意，则乐于与他交谈，甚至会暗送秋波。往昔照明依靠蜂蜡或火塘中燃着的柴火，借助昏暗的掩护，男子趁机与女子身体"不经意地"接触或从靠近女子边的腋下伸手抚摸甚至搂抱。最初害羞的女子常常有所躲闪，在男子锲而不舍的努力下，情窦初开的女子不再抗拒，而是默默地接受。若女子并未拒绝被抚摸其乳房，则表明她心系于他，甚至当晚将男子留宿家中，但他通常在"完事"后或女子家长清早起床前离去②。与上述未婚男女的正大光明相比，有妇之夫与未婚少女、有夫之妇与未婚少男的交往则必须小心谨慎，在田野调查中也曾耳闻此类秘密。另外几位已婚妇女告知在她们怀孕期间默认，甚至鼓励其夫去"玩姑娘"以解决生理需要。这种情况是否普遍尚不得而知。

玩的时间有一天中、一年中与一生中的时间之别。一天中的交往时间以晚饭后最为常见，夏秋季节因白昼时间略长，大约在晚上八九点，冬春

① 在本地区该现象不独莽人，其他民族学生也有，如某一不到 14 周岁的瑶族四年级女生就辍学结婚。

② 某男（1989— ）告知，他某次睡过头，未能在女孩父母起床前离开，被迫待其父母吃过早饭去劳动后才脱身，"尿都憋死了"。

季节约在七八点。莽人一年中最为忙碌的时间为做田插秧的 4—5 月、收割稻谷的 9—10 月和烤灵香草与草果的 11 月。若是同村人之间的交往，当然受季节的影响较小；若是前往其他村寨，则多在农闲时节。一生中的交往时间因人而异，若以第二性征为基准，有人早于这一生理时间，而有人则略晚；以社会成熟期而论，有人早熟，有人则较为迟钝。某位报道人坦言，"我和××一般大，他早早就会玩姑娘，小学毕业前就玩过好几个了。上初一时，他老婆怀孕，就都不读了。我那时不懂，也有小姑娘喜欢我，不会玩，呵呵。后来还是他教的，到结婚前才玩得几个姑娘"（男，23 岁）。

谈情说爱以女方家中最为常见；而唱歌跳舞的场合也是极好的机缘。此外田棚、地棚、劳作的野外，乃至幕天席地也是发生故事的场所。某报道人告知，"她家爹妈不在家就与她一起睡，早早起床回家就是；爹妈在，就等他们睡着了才去，做完就回来；有时喊到外面玩，地上铺上外套就行"（男，20 岁）。

在日常生活中彼此了解，在劳动中增加感情，在寂寥的夜晚升华爱情是莽人恋爱的三部曲。由于莽人人数较少，恋爱对象所选范围极其有限，因而男女对彼此大多有所知晓，甚至了如指掌，因而彼此的目标均较为明确。方式则视情境而定，如在野外放声高歌，彼此你来我往的应和是往昔寻觅意中人的一种传统方式；在劳动生活中的互助合作更是增加感情的一种有效方式；夜晚火塘边的促膝谈心与情浓互动则完成情感的升华。因此对唱情歌、协作劳动、闲适沟通皆为深化情感的渠道。

玩什么包括性与爱两方面。很多男性报道人明确告知喜欢"玩姑娘"，并以能玩不同村寨、不同民族的姑娘为荣耀。就此而言，目的以性为主。而女性报道人则为"喜欢××，才与××玩"。以此观之，目的以爱为主。除了那些少数从没有"玩伴"的男性外，绝大多数男女的玩伴少则数人，多的高达数十人。男性的玩伴基本均为莽人，仅有个别能力突出者能玩其他民族的妇女；女性的玩伴除了莽人外，近年来越来越多地与其他民族的男子交往，如汉族、拉祜族、瑶族、苗族、哈尼族，甚至为此引发莽人男性青年与外族男性青年之间的打斗。

经过成长过程中的互动交往，如果彼此觉得不合适，各自重新寻找对象，双方基本亦无怨恨①；若双方情投意合，则自然可以同居乃至结婚，

---

① 也有极端的案例，某一有妇之夫与一未婚女子相爱，妻子不同意离婚，后他与未婚女子一起自杀身亡。某未婚男子喜欢某一有夫之妇，在争吵中用猎枪击毙女夫，该男子被判刑 15 年。

为此则须举行订婚仪式。

三 订婚

上文即已指出，如果男女双方情投意合，可以同居生活，他人并无异议。但若未举行订婚仪式，则不被视为真正的夫妻，彼此双方还有寻觅情人或伴侣的自由，而且他人亦有追求双方中任一方的权利，另一方不便干涉。而一旦举行了订婚仪式，双方则须收心养性，不得再对他人"图谋不轨"；若遇他人追求，亦须严词拒绝。因此订婚仪式是双方当事人一生中重要的生命仪礼，这不仅制约双方的行为操守，而且也因姻亲关系而牵涉双方亲友，形成一个群体互动网络。本小节在简介通婚规则的基础上，再描述订婚仪式，至此方为完整的成年仪礼。

（一）通婚规则

通婚规则是指允许通婚和禁止通婚的对象和范围。由于婚姻中的当事人均为社会个体，因而婚姻并非当事人各自的私事，每一社会均有与之相应的习俗、制度、法律，对此进行限制与规定。莽人昔时并行一夫多妻制与一夫一妻制，但一夫多妻制违背了国家颁布的《婚姻法》，因而现仅有一夫一妻制。此外《婚姻法》与莽人的亚氏族外婚制还有不协调之处，如《婚姻法》规定五代血亲之外即可通婚，但莽人同一亚氏族或世系群无论相隔多少代均不可通婚；而舅表婚与姨表婚至今尚存。就本文的研究而言，一夫多妻与一夫一妻的婚礼仪式并无不同，故而仅对一夫多妻制略作补充；在第三章第二节图腾崇拜部分曾对莽人族群内婚、世系群外婚已有说明，故尚须交代族外婚的内容。

1. 一夫多妻制

一夫多妻制在莽人的婚姻中并不常见，通常有三种形式：其一为结婚多年未育，男子可以再娶。一般而言，再次娶妻须征得大妻 jia duo 同意。如某村即有这一案例，虽然丈夫去世多年，但至今两位妻子相处和睦；亦有贤德的妻子主动为丈夫张罗此事，如某人的小妻 jia ha 就是大妻为他物色的；若男子私自行动，则家庭大多不睦。如某村夫妻三人之间常常争吵不断，丈夫死后，小妻改嫁苗族，大妻承担母亲的责任，将小妻所生的 3 个子女养育成人。其二为莽人男子收养或购买其他民族的女孩，待其长大后成为妻子，这一情况发生在并村定居之前，之后并未增加新的案例。其三为大妻已经生育，仍然娶妻。如某村 20 世纪 60 年代尚有这类实例，丈夫死后，二妻各与其子生活在一起。

据我统计，在现有莽人中不育的婚姻约占 10%，但仅有 3 例再娶；

已经生育的婚姻中仅有 1 例再娶，由此可见一夫多妻制并非婚姻的主流制度。这些能够一夫多妻的男子，不仅能力出众，而且家境殷实，非他人能比。从 1986 年最后一例一夫多妻的婚姻之后，这一婚姻形态在莽人中即已绝迹。

2. 族群外婚制

莽人将属于同一亚氏族或世系群均视为一家人，至今禁止通婚；随着时代的变迁与社会交往的发展，昔时流行的族群内婚制则逐渐被打破。

改革开放以前，莽人与其他民族极少通婚，有限的几个案例也是莽人成年男子购买其他民族（如哈尼族、苦聪人）的小女孩为小妻。此后至 1990 年之前，族群外婚逐渐增多，除一位哈尼族妇女嫁给莽人外，其他均是莽人妇女外嫁邻近村寨与附近地区的其他民族，如哈尼族、拉祜族、傣族、苗族、瑶族。1990 年之后除一例越南拉祜族离异妇女与莽人的婚姻外，莽人妇女，尤其是年轻姑娘，远嫁他乡外省的案例迅速增加，其中主要为汉族，这些省市有湖南、四川、重庆、广东等。由于通婚对象不同，婚礼仪式也可能相应有所变化。

（二）订婚仪式

经过订婚仪式，男女双方当事人成为"正式"夫妻，从而完成从少年到成年的过渡。内容包括说亲与订婚，下面以观察的具体事例予以说明。

1. 说亲

相爱之后，双方告知彼此父母，商议说亲事宜。说亲亦称提亲，是指男方去女方家中向其父母请求允诺婚事的行为。这一过程在莽人的婚姻仪式中较为简化，甚至可以忽略。提亲时并不请求媒人行事，男子可自行提亲，但更为正式的是他请求父母去女方家中为己提亲，以示对女方及其家人的尊重。

男子独自前往意中人家中，一般随身携带一挎包①，内装一瓶酒或若干松鼠或老鼠干巴，若不带任何物品亦无不可。他找一相爱女子父母心情较为愉悦的时机，提出他的请求："××，××（他对女子父母的称谓），我与××（女子的名字）在一起这么长，我们相处得很好，你们也看见了。我能带媒人来吗？"若对方同意他的请求，则双方约定订婚之日，届时各请媒人商议婚姻大事；若不同意，则男子尚需努力，以感动女方父母，诸如帮助女方家庭进行生产劳动。

若是男子的父母前来提亲，他须事先告知女方父母这一信息，以便他

---

① 昔时挎包皆以藤篾编织而成；如今多以编织袋改制。

们在家等候商谈亲事。是日晚饭后男方父母各背一挎包至女方家,其中父亲包中空无一物,母亲包中必装有一瓶酒,讲究的人家尚有少许肉类。男孩随行与否悉由自便,但多不相随。到女方家门口,男子父亲叩问:"××(对女子父亲的称谓)在家吗?我们可以进家吗?"恭候的女父赶紧应答,并请他们"来家吧、吹会烟筒"。进入家中,男方父母将他们携带的挎包挂在门口左边,并随女父来到火塘边落座。女父或母拿出烟筒给男子父亲抽烟。他抽了一会儿后,以手擦抹烟筒口,从人身后将烟筒递给女父,这样做的原因有二,一是莽人视火塘为神圣空间,不可造次;二是从身后将干净的烟筒递给别人,以示敬重他人。双方父母寒暄数句后,开始聊些家长里短。稍后男子父亲即直奔主题:"a jia ji ji man, mi shio wi she, wi de nva."意为:"我来讨你家姑娘做媳妇,你不给的话,我要回家略。"若女方父母不同意这门亲事,双方自然不欢而散;若同意,则女父回应道:"yama, a wan ji ji man."意为:"亲家,同意(把姑娘)嫁做媳妇。"男子父亲接着说:"da zuo, a duo a yama, huo dong yama."意为"姑娘给我们做媳妇,我们做亲家一辈子,我们一人喝一杯酒。"女父自然也是热情回应:"yama, duo win yama, duo a hong."意为:"亲家,见了亲家,我们一起来喝酒。"为庆祝已定亲事,女方家人取下挂在墙上的圆形篾桌,杀一只鸡煮熟后摆放其上,男方亦拿出带来的白酒斟满酒杯。席间还要"做礼":双方父母在喝酒前彼此双手合拢并摊开双掌,互相祝福;双方父母各人均同饮一杯酒;女方将一个鸡头与一只鸡腿分别送给男方父母享用;而男方亦夹起鸡肉与女方分食。该日男方父母不可贪杯,与女方父母谈妥订婚日子后,即取下空包返家。

2. 订婚

订婚 bo jia 中的 bo 为"问"、jia 为"老婆",bo jia 本意为"问老婆",实为求婚男子须征得女方同意的重要环节。经此仪式即标志着男女双方成为莽人认可的事实婚姻,因此双方家庭对此极为重视,务须协商择一吉日举行该仪式。莽人认为,猪日为大日子,任何仪式不在该日举行;老虎因好争斗,为小两口今后少些争吵,所以避开虎日;此外双方三代内的直系亲属过世的日子也被视为不吉利,其他诸日皆可。双方家长协商择定吉日后,双方还须各请二位男性媒人代表双方商谈婚姻事宜。媒人有正副之分,村民也称为大、小媒人。虽然媒人的婚否不限,但大媒人通常均由懂得礼仪且能说会道的已婚男性担当,尤其是男方大媒人更是如此,因为他的主要任务是尽可能减少"礼银钱"、缩短"上门"时限。为此他务必在礼节范围内与女方媒人及女家"斡旋"与"讨价还价"。据报道人告知，订婚中并无因礼银钱的纷争而订婚告吹的事例。以下即从订婚仪式、上门、礼银钱等方面予以描述。为了使读者对订婚仪式有更深入的了解，特举实例以供参考。

（1）订婚仪式

因白天要劳作，故订婚仪式常在夜晚进行。双方均须延请两位男性媒人，且在席间彼此"做礼"。若女方同意，则订婚者须喝一杯交杯酒，以示彼此相爱，永不离弃。此后双方媒人与女方家长共同商议婚姻事宜。诸事谈妥之后，女方杀一只鸡，以示庆祝，并表示双方家庭不得反悔这一婚事，但订婚者不可触碰该鸡，也不得食用。为了他们的安康幸福，他人须将该鸡的一切残留之物清扫丢弃、盛装的所有用具清洗干净。

如果两家在同一或附近村寨，该日夜晚双方均须备好酒菜，各自宴请媒人。席间双方家庭各自感谢媒人相助，并"做礼"，即将鸡头与一只鸡腿分别送予大、小媒人，还互相祝福。此外男方在席间还须查看鸡卦，以此预测订婚之行是否顺利，而女方可免。如果男女两家相距较远，为免媒人翻山越岭后饥饿，男方媒人在男方家中吃过早饭后即启程，为此男方还须为他们准备一份途中午餐：用芭蕉叶包些糯饭及数块鸡肉或老鼠肉①，另有3个辣椒和一点食盐。

往昔订婚时男方媒人从男方家中携带一些物品到女方家，以示敬意；一般为大媒人携带数块银圆（俗称"老钱"与"花钱"）；小媒人所背挎包中装有3斤酒、3碗糯米、6个松鼠或老鼠干巴，也可以一只鸡代替。后因银圆难得，价格又昂贵，从20世纪90年代开始就较为简略，通常为大媒人带若干人民币（俗称"票子"）与小媒人带一瓶酒前往女方家中。

订婚男子带路到女方家后，即便门是敞开的，男方媒人一行也不可贸然进入，他们要得到主家的允许后方可进家，否则视为无礼，因而由大媒人敲门询问："××在不在家？"听到叫喊声，女方所请的媒人到门口迎接他们，并进行对歌寒暄；之后再为媒人每人递上2杯酒，喝完后再邀请他们到火塘边落座。媒人进家后，将挎包挂在大门左边，与女方媒人边抽烟筒边聊天。如果女方家不同意这门亲事，则他们不会接受男方带来的物品。这时男方媒人与男子要向女方父母及其家人叩头，以借真诚感动他们允诺婚事。女方家长同意婚事后，女方家杀鸡备菜，大家围坐一起喝酒聊天。在喝酒吃菜前，男方媒人向女方家长及媒人致以问候与祝福，而他们

---

① 这是野外活动的"天然"老鼠，以俗称的"白肚"最为常见；莽人认为家中出没的老鼠"臭、脏"，并不食用。

亦同样回复。此时男女双方当事人不可同桌而食。待媒人喝完 2 杯酒之后，为了尊重男方媒人，女方小媒人须倒双杯酒给他们，并将一个鸡头与一只鸡腿分别给予男方大小媒人。待众人喝完这一巡后，男方小媒人须将带来的酒斟给大家。此时男女双方当事人才与他们同桌落座，男方站起来恭敬地对大家说"我要讨老婆了"*mang yi wu la jia*，后再问女方是否愿意嫁给他。在得到她同意的回答后，他们喝一杯交杯酒，以此象征今后彼此同心、永不分离。喝完后她可以离席，而他因已成为真正的男人而可以留坐，并参与大人们的谈话，实际上他通常并不插话或发表意见。此后双方媒人再商谈礼银钱、上门期限①等婚姻事宜。若女方媒人提出的数额超过男方的预期，男方媒人与女方媒人就此进行有礼有节的"讨价还价"，甚至与订婚男子一起向女方家人下跪叩头以期减少礼银钱，直到双方达成一致为止。此时为了让大家见证这门已定的亲事，女家须再杀一只鸡宴请大家，以示双方家庭不得反悔婚事。男女双方当事人不可食用该鸡肉，一旦食用将会出现以下可能：男女婚姻不长；男方婚后早丧；女方婚后不能生育，或即便能够生育，所生子女也难以健康成活。据报道人告知，原坪河中寨的某对夫妻生育 4 个小孩均夭折就与此有关。席间男方媒人必定知会女方媒人及其家人："你家姑娘嫁到我家，活是我家人，生归我们养；死是我家鬼，葬由我家埋；不找阿爹阿妈的麻烦。"

当晚男子即将女子领回家中，但在男方媒人离开女方家之前，往昔男方大媒人通常会付一块"老钱"给女子父母，村民称该钱为母亲养育女子的"奶水钱"；现因老钱难得，多以若干人民币代替。如果男子分文未付，则女子并非男方真正的妻子，可与其他男子自由交往，甚至可以嫁给他人。有鉴于此，男子或多或少均会付钱，调查中了解到数额不等，多则数百上千元，少者不过 5 元、10 元，最少的仅交了 5 角钱。

（2）订婚事例

2011 年 7 月 25 日我在坪河下寨有幸参与一场订婚仪式。男女双方当事人均在小学四年级就读，男生（1996—　）系白陈 *du wang she hi*，女生（1995—　）本是红陈 *du wang dang*，后因罗家抱养，改为罗姓。双方各请二位男性媒人，皆为本村村民，彼此之间亦有亲属关系。因两家相隔不过数十米，我得以较为完整地观察到这一仪式的全部过程。

20：32 男方家中摆好酒菜，酒为须步行约 3 小时购自其他村寨的啤酒，这对交通极为不便的坪河下寨来说极其珍贵；菜肴有南瓜、鸡肉拌面

---

① 详见后文。

条、酸笋炒鸡杂、鸡肉共四个菜。除男方家人外，在座的还有男方所请的2位媒人、女方的一位媒人①与我。

20：38 男孩父亲察看鸡脚，以此预测女方是否同意这门亲事。据他告知，鸡脚并拢向内弯曲，此即表明"我家儿子和姑娘不会分开"，婚事应该没问题。

21：01 女方的那位媒人离开，前往女家就餐。

21：02 男孩父亲将一个鸡头与一只鸡腿分别给予大、小媒人，并放到他们各自的碗中（见图5-5）。

21：06 男孩父亲将另一鸡头与两只鸡腿装入一个菜碗，起身双手端起该菜碗，感谢2位媒人；之后男孩母亲与男孩亦如此。媒人也各自双手端起装着鸡头与鸡腿的饭碗谦逊地回应，并祝福他们。

21：29 男孩父亲剥除鸡头肉，看鸡舌部分Y形的鸡卦是否有"钱"。若Y形开口的两端向内弯曲，视为女孩将从家中带些钱财来男方家。据说此为有钱之兆。接着大媒人察看鸡头卦，用手剥除鸡的双眼后再捅开。如果两边通畅，预示婚姻有"路"；否则视为婚事不顺。借助手电筒的光亮②，可以照穿鸡眼部分，当为通畅。察看鸡卦后，大家一起喝酒。

21：36 众人酒足饭饱，与男孩同班的姐姐将编织袋改制而成的挎包为大、小媒人背好，其中大媒人的包中空无一物，小媒人的包中装有一瓶500毫升的白酒。

21：39 男孩母亲拿出360元交给大媒人，他清点后放入上衣口袋之中。

21：45 男孩在前带路，前往女孩家中。

21：47 到了女方家门前，我们能听到里面喝酒聊天的声音。她家的门是敞开的，但大媒人依然上前敲门，问是否可以进家。屋内多人应答"进家来"，并有女方媒人拿着啤酒与酒杯迎接男方媒人。虽无山歌对唱，但媒人之间的类似对话必不可少：

女方媒人问："你们来我家干什么呀?"

男方媒人答："我们来找我家的狗，它不见有一个街了，是不是到你家了啊?"

女方媒人答："我这里有一只狗，不晓得是不是你们的。"

---

① 他并非男方邀请做媒而就餐，而是因亲戚关系而落座，实为女方所请的媒人。

② 该村至今未通高压电，该家所用的水力摩擦发电机损坏未修理，因而只能以电筒或蜂蜡照明。

男方媒人答："我来看看，是我家的。"

女方媒人问："我家帮你们养了一街，你们要开点钱给我们哦。"

男方媒人答："钱的事我们慢说，一定会开钱给你们的。"

此番对话之后，女方大、小媒人分别向男方大、小媒人敬酒2杯。

21：57 男方媒人跟随女方媒人进家，并取下他们的挎包，挂在入口的左边。

21：59 屋内喝酒的众人赶紧挪出地方，搬来篾凳给男方媒人落座，并摆放好碗筷与酒杯。酒有白酒与啤酒，根据个人喜好饮用。菜肴有鸡肉、酸笋、面条、老鼠肉。

22：00 男方媒人落座，向在座的众人一一问候，顺序为女孩的养父与兄嫂；亲生父母及同胞兄长；女方媒人。

22：26 双方媒人一起干杯。

22：28 女孩落座在养父身边，男孩坐在她与她的生母之间。

22：46 双方大、小媒人互相干杯。

23：05 男孩与女孩更换座位，分别坐在己方两位媒人之间。

23：08 男孩向众人说"我要讨老婆了"，众人哄笑。接着再问女孩是否愿意嫁给他。女孩点头并轻声地回答说"可以"。大家欢笑，并高呼"a hong，a hong（喝酒）"。

23：11 女孩的同胞兄长将装满啤酒的酒杯分别递给男孩与女孩。

23：12 男孩离席，走到女孩身边，他们喝一杯交杯酒（见图5-6）。

23：18 男孩与女孩离席。

23：21 双方媒人开始商谈婚姻事宜，礼银钱为人民币5000元与奶水钱260元，无须"上门"。

23：37 女孩家另杀一只鸡、拔毛、清理内脏、煮鸡肉。报道人反复向我强调："两口子（男孩与女孩）不能碰、不能摸、不得吃（该鸡的任何部分）。"

00：26 鸡肉上桌，众人喝酒聊天。

00：56 女方小媒人将鸡头与一只鸡腿分别夹给男方大、小媒人。

00：59 男方大媒人用勺子装鸡肉送给女孩家人及媒人食用。

1：25 几位女方亲戚离席返家。

1：47 男方大媒人将260元钱交给女方大媒人，他清点后交给女孩的养父。之后男方媒人、男孩与女孩一起回到男孩家中。听到说话声与脚步声，男孩父母在家大门口迎接，他们均从大门进入家中。媒人将在女方家的订婚情况向男孩父母交代清楚后即返家，至此订婚仪式结束。

事后访谈得知，当晚父母须在家门口迎接新媳妇，而且她须象征性地洗头、洗脸、洗手、洗脚后才能从小门进家，因为"以前是罗家的老祖公，现在是陈家的老祖公，是我们陈家的人了"。但据我观察，当晚新媳妇并未清洗即从大门进家。当我就此问题请教男孩父母时，他们的解释是"太晚了，等不起"。到家后按风俗习惯，男方家还须杀两只鸡，煮熟后，大媒人与男孩各获一个鸡头；小媒人与女孩各得一只鸡腿。该仪式同样未进行，理由与前相似。至于奶水钱的260元，女方不可将此钱留作他用，只能去购买酒菜，并邀请亲戚朋友来分享。该钱购买的任何物品，男孩与女孩均不可食用，而且男孩的父母也如此。此外的禁忌是女孩在订婚离家三日内不可返回娘家，否则将招致娘家祖先的伤害。

图 5-5 大、小媒人碗中各有鸡头、鸡腿

（3）上门

"上门"是指按照订婚时男女双方媒人之间的约定，男子须在女方家如期生活一段时间。订婚的当晚男子即可留宿女家，视为上门的开始。但为了尊重岳父岳母（俗称"丈人丈母"），上门时还须择一吉日由一二位媒人将男子送到岳父母家，并顺带一壶酒与一公一母两只鸡送给他们以示更有礼性。但在实践中昔时多数订婚者当晚即已上门；少部分自带衣物独自前往；极少由媒人作陪相送。一旦上门期满，经岳父母同意后，男子即可携带妻儿①返回自己家中。此时岳父岳母将送给女婿砍刀、锄头、衣服

① 上门期限长达若干年，在此期间，生育几名子女很正常，但所生育的子女属于该男子的世系群。

图 5 - 6   男女双方订婚时喝交杯酒

等生活用品；富足与慷慨者甚至还赠予鸡猪牛马或金钱。

　　杨六金将莽人的上门视为"从妻居"，原因在于男子家庭贫穷，无力付出高昂的聘礼，因而"男方只好到女方家居住，以身为质，具有'抵押'性质"[1]，这种解释似乎值得商榷。因为在 20 世纪 90 年代之前不可能每一个家庭都无力支付娶亲的聘礼，此其一。其二，上门期间所生子女，属于该男子的世系群，并不归属岳父母的家庭。其三，在上门期间，该对"夫妻"亦有自由活动权与经济支配权，诸如可以自行开垦土地，从事生产，所得归属自己所有；也可从事经济活动，收益亦由他们自由支配。

　　莽人"主位"的观点认为上门的原因在于家庭生产需要劳力：以前生活艰苦，需要劳力砍伐林木、耕作、薅草、守护庄稼；亦需劳力采集狩猎，以辅助生产之不足。其实这仅是表面原因，不能解释上门期满后岳父母家仍然需要劳力的问题。我对上门的"客位"的解释如下：一是岳父母考察与监督女婿的成长，尤其是考察女婿的品行与提高他的生产技能。二是岳父母教导与辅佐女婿与女儿的生活。莽人实行早婚，男女双方年龄幼小即已婚配，因而需要岳父岳母在共同生活中予以教导与监管，从而减少新婚双方的摩擦，彼此适应，以达成婚姻的和谐。三是男子对女方生育能力的考验。访谈中常常听说："不会生小娃的女人哪个要啊?!"而在上

---

①　杨六金：《莽人的过去和现在——十六年跟踪实察研究》，云南教育出版社 2004 年版，第 228 页。

门期间因女方未曾生育而离异，各村均有众多案例①，从而减少男子支付高昂的礼银钱却无后嗣的风险。

往昔莽人婚姻中的上门之俗极为盛行，如今却已式微。据我统计，在20世纪90年代之前，莽人鲜有不上门的婚姻，上门年限以3—5年最为常见，少数在3年以下与5年以上，最长的为12年。20世纪90年代后上门的现象较以往有所减少，而且时间也大为缩短，大多为1—3年。2000年后上门的现象并不普遍，有些婚姻中虽然还遵循这一传统，不过徒具形式而已，仅在女方家住上数天乃至数周而已，长者亦不过数月，鲜有超过1年的事例，甚至有男子拒绝上门。如果拒绝上门，女方将提高礼银钱，男方却乐于接受，而且视为自己有能力的一种表征。如某位报道人坦言："到丈人家住不习惯，礼银钱嘛多嘛多点，自己多苦点就可以给他的。"村民将这些拒绝上门的男子视为有才干，并受到他人的推崇，因此后来者纷纷仿效。一般而言，倘若上门时间较长，则该男子被人视为无能。此消彼长，或许这就是上门之俗逐渐衰减的原因。

上门与入赘并不相同。入赘是指男子一生在女方家生活，赡养女方父母及其家人；入赘的男子通常无须付给礼银钱，但奶水钱一般还是必不可少的。虽然上门现象正逐渐淡去，但入赘至今仍然并不少见，通常发生在有女无子的家庭中。因此莽人婚姻的居住形式以从夫居为主；当家中有女无子时，须招男子入赘，从而产生从妻居，这实为从夫居的变通形式，或者说是对从夫居形式策略性的弥补；而若将上门之俗简单视为从妻居，则忽略了这一制度设计的文化意涵与实际功用之巧妙。

（4）礼银钱

礼银钱 nvan lang 即聘礼，是指男子为娶亲而送给其妻子亲族，从而允诺他们婚配的财物。主要包括"老钱" nvan pa、"花钱" nvan sua 与"票子"等货币，也包括鸡、猪、酒与糯米等。

"老钱"实乃银质货币，因年代久远且难以获取而得名，莽人亦称为"大班"。因前文中介绍的两种货币难以获得，为此莽人常以另一种货币替换，即民国时制造的"一元"银币，因上有袁世凯的头像而俗称"老公仔"②，现价人民币300元左右。该种货币式样与重量相同，但制造年

---

① 在访谈男性报道人时，他们常常告知有若干个妻子（俗称老婆），但却不将上门期间的事实婚姻的解体视为离婚，因为没有举办婚礼仪式。据我所知，至今莽村中常居莽人的婚姻均未办理结婚登记手续，外嫁的婚姻有少部分已经办理。

② 莽人并不将之称为"袁大头"。

份有别，如中华民国三年、中华民国十年。"花钱"又因货币上印有龙形图案而被称为"龙钱"，与"大班"相较略小而俗称为"小班"，时价100元左右。它因图案不同、字体大小有别而有两种样式，但两面的阳文均相同，即中华民国廿一年、云南省造半圆银币、库平三钱六分。

据笔者统计莽人20世纪50—70年代的礼银钱一般为：3—5块老钱、30块花钱、30大碗自酿的烈酒、3—5头猪、15只大鸡、10大碗糯米。20世纪80—90年代礼银钱一般为：2块老钱、15块花钱、50碗/斤酒、2—3头猪、6只大鸡、3大碗糯米。2000年后礼银钱有三种形式：第一种依照传统，一般为1块老钱、2—10块花钱、50斤酒、2头猪、3只大鸡、人民币50—200元；第二种是传统与现代结合，一般为1块老钱、2块花钱、2000—3600元；第三种为时兴的现代方式，一般为1块老钱，常以260元代替、3000—5000元①。以现价粗略折算，即一块老钱300元、一块花钱100元、一大碗酒计为0.5千克，自酿酒价为每千克15元、购买酒价为每千克3元、一只鸡50元、每碗糯米5元、一头本地猪70千克计1200元、一头杂交猪100千克1600元。则50—70年代的礼银钱为8525—11525元；80—90年代为5190—6390元；2000年后的三种分别为3935—4725元、2460—4060元、3260—5300元。

从上述所列礼银钱可以归纳出以下特征：一是礼银钱的总折价随年代发展大体呈现递减趋势，而且充当礼银钱的财物种类也渐减；二是每宗礼银钱至少必有一块老钱；三是若有礼猪，它约占礼银钱价值总额一半的比重；四是礼银钱以物品为主，辅之以货币，近年逐渐向以货币为主、以物品为辅转变，甚至时兴完全以货币替代实物。

第三节　结婚与离婚

虽然订婚后双方当事人即可开始家庭生活，但若不举行婚礼仪式，据说女方死后得不到棺材（俗称"大板"）埋葬，而男方也因欠女方娘家礼银钱的债务而被他人轻视，因此男女双方均有操办婚礼的切实动机。举办婚礼仪式不仅是双方当事人生命中重要的过渡仪礼，而且又因婚礼中的礼银钱与嫁妆

---

① 2012年12月牛场坪某对年轻恋人订婚的礼银钱为2块老钱与6000元，是21世纪莽人族内婚中最高的。订婚当晚回礼1块老钱，放于男方大媒人处。订婚男女不可触摸该钱；它只能用于购买酒肉消费，但订婚男女不得享用。

等礼物的交换与馈赠牵涉双方亲友，从而成为家族与村寨的公共事件。

莽人婚姻中以嫁娶婚为主要形式，亦有少量入赘婚。本节主要描述嫁娶婚的仪式过程，并兼及入赘婚，内容分为结婚和回门。若婚姻解体，则涉及离婚与再婚仪式，这将是第二部分的内容。随着人的流动与时代变迁，传统的婚礼仪式也面临诸多新问题，从而仪式过程与内容也大为简化或发生一些变化，这些将在最后予以说明。

一　结婚

莽人传统的婚礼仪式极为特别，基本均在事实婚姻多年后才举办结婚仪式，而且每桩婚姻均须举行两次，这两次既有共同之处，又各有特色。为使读者清晰地了解这一仪式与习俗，我将从婚礼前的准备工作、第一次婚礼、第二次婚礼、回门等方面予以表述。

（一）婚礼前的准备工作

综合报道人的说法即"结婚要有礼性；以后两公婆有吃有穿、能发展；还要给大家吃好、喝好"，因此婚礼须选择吉日举行，邀请媒人及他人相助，准备婚礼中所需财物。

1. 选择吉日

莽人不像当地瑶族那样以男女双方的生辰八字来选择婚日，而因"猪日、马日是大日子，会压我们""家里老人死的日子不好"，其他诸日皆可结婚。

2. 邀请媒人与他人相助

媒人是婚礼中的主持人与代理人，通常由男女双方或其家长亲自到媒人家中当面邀请。担当婚礼媒人的资格与订婚时相同，但也有显著差别：①数量增加。龙凤村双方各需3位男媒人与2位女媒人，而牛场坪村与平和村仅需男女媒人各2位。②分工有别，其中男媒人为主、女媒人为辅。男方的男媒人负责婚礼中的贵重物品（如钱与猪），及负责婚礼中的礼仪事宜，如将贵重物品转交给女方、向女方家人行礼；女媒人则负责背鸡、接新娘。而女方男女媒人则相应地接待男方的男女媒人。③穿戴正式。与订婚时媒人随意穿着相比，婚礼中男方媒人较为正式，均身穿民族传统服装，即男方女性媒人戴头饰、上穿贴身艳丽短衣、胸系白色围腰、下着傣式黑色长裙；由于时代变迁，莽人男子的传统服饰已无遗存，但男方男性媒人的戴帽之俗依旧遵守，否则头发凌乱视为对女方的无礼。但女方媒人则并不做如此打扮。

因婚礼中有许多人来参加，因而需要他人协助洗菜做饭。一般而言，无须邀请，有血缘关系的至亲即会主动前来帮忙。经观察多次婚礼，就准备饮食而论，莽人并无明确分工，或者说专人负责，而是到了做饭时间，除媒人外大家一起动手①，包括新郎新娘及其父母，显示了莽人"自助餐式"的宴席特色。

3. 准备婚礼中所需财物

男女双方均须准备婚礼中所需财物，这不仅涉及男方的礼银钱与女方准备回礼的物品，还包括招待来客的饮食所需。另外较有特色的是还要准备途中的食物，即女方均须提供男方媒人及新郎新娘归途中的晚餐，而龙凤村还须准备娶亲途中的午餐。途中食物为男女媒人、新郎新娘各一份，每份有一包用芭蕉叶包裹的糯饭、鸡肉②、一个松鼠或老鼠干巴肉、3 个辣椒、一些食盐。

（二）第一次婚礼

莽人习俗认为，举办第一次婚礼在于感谢母亲生养新娘的恩德。因此新婚夫妇及其子女、新郎父母皆不可触碰男方在第一次婚礼中送予女方的所有物品，更不可食用；否则这对夫妻将丧失生育能力，或者即便有生育能力，所生养的子女也难以健康成活。有鉴于此，男方送予女方的礼银钱相对较少，按村民的说法即，"第一头礼猪小多，50—60 公斤就得；礼钱也不开多，几十都得，十块也可以，不过一分不开不成，那样就没有礼性"。其中的礼钱与礼猪分别视为弥补母亲以乳汁养育新娘的"饭"与"菜"。据说往昔的"菜"均为男子狩猎所得，后因猎物稀少，遂改用礼猪代替。本次婚礼男方媒人及新婚夫妻须在女方留宿一晚，第二天食用中餐后方可返回。以下即从男方席间做礼、途中午餐、入门仪式（包括提交礼猪）、女方席间做礼、返家途中就餐、迎接新娘等方面予以描述。

1. 男方席间做礼

清早男方家人亟须为早饭而忙碌，杀鸡、洗菜、做饭。往昔妇女天不亮就须起床为众人舂米，甚是辛苦。自从 2000 年碾米机进入莽人村寨以来便省却了此类劳苦。早饭备好后，家人摆好两张篾桌，邀请媒人及其他客人入席。在现今的安居房内，男性的桌子位于厅堂后部，女性的桌子靠近门边。新郎新娘及其父母也入席，但新婚夫妇装束正式，身穿民族传统服装，如今仅有新娘如此，但新郎必须戴帽。

落座前媒人及其他客人纷纷祝贺新郎父母及新郎新娘，并感谢他们好

---

① 男方男性媒人很少参加，可能与他们无暇兼顾这一"活动"有关，但其他媒人均不同程度地参与。

② 若是女方准备晚餐，则新郎新娘的那份为一只煮熟的整鸡。

酒好菜的款待。他们亦向客人的辛劳与帮助致以谢意。待众人喝完两杯酒之后，即为男方特意感谢媒人，而由媒人独享的"双杯"：男方家人再拿一个酒杯放在每一位媒人桌前，斟满两杯酒；再将鸡头与鸡腿分别送予大、小媒人享用。此时媒人亦夹起肉菜——送予他人。在喝酒的间隙，媒人或老者察看鸡卦，以此预测婚礼进行是否顺利、岳父母是否会赠予财物给新娘。如果媒人不胜酒力，无须将双杯喝完，分给他人代劳亦可。此后再斟酒两次①，男方早餐的宴席即告结束。这时辅助者将为新郎新娘与媒人备好途中午餐及送往女家的财物。

2. 途中午餐

男女大媒人各背一个挎包，其中男性大媒人包内装钱，女性大媒人包中装有媒人的午餐；其他男媒人负责赶猪，而女性小媒人则携带鸡与酒等物品。新娘在前带路，新郎背包跟随，包内装着他们的午饭。在迎亲队伍出发时，还有男方家人向媒人敬酒。

途中休息时，他们每人均享受午餐，其中媒人与新婚夫妻各在一处。午餐不可剩下带回家中，否则对新婚夫妻不利。因此要将剩下的食物丢弃，而最好的方法是分给他人共享，据说这样"他们的小娃以后良心好"。

莽人村寨之间山高路远，往昔均须步行数小时乃至一天，故而娶亲途中难免饥饿，因此途中午餐当是解决这一困境的必然之举。若是同村婚配，甚至是隔壁邻居之间的婚配，并不存在途中饥饿的问题，中餐也是必不可少的，不然"没有礼性"，就餐地点在两家之间的任何地方均可。这并非多此一举，从这一细节足见莽人对娶亲的高度重视。

3. 入门仪式

到了女方家，男方的男性小媒人将礼猪拴好，男性大媒人上前敲门，其他随行人员在一旁等候，包括新婚夫妻。

男方大媒人的高声询问及后续程序与订婚无异，不再赘述。但不同之处在于媒人之间的一段对话：

女方男性大媒人问："你们从哪里来？"

男方男性大媒人答："我们从××（寨名）来。"（以下简称问、答）

问："你们来我家做什么？"

答："我们来讨媳妇。"

① 依莽人习俗，媒人每餐均须喝6杯酒，龙凤村的顺序为2＋2＋2，其他村寨为3＋2＋1。每次双杯前，男方媒人均须磕头做礼。龙凤村对每巡2杯的解释是"两脚才好走路"，其他村寨对"3＋2＋1"的模式未能给予"合理的"解释，在行文中以龙凤村为例表述。

问："讨媳妇要背东西来。你们背哪样东西来啊？"

答："我们赶来了礼猪，背来了酒喝。"

此番对话之后，男女双方媒人之间还对唱数首礼歌，告知路途与娶亲等情况。此后男方男媒人将鸡猪等请岳父母过目验收。通常说些类似的话："我们来讨你家姑娘做媳妇，没得哪样，你来看吧，只有这个小耗子。"若他们认为礼猪合格，则回答说："你们带个大象给我们，又背鸡背酒，我们有肉吃有酒喝了，谢谢你们啦。我们没好的招待你们，对不起了。"若他们认为礼猪瘦小，男方男性媒人尚需多费口舌，并晓之以理、动之以情，甚至向他们下跪磕头，直到他们接受礼猪为止①。此后女方男媒人接待男方媒人、舅舅与舅母分别接待新郎与新娘，照例是喝酒两杯后方可进家落座，但新娘与女媒人须从小门进家。如今的安居房仅有一个大门出入，她们须待男性进家后方可尾随而入。

4. 女方席间做礼

莽人习俗认为，男方到女方家娶亲后，无论时间早晚，女方每天均须按一日三餐招待他们，以示礼性。席间女方为了尊重男方，均向男方媒人及新郎提供"双杯"。此时男方男性媒人将向女方家人按辈分长幼顺序依次行礼，感谢他们将女子养育成人，并嫁给己方男子。宰杀礼猪后至离开女家前的所有就餐，男方男性小媒人均陪伴新郎向女方家人行礼。这些席间礼节与前文表述无异，故不再赘述。

在女方家门口，新婚夫妻候在一旁，双方媒人须对歌。此时女方女媒人为每位男方男媒人端上双杯酒，他们边喝边唱，大意为感谢女方父母辛苦养育好姑娘、一行人未带礼物请求原谅。喝完之后，媒人们进入家中篾席边落座，男方男性媒人坐于尊位，女方父母与男性媒人作陪，他们吹烟筒聊天。稍后女方家摆好碗筷、端出一碗老鼠肉。席间女方媒人夹肉给男方男媒人，并唱歌，请他们喝酒；男方男媒人也如此回应，并祝福新婚夫妻"什么病都不要有、做田做地都得吃"；"小娃给她生，像竹笋那样发展"；"如果在石头上栽芋头，也能长出芋头；在石头上栽谷子，也能长出叶子来"；等等。酒过两巡②之后，女方媒人为男方男媒人各斟满双杯。

---

① 莽人习俗认为送到女家的礼猪不可再拉回男家，否则对双方及其所在的村寨皆不利。其实礼猪未送到女家前，男方即已请女方家人察看，甚至不看也已知晓。即便对礼猪不甚满意，他们最终均将接受，不过借此机会表达心中的不快而已。

② 一巡指未喝完第一杯酒就再加一次酒后喝完，两巡即喝完第一巡后再斟酒两次。也就是说每巡要斟酒两次，意思是"双脚才好走路"。

这时男方男性媒人向女方家人按辈分长幼顺序依次行礼：媒人均取下帽子，将帽顶朝下，并将帽舌对自己；下跪，向每人磕头三次；口中念叨他们对女子的恩德以示感谢。女方家人则双手合拢、展开双掌回复他们的问候。如此之后男方媒人起身再落座谈心。稍后男方男性大媒人将礼银钱交给女方父母，若他们已过世则交给兄弟；若她也无同胞兄弟，则按血缘关系之亲疏，交给同一世系群的年尊辈长者。男方男性媒人喝完双杯后，还须酒过两巡才告结束。早餐一般持续时间不长。

撤除碗筷不久又开始中餐，这次菜肴较早餐丰盛。按习俗双方媒人一桌，位于家中尊位；新娘家人与其他客人另外一桌，位置较次；新婚夫妻及其子女一桌，处在卑位，而且他们食用之物不可与他人相混，须另用锅灶煮食。从本餐开始至离开之前，女方家每餐至少要杀三只鸡，鸡头敬献给男方二位大媒人及新郎，其他媒人及新娘各得一只鸡腿。另外男方媒人须喝 6 杯酒，即在喝完两杯后，喝双杯并行礼，再喝两杯。本餐特别之处在于男方男性小媒人陪着新郎向新娘家人行礼。晚餐因女方家宰杀了男方送来的礼猪，菜肴更为丰盛。吃晚饭前，女方媒人对男方媒人说"摆桌子了，对不起你们媒人了，没有哪样"，并将筷子分给他们。男方媒人回应说："你说的，我们不会答复，我们来接媳妇，希望他们做田做地什么都得吃。"席间礼仪方面与早餐相同。席后男方媒人与新婚夫妻须在女方家中留宿，而女方媒人可回家住宿。

次日的席间礼仪及风俗与前日相同，但有四点必须提及：一是杀猪习俗的变迁。往昔莽人将猪宰杀后，点燃茅草烧去猪毛。现在受到邻近民族的影响，用于喜事的褪毛改用开水浇烫，再用刀刮毛。但当猪头部分的猪毛难以清除时，再辅之以茅草烧除。二是分猪肉。若男方仅送来一头小猪，因女方父母家承办婚宴，并无多余的猪肉可分。若男方送来一头小猪与一头大猪，则小猪的猪肉用于宴席，大猪的猪肉（包括内脏与血旺）用于分配给亲戚，甚至本寨的每家。若男方送来一头大猪，则女方家留下猪头与一只猪腿用于待客，其余均须按规矩"公平"分给亲戚。分配原则是根据亲疏关系而分得不同的份额。新娘的已婚同胞兄弟均将分得一只猪腿，若猪腿不够，则以猪肉代替，待第二次婚礼时轮换享有猪腿；其他每户亲友也将或多或少分得一些猪肉。内脏部分也是如此分配。三是食用礼猪的禁忌。新郎的父母、新婚夫妻及其子女都不可食用新娘家承办婚宴的猪肉，但其他人可以享用；换言之，有直系亲属关系均不得享用，包括继父与继母。由于新婚夫妻及其家人不能享用，所以第一次婚礼的礼猪一般较小，甚至仅有 20 千克左右。四是在离开之前，女方家将为男方媒人及新婚夫妻各准备一份途中食物。

5. 返家

新婚夫妻返家时，女方家人无人作陪，一般也无礼物相送，仅有个别富裕并慷慨的家庭会送些生活用品给他们。无论路途远近，照例在途中就餐。不同的是，媒人的食物可分与他人共享而不能剩余，否则要丢弃；而新婚夫妻的可以剩下带回家中，以此预示今后生活富足，粮食年年有余。

6. 迎接新娘

公婆与兄嫂等家人在门口等候以迎接新娘。在从后门进家前，新娘须举行去污仪式，即洗脸、洗手、洗脚。村民对此的解释是，"以前老祖公不同，现在洗干净了，像新人一样，就是一家人了"。该仪式象征着新娘清除己身的"污秽"，转变为"洁净"；也标志着她已完全脱离原来世系群的身份，成为新郎家族中真正的一员。

（三）第二次婚礼

第二次婚礼主要目的在于感谢父亲的抚育，即以礼银钱为"饭"，以"礼猪"为菜敬请父亲享用。事前准备及过程皆与第一次相同，不过更为复杂。因本次男方必须开清剩余的所有聘财，因而男方须为此进行充分的准备。与此相应女方须回赠财物给男方及其家人，而且男方须在女方家住宿两夜，每顿至少三只鸡，以此计算，即需近30只鸡，因而女方负担亦不轻，亦须早做准备，以防失礼。与第一次婚礼不同之处甚多，诸如新婚夫妇没有饮食禁忌；婚礼持续时间更长；离开女方家前，新婚夫妻将亲手做一顿饭菜宴请女方家人；女方亲戚须赠予女方一些财物；女方还以锅底灰抹黑男方媒人，并用清水泼洒他们等。以下将略去与第一次婚礼相同之部分，仅描述不同之处。

1. 解除饮食禁忌

前文已提及，第一次婚礼主要是报答母亲喂奶将新娘养育成人，因此新婚夫妇及其子女、新郎父母皆不可食用第一次婚礼中男方送予女方的及用礼银钱购买的所有物品。若他们也参与享用，如同从新娘母亲口中抢夺食物，忘记母亲辛苦养育的恩德，会被他人视为"没良心"，为此将受到超自然力量的惩罚，诸如夫妻多病多灾、生命堪忧、生育能力下降、子女难以成活。第一次婚礼之后，该禁忌自然解除，男方当事人一家无须单独开桌，而是与女方家人一起同桌共餐，以表彼此亲近。

2. 交清礼银钱

男方男性媒人请女方父母察看礼猪，在得到他们的认可后，男方媒人及新婚夫妻方能进家。双方闲谈一会儿，在早餐的双杯前，由男方男性大媒人将礼银钱及其他物品交给女方父母清点。此后在每顿喝双杯之前，男方男性大媒人总会强调一段话："ong bu su we be, ji mi bu nong ne duo. huo nie sen, gun bu ga duo, ga bu jian. on lan ma lian, she nu, ba wi nv, sv wi ya."其意为："礼钱开完了，磕头给他们好；现在你们姑娘是我们的人了，生是我们养，死是我们埋；礼钱收够了，你们有几个哥弟都不要再问我们要。你是个好人，礼钱开清，互相不得罪，领来的媳妇给她发财、发展。"而女方则大多以此回复："jv mv, liang duo on. ba wi nv, sv wi ya. shan suo de hei, ba hi de mu, ha de jiang. ba hi la hi, da la mang."此意为："媒人一样菜没得吃，我们乱说话，喝空酒；磕头给他们好，生小娃给他们好发展，不要害病、死掉；姑娘到家后好好安家、好好做人、干劳动；养鸡养猪给他们发展，富起来。"

3. 宴请宾客

往昔一个寨子不过三五户人家，遇到婚礼等宴席，均是全村人共享。但并村定居后，寨子家户与人口逐渐增多，因而不可能每顿大家都来分享。至亲的家庭常是全家都来帮忙，故而全家人可能每餐都参与共食。除至亲外的其他宾客多在第二天带上一只鸡与一瓶酒来参加婚礼，亦可以若干金钱代替，而这逐渐成为风尚，甚至以文字的形式正式写入各村的村规民约，一次不少于二十元。但村民认为，"多少看个人的良心。"

从我参与的几次婚宴来看，一般宾客的贺礼少则二十元，最多为一百一十元，以五十元左右居多。至亲则相差较大，少的仅数十元，多的数百元，视个人经济条件与慷慨程度而定。

酒席并不提供香烟，仅有烟筒。昔时的酒皆为自酿，从20世纪90年代之后，均自商店购买，现在以5元500毫升的白酒为主，以2.5元一瓶的啤酒为辅。菜肴以鸡肉与猪肉为主，辅之以丰收瓜与青菜，少数富裕家庭亦从市场购买豆腐、芽菜、鱼；往昔一般仅有4碗菜，菜吃完后再添加，如今多的有8碗菜。往昔在酒足饭饱之余，常有传统的歌曲对唱与舞蹈展演，如今此俗已成追忆，而打扑克①与打麻将逐渐兴盛。

---

① 用扑克"跳三公"最为流行，男女老少皆参与。游戏规则是除掉一副扑克中的大王与小王，按从2到A依次为大，每人仅有三张牌，其中三张同样的牌最大；其次为同花顺与清一色；再次为对子，最小为三张不连续、不同色、不相同的牌。成人多以一元为底、20元封顶；青少年则以糖果、游戏卡等为"赌资"。2013年3月我又发现用扑克"腌酸菜"，依旧是52张牌，由1人当庄，他/她依次给每人发1张牌，待每人两张牌时可以比大小，花牌与A分别计为0与1，其他相加，按得数的尾数比大小，庄家大则赢，否则赔付；此时还可再加1张牌，道理同前，但若三张同牌为最大，其中又以3A最大。

4. 享用猪尾巴

婚礼第三天早餐，在向新娘家人磕头行礼前，男方男性大媒人得到煮熟的猪尾巴；其他男媒人各得一鸡头；女媒人各得一鸡腿。此时男方男性媒人须向女方家人磕头。该仪式完毕，即已说明媒人的做礼（指磕头）基本结束，可以安心享用酒食，但男性小媒人尚须陪伴新郎继续做礼。

5. 别宴

别宴所指有两餐，既有新郎新娘感谢女方家人的一餐，又指这餐之后，女方家送别男方媒人及新郎新娘的一餐。

（1）辞行别宴

吃过女方家招待的早餐后，新郎新娘须做一顿饭菜宴请女方家人，以示感谢。菜仅有鸡肉与猪肉两种，均是男方女性小媒人从男方家中带来的；酒也是。辅助者将桌上的酒杯、碗筷收拾好，并略做清洗又摆上桌子。新婚夫妇将带来的肉菜煮熟后，用大碗装好，放到桌上。新郎打开自家酒瓶，为同桌之人一一斟酒。每碗菜由新郎先行"试吃"之后，他人才动筷享用。这一行为的目的在于防止新郎在菜碗中施放巫害（即黑巫术），陷害女方家人。这一习俗延续至今，足以证明往昔莽人村寨中黑巫术盛行。

新郎试吃无碍后，他再夹肉一一敬给岳父母及其他人。鸡头归属岳父，岳母得到一只鸡腿。在新郎喝双杯前，照例由男方男性小媒人陪新郎向新娘家人一一磕头三次。如果新娘家人对新郎不满，会将玉米或稻谷洒在地上，让他们在上面磕头。这种情形亦有发生，如龙凤村某位中学生向我坦言："做媒人一点都不好，喝酒都喝死了，一天喝到晚，还要磕头。我哥哥结婚那次，嫂子家还在地上撒谷子，我们膝盖都磕出血了，好长时间才好，以后再也不做媒人了。这次是哥哥没办法啊。"其他席间礼节不再赘述。

（2）送行别宴

收拾完新郎招待新娘家人的碗筷后，女方家还要招待新婚夫妻及其媒人一餐，特别之处在于新娘的家长教导新婚夫妇与赠送财物。在开席之前家长将教导新娘与新郎，如新娘父母叮嘱新娘，"以后好好干活计，好好当家，起早舂碓，不要乱，好好带小娃，不要找别的男人。以后你就不是我们家的人了，要听老公的话，你生活得好，我们才有脸面"。新娘一一点头允诺。接着再交代新郎："我家姑娘现在交给你了，你要好好对她。有了老婆，就不能再去玩别的女人，你现在有了小娃，就要好好劳动，你们干哪样都得吃，我们才高兴。"新郎自然满口承诺将与妻子一起努力生产、生儿育女，并向他们一一敬酒。酒过二巡之后，新娘家人拿来一个大碗与小碗，摆放在桌子中间。这时新娘家人相继将金钱放入大碗之中，后再用小碗盖住，放入传统的箧箱之中，以免财气外逸。接着大家再一起喝酒唱歌。宴席结束后，新娘家长拿出一个箧箕，女方家人与其他亲戚将送给新郎新娘及其家人的物品摆放在上面，一一清点告知新娘；此外还分别送予新郎家人每人一件衣服或一筒布，这些新娘务须牢记心中，以免回家分发时出错。

简而言之，新娘获得的财物可统称为"嫁妆"，大体可分为三类：第一类为生活用品，如衣服、布、背篓、罗锅；第二类是生产工具，如弯刀、锄头、斧头，少数家庭还送牛、马等大型牲畜；第三类是金钱，获得"礼猪肉"的家庭一般均有赠予，按村民的说法为"多少看他/她的良心"，尤其是得到礼猪腿的送礼应较多。就我参与及了解的情况来看，牛场坪较为慷慨，收一只猪腿须送 500 元左右，一块猪肉 50—100 元；另外两村相对较少，如在 2012 年 1 月 27—30 日我在龙凤村参与罗云华与刀玉仙的婚礼，一只猪腿送礼 100 元，一块猪肉 40 元左右。本次婚礼的嫁妆有：人民币 1200 元；长弯刀、斧头、锄头各 1 把；1 个背篓；2 床毛毯；1 张席梦思床及其床板；大、小碗各 4 个；1 瓶酒；新郎家人每人一套衣服；另外还送给男方每位媒人一筒布。以 2012 年 11 月 19 日牛场坪村陈阿见夫妇前往越南南丹村完婚为例，21 日返回时他们的收获有：金钱有法制"老钱" 1 块、"龙钱" 6 块、人民币 560 元、越南盾 4800000；生产工具有弯刀与斧头各 1 把；生活用品有大小碗各 1 个、2 床棉被、1 只木箱；新郎小家庭每人 1 套衣服；新郎父母、兄弟及其妻子每人 1 件上衣；新娘与婆婆各有 1 件围腰。

6. 辞行与祝福

吃过别宴，女方家人及其媒人还向新郎与男方媒人一一敬酒，表达未曾好好款待他们而愧疚，并欢迎他们今后常来做客。而他们则应以"我们空空地来你家，给我们好吃好喝的，太感谢了"等语。同时女方媒人还一边深情地唱着离歌，一边为男方媒人额头、眉间、鼻尖与脸颊涂抹拌有猪油的锅灰（见图 5-7）。据说这一习俗是有助于新婚夫妻的子女以后更加聪明、庄稼有更好的收成。现在为了娱乐，连女方媒人及其他来客也难以幸免，当然涂抹的范围也扩大到整个脸面。除了抹锅灰外，男方女性媒人身上还要被洒水以示祝福与以免归途出汗。据说以前只是象征性地洒一点清水，如同往昔傣族的泼水节；现在则以桶或盆装水将她们泼成落汤鸡。更有甚者连新婚夫妻也成为娱乐的对象，如牛场坪村罗文春告知：

"我 2012 年 10 月结婚的时候，我和老婆全身都被那帮哥弟泼湿完了。"诸多老年村民对此很是反感，认为"现在的年轻人不懂规矩、乱整"；而年轻人则视为"好玩啊，怕哪样啊"?!

图 5-7　图中脸被涂抹黑色锅灰的为男方 3 位媒人（右一为新郎）

此后女方亲属纷纷向新婚夫妇祝福，祝愿他们以后恩恩爱爱、生活富足、人丁兴旺。正如岳母为新郎所唱的离歌：

> 亲爱的姑爷，你要回去了，回到你们富裕的村寨；
> 我是多么舍不得你离开啊。
> 可是我家这么穷，我们村子这么差；
> 我们留也留不住，空空的没有招待你。
>
> 亲爱的姑爷，我家姑娘交给你了，
> 以后你们不要乱，你要教育老婆；
> 干哪样都得吃，好好发展①。

而新郎则在男方男性小媒人的陪同下向他们一一下跪辞行，感谢他们的招待、祝福和赠予，并分别回赠他们若干金钱，其中媒人给予的金钱由新郎提供，但每次给予的数额约为新郎的一半。

诸项礼节事毕，男方急于在天黑前返家，而女方则以喝酒与祝福极力予以挽留。据说往昔在此时男女双方会发生一场为争夺新娘的"战争"，男方男性媒人指挥女性媒人尽快"拉走"新娘，而女方亲戚则万般阻挠，

① 演唱者为牛场坪村龙大妹（1947—　），陈胜、陈海林、陈小军翻译，2012 年 2 月 4 日。

甚至将新娘拉走藏匿。当男方男性媒人无计可施时，他们佯装以拆除女方家屋相威胁，直到己方女性媒人带走新娘。该习俗与附近联防村黄苦聪人的婚俗相似，至今在越南某些莽人村寨中尚有保留，但中方已无此俗。

7. 归途

宋恩常指出，"第二天夫妻便同媒人归男家，走时妻的兄弟和两个媒人陪送"①。是否相送取决于订婚时的约定，若女方家来人，则男方必须杀猪款待他们。据我的访谈与实地观察，出嫁之日并无兄弟姐妹与媒人相送，或许这是为了减轻男方负担之故。但新娘的父母不可随行，还须在家招待客人，以免失礼。往昔嫁妆较少，媒人足够背回男家。但2012年1月29日龙凤村的刀玉仙嫁妆较多，需他人相助。因两家相距不过百米，另有新郎亲戚前来搬运席梦思床等物品。

返家途中男方女性媒人可以洗去脸上被涂抹的锅灰，但男性媒人却不能。村民对此的解释是"女人洗干净好瞧（漂亮）嘛，锅灰就要洗嘛，男人又不要（漂亮）嘛"。此外他们在返家途中照例要吃新娘家为他们准备的饭菜（见图5-8）。

图5-8　新婚夫妇及媒人分别享用途中午餐

8. 迎接新娘及婚后诸俗

到家时家长已在门口迎接新婚夫妇；家人端来清水给新娘洗脸、洗手、洗脚，由婆婆将媳妇从小门（现为大门）领入家中。当晚男家杀鸡

———————————

① 宋恩常：《插满人社会经济调查》，载中国科学院民族研究所云南民族调查组、云南省民族研究所《云南省红河哈尼族彝族自治州金平县苦聪人社会经济调查》，云南省民族研究所1963年版，第60页。

招待媒人不必细表。第二天男方大宴宾客，邀请全村人来看"新媳妇"。往昔一家有喜事，全村人总动员，男女老幼齐聚共享酒肉。之后为减少主家的负担，除直系亲属外，一般均以户为单位，派一名代表（多为户主）参加。来时各人以1斤酒与1只鸡为贺礼。莽人有敬老习俗，村中老者皆被邀请入席，他们不必送礼。从2009年6月迁入安居房后，每村均制定相同的村规民约，若遇喜丧诸事，在"做礼"的前提下，每户至少资助20元。若未做礼，则村人无须帮助。以牛场坪村陈阿见的婚礼为例，他并未做礼，但他的叔伯弟兄还是主动相帮，共有六家资助，最多的为100元，最少的为25元，共收礼金355元。

家有喜事，大宴宾客乃人之常情。当然由于食客众多，杀猪宰鸡亦是常理，但不可将此与祭祀祖先相提并论。以前学者多有误述，如"妻来到男家，照例要杀一只鸡祭祀祖先，向祖先报告新成员之加入，并请求祖先保护新成员健康无病"①；"夫妻回到家的第一天晚上要杀一只鸡祭祖灵，向祖灵报告新成员的增加，请求祖灵保佑新成员安康"②。我曾就此问题访问诸多报道人，他们均矢口否认婚礼中有献祭祖先仪式。

席间无须叩头行礼，其他礼节同前所述。婚后新娘若与公婆一起生活，新娘在第二天席间须打开簏箱，将嫁妆逐项展示给公婆与村人过目，并将娘家分送给家人的衣服一一分给他们，也送予每位媒人一筒布。这种财产公示既显示了莽人的坦荡，与家人同舟共济，也是新娘身份地位的确定仪式。此后三天新媳妇不得出门，由公婆陪同熟悉家里情况，尤其是婆婆会与新媳妇一同备菜做饭，洗衣扫地。与其说是公婆关心和体贴新媳妇，不如说是对她的生活培训与家政辅导。第四天公婆带着新媳妇去自家田间地头，指明具体位置大小，让其熟悉家产，更要示范如何生产耕作。即便"新媳妇"与他们一起生活已很多年，此仪式也是必不可少的。

若新婚夫妇已自立门户，按村民的说法为"当家了"，除了分送礼品给家人与媒人外，不必将嫁妆示人，也无须进行家政辅导与田地劳作示范。但有一习俗却不可不提：不忘父母养育的恩德。再以陈阿见的婚礼为例，21日当晚因其父醉酒，未能赴宴。因他们无意做礼，故该宴席之后

---

① 宋恩常：《插满人社会经济调查》，载中国科学院民族研究所云南民族调查组、云南省民族研究所《云南省红河哈尼族彝族自治州金平县苦聪人社会经济调查》，云南省民族研究所1963年版，第60页。

② 杨六金：《莽人的过去和现在——十六年跟踪实察研究》，云南教育出版社2004年版，第233页。

即意味着婚礼已结束。然而我还见到他们在 22 日特地为父母准备了早餐，而且酒肉均较为丰富，与 21 日晚宴无异。报道人对此的解释是"结婚了，不能丢爹妈"。至此结婚仪式才告结束。

（四）回门

回门 wing nva li 是指出嫁之女携夫带子返回娘家、看望家人的习俗。因婚礼中双方均消耗了大量财物，而在回门礼仪中双方又互有礼物赠予，为缓和财务压力，该仪式须在婚礼至少一年之后经双方协商后方能举行。该礼仪仍须择日举行，与前文结婚相同；虽然"不要媒人""姑娘的阿舅也不用来"，但是子女务必随行，还要有一位非家庭成员协助背负物品，性别婚否不限。往昔回门共举行三次，间隔年限为 1 至数年。之后因大家嫌三次"老是麻烦""啰唆多咯"，经双方商议，常常精简为一次。

是日在家吃过早饭之后，"姑娘与姑爷带着小娃去看丈人丈母，小娃去叫阿公阿婆（外公外婆之意）"。因夫妇带着小孩，故携带的物品由同行的协助者负责，包括 3 只鸡（1 公 2 母）、3 包糯饭、3 把老鼠或松鼠干巴（1 把 3—5 个）、20 斤酒。若岳父母已过世，则送给"姑娘的大哥"；若也没有兄弟，则按亲疏关系送给同一世系群年尊辈长的男性。礼节与婚礼中大同小异，即"姑娘与姑爷要喝双杯、姑爷每餐有一个鸡头，别人吃鸡腿"，但"姑娘穿不穿民族衣服随便""姑爷也不用戴帽子"；因"礼都做完了，喝双杯时姑爷不用下跪磕头"。

回门须在娘家住宿两夜，第三日吃过早饭或午饭后返家。娘家人一般回赠下列物品：刀、斧子、罗锅、饭碗、被子、布与衣服等；亦有富裕人家送予牛、马、猪等大型牲畜与金钱；但还有一种物品必不可少，一只母鸡与五只小鸡。报道人反复向我强调，只数"多了少了都不成"，但其原因却无可奉告。依我来看，只数之和为六，当与莽人"有六就有福"的观念相关；而母鸡与小鸡则象征着女性及其较强的生育能力。

二　离婚与再婚仪式

离婚与再婚是一体二面的问题，但莽人无离婚习俗之说盛传至今。本书在明确莽人有离婚事实之后，再具体描述离婚与再婚仪式。

（一）离婚之辨

据我查阅文献，莽人无离婚习俗肇始于宋恩常。他指出，"芒人无离婚的习俗，妻与其他男子发生暧昧关系，丈夫进行批评。习惯法禁止离婚这正是保障父权，这意味女子一嫁了某一个男子，便永远充当男方的妻，不管怎样都不能与男子离婚，除去死去"①。之后的学者无人质疑此说，并一再强调②，俨然这是社会事实。据我对现有莽人婚姻系谱的调查统计与深入访谈，离婚不仅在莽人中普遍存在，而且须举行离婚仪式，双方当事人成为"自由人"后，方可公开地再去寻找未婚异性为配偶。

访谈老年报道人，获知在他们的观念中并无离婚的概念，却有离婚的事实，莽语称之为 wang jia/jv，其中 wang 意为"离开，分开"，jia/jv 意为"老婆/老公"，他们将事实婚姻中男女双方的离异解释为"两公婆（夫妻）不爱在一起嘛，就分开嘛。那个请老人（媒人）当面讲清楚就得呢，以后就不能乱来了（指发生性行为）"。据说昔时离异要罚款，但报道人却说不清如何罚款、被罚款项交给何人、如何处理罚款等事。某男（1953—　）在1991年主动提出离婚就未被罚款。男女主动提出离婚的原因有所不同，其中男子离婚的主要原因有妻子不能生育与性关系混乱；女子多为生活太艰苦、丈夫懒于生计与醉酒家暴等。

（二）离婚仪式

举行离婚仪式前，男女双方将娶亲时的男性媒人请来对质，但无须择日。于约定的时日在男方家中摆桌喝酒，就座的有双方媒人与男女双方，双方家长亦可出席，商议离婚事宜。媒人主持这一仪式，以男女双方各自的意愿为主，并参考双方家长的意见，在劝说双方复合无效的前提下，当众宣布离婚有效，今后"各走各的路"，互不干涉。当我询问婚礼中的礼银钱如何解决时，双方当事人却告知截然不同的答案：有人认为女方父母将予以退还，"我们不会用别人的钱，当然要还给他们"；另一种观点则认为不可能退还，"退了用这个钱会死人"。据我调查，交出的礼银钱均不再退还，即便女方要退还，男方也不能接受，因为该钱不能使用，否则家庭将遭受灾祸。此外双方并不分割财产。无论谁主动提出离婚，均为从夫居与从妻居中的"从者"带走自己的衣物走人了事。由于血缘关系尚在，离异双方皆可探望子女，但不可与前妻/夫发生性行为，一旦被发现，双方将当众承认错误，保证以后不会再犯，并被罚一头小猪、3只鸡、50

① 宋恩常：《插满人社会经济调查》，载中国科学院民族研究所云南民族调查组、云南省民族研究所《云南省红河哈尼族彝族自治州金平县苦聪人社会经济调查》，云南省民族研究所1963年版，第60页。杨六金：《莽人的过去和现在——十六年跟踪实察研究》，云南教育出版社2004年版，第212页。

② 杨六金：《莽人的过去和现在——十六年跟踪实察研究》，云南教育出版社2004年版，第212页。和少英等：《云南跨境民族文化初探》，中国社会科学出版社2011年版，第113页。

斤酒，请全村人享用。

往昔离婚多发生在结婚0—3年，主动离异者并无显著的性别差异；近年来年限却有所增加，甚至有长达20余年的婚姻也告解体的实例，女性主动离异也远远高于男性；因为越来越多的女性与外界接触之后，她们对丈夫"不会苦钱"滋生了更多的不满，向往浪漫与幸福的新生活。莽人对此也满是感慨，"不晓得咋整的，人的良心越发不好了，乱咯"；"男人再乱还是要家的，女人乱了家都不要了，那些小娃太可怜了"。由于莽人结婚并未办理合法的手续，诸如领取结婚证，如今离异既不举行族群仪式，也不遵守法律的有关规定。据我不完全统计，从2010年至2013年3月，莽人村中已有5位有夫之妇、嫁往外地的6位莽人妇女，未办理任何手续就再次与其他民族男子结为"夫妻"。

（三）再婚

莽人对不同性别的再婚指称不同，对男性与女性的再婚分别称为"la jia mei"与"o jv mei"，其中"la jia"是娶妻之意，"o jv"为"嫁人"，"mei"是"新，再"；因此"la jia mei"与"o jv mei"为重新娶亲与重新嫁人之意。再婚分为三种情况，即男子娶妻后未育再婚、离异后再婚、丧偶后再婚，其仪式繁简既体现出男女性别差异，又与当事人的境遇有关。

1. 男子娶妻未育后再婚

往昔莽人婚姻中曾有一夫多妻制，若第一个妻子若干年后未曾生育，男子在征得妻子同意后可以再婚，而妻子也有责任和义务协助丈夫物色未婚对象以延续继嗣，如某村某一男子的小妻即是大妻协助的结果。这一婚姻制度在20世纪80年代后就不复存在，如今仅有一户这样的家庭，但丈夫已过世。这种情况的再婚仪式与正常婚姻仪式相同。

2. 离异后再婚

报道人告知离异后再婚仪式"搞哪样啊，请哥弟吃顿饭就得"。实际上婚礼仪式与正常婚姻无异，当然也因当事人的身份不同而有较大差异。若再婚双方当事人均曾结婚，男方对礼银钱仅需象征性地略加表示即可，或者补足女方前夫未交清礼银钱的余额；双方均不大宴宾客，村人亦不祝贺；婚礼一天即告结束。若男子未婚，结婚仪式较为简化，同前所述。若女子未婚，因涉及礼银钱等诸多问题，与正常婚礼无异。

3. 丧偶后再婚

丧偶后再婚仪式与离异后再婚仪式相类似。若丧偶男子的配偶未婚，则与正常婚礼相同；若曾结婚而前夫未开清礼银钱，则须由该男子向女方娘家交清剩余的钱财；若前夫已开清，则该男子须向前夫家象征性地交些礼银钱，一般财物较少，诸如一头小猪与若干金钱，但亦与新娘年龄有关，多成反比关系。

女子丧偶可以再婚，婚礼仪式与男子丧偶情况相同，但尚须遵守相关禁忌。一是再婚对象不得为前夫同一世系群中男子，以此而论"小罗大娶的是继母"①与"寡妇可以嫁给丈夫的兄弟"②当是错误；二是不得招赘；三是不可带走与前夫所生的子女。这些传统禁忌在近年逐渐被突破。往昔莽人的抚育不仅事关家庭，亦与同一世系群有关，若父/母亡故，则同一世系群的家庭将承担部分或完全的抚育责任。但从1981年实行家庭联产承包责任制后，各个家庭"各搞各的，人的良心也变了"。因此从20世纪80年代末期开始，即有丧偶女子携带子女再嫁，而且子女也改名换姓，原世系群的成员并无异议；如今这一现象更为普遍。如1988年原坪河中寨一丧偶女子即带一女嫁给原南科新寨罗姓莽人，女儿也随之改为罗姓；2007年龙凤村一丧偶女子即带二子女改嫁勐拉乡某位傣族；2010年平和村一莽人丧偶女子带三子女嫁给湖南汉族。不得入赘之俗也面临挑战，牛场坪村一丧偶男子携带子媳前往一丧偶女子之家组合成新家庭，从婚后居住形式来看，当属入赘。目前尚无例证打破第一种禁忌，但该禁忌却与婚姻法相冲突，今后情况如何，有待于后续研究考察。

三、婚礼仪式的变迁

莽人的婚姻形式随着时代的发展而发生诸多变迁，主要表现在通婚的范围、礼银钱的形式与婚礼仪式等方面。昔时莽人实行族群内婚制度，如今随着社会交往与人员流动之影响，通婚圈逐渐扩大，族外婚随之大为增加，由此而导致礼银钱由财物转变为单一的金钱，复杂的婚礼仪式也相应简略；而族外婚的婚礼变迁也吸引族内婚的仿效，并相应发生简化。

（一）族外婚的婚礼变迁

据杨六金2003年9月统计，"1960—2003年，莽人妇女嫁给其他民族的有17人，其中嫁给傣族男子的有8人，嫁给苗族男子的有1人，嫁给山东、广东、广西、湖南、四川、重庆等地的汉族男子的有8人"③。

---

① 李道勇：《莽村考察》，《中央民族学院学报》1993年第1期，第65页。

② Lưu Xuân Lý, *Bản sắc văn hóa Dân Tộc Mảng*, Hà Nội：Nhà xuất bản văn hóa dân tộc Hà Nội, 2003, p.154.

③ 杨六金：《莽人的过去和现在——十六年跟踪实察研究》，云南教育出版社2004年版，第235页。

据我不完全统计，从 2010 年到 2013 年 3 月，三村中嫁给其他民族的莽人妇女 17 人。改革开放后至今，莽人三村嫁往金平县外的即有 34 人，其中省外 33 人。

莽人的族外婚大体可归纳为以下四种情况：（1）买卖婚姻，如龙凤村的某位莽人曾购买一哈尼族的年幼孤儿，待她长大后即为其第二个妻子，莽人称为"小老婆"jia ha。（2）收养婚姻，莽人收养他族小女孩，长成后成为自己的妻子或儿媳妇，龙凤村与平和村均有这类婚姻。随着民族间交往的增多与人员流动的加快，族外婚也出现了新的情况。（3）与本县附近村寨及邻近乡镇或本省异县其他民族的婚姻。（4）与外省其他民族的婚姻。

与异族通婚中，第（1）、（2）种情况并无订婚、结婚与回门诸种仪式，最多略备酒菜"请哥弟吃一顿"以示结婚，故略而不述。第（3）种情况与莽人间的仪式相似，有所不同的是，他们鲜有上门的案例。但很多报道人向我抱怨"姑爷（礼银钱）一分不给"，他们也毫无办法。第（4）种情况较为特别，从 20 世纪 80 年代末期开始有远嫁外省的情况，近年来甚至成为一种流行的趋势。就我看来，该种婚姻仪式仅有说亲仪式，即中间人与女方谈妥"价钱"，即可将未婚女子带走，从而完成婚姻的一切仪式，因而该种婚姻过程简略为"一锤子买卖"。事后也不做礼，至于是否请"哥弟吃一顿"，由主家自行决定。据我调查，此类婚姻中约80% 的男女双方当事人未曾谋面，而这些缔结婚姻的中间人多来自勐拉乡/镇，取主导作用的只有金钱。20 世纪 80 年代一桩婚姻为 1000—2000 元；90 年代 5000 元左右；2000 年至今 8000—30000 元。此类婚姻的礼银钱呈现显著的与时俱进的特点，它也导致族内婚的婚礼仪式发生诸多变迁。

（二）族内婚的婚礼变迁

在礼银钱小节中，曾经提及进入 21 世纪后，莽人以单一的金钱替换以往以财物充当礼银钱的现象，并逐渐被大家所接受。在此将讨论两个问题，即婚礼仪式的变迁与大家为何乐意接受仅以金钱充当礼银钱。

1. 婚礼仪式的变迁

莽人青年男女一般自由恋爱，在忙时的劳作与闲时的交往中产生感情。男子多较为主动，常去姑娘家中串门或将她约到他处一起玩耍。情浓深处，自然双宿双飞。至此双方商议订婚事宜，与前文所述无异。在订婚仪式中，双方协商仅以金钱为聘礼后，婚姻仪式大为简化，主要表现在以下几方面。

（1）婚礼仪式可简化为一次。前文即已指出，若聘礼中有礼猪，则须进行两次婚礼仪式；但若无礼猪，则一次即可。

（2）婚礼时间缩短。举办婚礼当天即可结束，即早晨男方家人吃过早饭去女方家娶亲，在女家吃过午饭后即可返回，女方中午"做礼"，宴请宾客；当晚男方宴请宾客，婚礼即告结束。

（3）媒人数量减少。以往双方男女媒人共8位或10位，如今仅有男性媒人，双方各需2位，共4位。

（4）回门仪式不再。以往每桩婚姻须回门一至三次，如今无须该仪式。

2. 接受金钱为礼银钱的缘由

前文即已指出，礼银钱的多寡与形式实际上是男女双方商议的结果，但主要取决于女方。为何双方乐于接受以金钱为"聘礼"中唯一的等价物呢？

（1）婚姻仪式简化，减少双方的时间成本。上文即已指出，婚礼仪式可简化为一次，并取消回门仪式。换言之，在订婚仪式后，在一天内即可全部结束余下的婚姻仪式，与以往所需数日相比较，大大减少了时间与精力的消耗。

（2）减轻婚姻中的"交换成本"。就男方而言，昔时至少需2头礼猪，近年来猪肉行情看涨，以每头100—120千克计算，即需1600—2000元，共计3200—4000元。前文即已指出，21世纪后，莽人族内婚的礼银钱不过3000—5000，仅礼猪的价值即约略与此相当。从女方而言，没有礼猪，他们无须回赠礼物，在此方面，他们是零成本。

（3）减少双方婚宴中的消耗成本。因婚姻仪式简化，双方婚宴中的酒菜消耗也大为减少。仅以女方仪式中所需的鸡为例，从订婚仪式后的每顿宴席至少须杀3只鸡，以此计算，女方在两次婚礼仪式中即需40只鸡（包括为男方媒人及新婚夫妇每次返家途中各准备一只鸡）；按回门一次计算，需要9只，共需49只鸡。若在一日内结束，至少可减少36只鸡，按单价50元计算，仅此一项，女方即可节约1800元。若加上其他酒菜的消耗，女方至少可以减少数千元的开支。男方亦与此相似。

除双方节约了时间成本外，女方获取聘礼可视为纯利润，而男方不过是以礼猪所值兑换成聘礼的金钱而已。若将宴席中减少的其他消耗计算在内，则双方均因减少婚姻礼仪中的成本而实现"双赢"，故双方均乐于接受。

第四节　丧葬仪式

死亡虽是个体生命的终结，却因牵涉亲属及他人的关系而成为彼此重要的"生命关口"，因此围绕着死亡进行的丧葬仪式成为人类学研究的重要议题。在我所见文献中，仅有刀洁对莽人的死亡分类曾有讨论，她认为莽人的划分标准是"他们一般把成年人（不论结婚与否）的死亡都看作正常死亡，未成年人死亡或者凶死、客死异地者视为非正常死亡。成年人与未成年人的划分则根据其生理因素来定，发育早的十三四岁也视之为成年人"[1]。这种划分大体无误，但不够精细与严密。据我调查，莽人通常将死于屋内的视为正常死亡，屋外的为非正常死亡。如某一村民因病医治无效，死于金平县人民医院就是正常死亡，但又认为死者有病，故又属于非正常死亡，而草草处理该丧事，因此莽人判断是否正常死亡的标准是情境性的。综合所获资料可看出，是否正常死亡与如何处理后事紧密相关，主要标准即莽人所谓的"做礼"，它主要包括两方面的内容，即葬前与葬后是否献祭，非亲属村民是否主动前来相助。虽然莽人的丧葬仪式大体相同，但不同村寨之间的习俗尚有区别。我将兼顾这一点，尽可能周延地描述这一仪式过程。

本节分为三部分，第一部分讨论莽人的生死观念，介绍从生的灵魂转变为潜在危害作祟的鬼魂，因而务必谨慎处理丧葬事宜。而具体如何处理不仅涉及死因，而且与死者的年龄、生前的健康状况、死亡地点等有关，因此本书按是否周延举行丧葬仪式为标准进行描述。第二部分以育有子女的高寿之人的正常死亡仪式为基准，按时间顺序分为终前及初终习俗、埋葬仪式、葬后仪式三个部分，描述丧葬仪式的过程。以之为参照，在第三部分中简要讨论简化的丧葬仪式，并举数例说明。

一　莽人的生死观念

莽人的生死观念与其社会历史发展密切相关。它是以信仰万物有灵为基石，认为一切生命体在活着的时候皆有灵魂 nv，灵魂依存于实体的物质之中，与实体合而为一。我们可见物质的实体，却看不到其灵魂；而一旦生命终结，则灵魂转变为鬼魂，成为莽人病变灾祸的主要来源。

---

[1]　和少英等：《云南跨境民族文化初探》，中国社会科学出版社 2011 年版，第 121 页。

在本章第一节中已述及莽人认为生命是"老天"赐予的，从访谈中也得知："死是老天要叫他/她去嘛，没得办法的。"就此而论，莽人虽有生之喜悦与死之悲伤，相较而言坦然面对生死。就人的生命而言，莽人将世界划分为生者的此岸世界与死者的彼岸世界。而考察莽人的丧葬仪式，我们可以发现，莽人的彼岸世界不过是此岸世界的复制与投射；而葬礼的中心则围绕着"做礼"的交换，使得生者之间得以建立、维持或巩固社会关系的网络；使得生者通过献祭得以与死者达到一种"平衡"：死者安然离去而不危害生者，开始彼岸世界的生活；生者、村寨人员尤其是家眷，重新安心开始此岸世界的生活。莽人对处理丧葬事宜有严格的习俗，如必须由孝子、同一世系群或同一亚氏族的一位男性触摸死者头部后才能处理后事①，即便是入赘的女婿因祖先不同也不可最先触碰岳父母的尸体；其他男性辅助诸事；女性仅能协助在做饭时添加柴火、在出殡时背负死者一应用品。当然亦有变通之法，如死者确无"男性一家人"在场，可由家眷通过付费的方式请他人代劳；在定亲时亦可约定入赘女婿可最先触摸岳父母尸体。

二　丧葬仪式

丧葬仪式务须周全，与其说是祈求得到死者的保佑，不如说是害怕死者的鬼魂回来滋生灾祸。因此丧葬仪式的终极意义在于人通过仪式献祭的方式与鬼魂进行交换，换取生活的宁静与平安。以下从终前及初终习俗、埋葬仪式、葬后仪式与习俗三方面描述该仪式过程。

（一）终前及初终习俗

一旦确认亲人已死，亲属们方可哭泣，由赡养死者之子（多为幼子）② 或同一世系群的其他男性亲属为其阖上双眼；再为其换衣、含币、拴线、放饭、守铺。

1. 搬铺

莽人的传统家屋为东西朝向，睡铺与此一致，男性睡于铺上为头东脚西，女性与之相反，无须搬铺。如今的安居房并非按照东西方位建盖，为

---

① 莽人丧葬诸事均由孝子、同一世系群或亚氏族的男性承担；若死者无子或子嗣不在场，则可由同一世系群或亚氏族的男性操作，以下均同，不再说明。

② 涉及丧葬事宜，赡养死者的儿子为首选，因老人多与幼子生活在一起，故而有"老么不摸，老人心不来"之说，在行文中以幼子来表述，但这并非全为幼子所为。另外莽人也并非幼子继承制。

了坚守昔时传统，若确切感知老者生命已无力回天时，将为其搬铺。所谓搬铺即亲属将垂死之亲人从其卧室的床铺上抬下来，放到特为死者临时搭建的床铺之上。这种床铺极其简易，仅在竹制床垫上放一床篾垫即可，甚至仅有一床篾垫。搬抬之时，务须注意的是头在前脚在后，但放到铺上却有男女差别，即男子头朝东，女子头朝西。

2. 叫唤

在生者垂危之际，看护的家人视各人与其关系而不停地在其身边呼唤"爹/妈，不要丢下我不管啊""××的爹/妈，不要被鬼魂带走啊""××的爷爷/奶奶，醒一醒，我来看你来了""喂，喂，喂，醒来啊，大家都在这里叫你呢，快点回答啊"。若无与其同一亚氏族的长辈或同辈在场，家人须急速地喊叫他们或者其他亚氏族的人前来，叫唤其小名①："阿×（小名），你听到了吗？你看到了吗？我们从小就一起长大的呀，还认得我吗？""阿×，千万别让鬼引跑了"，诸如此类。莽人对叫唤有多种解释，归纳如下：①亲眼看着亲人即将离去，不免悲痛而由衷地哭泣叫唤；②叫唤是为了唤醒亲人，以免其入睡不再醒来；③叫唤是为了确认亲人是否真已过世；④据说在弥留之际，某人的灵魂在生死界会迷惑不清，只有叫唤其小名才最有可能应答，因而须由长者或同侪呼唤；⑤家人的大声叫唤亦有告知邻居的功效，便于他们前来相助。

此时场面较为混乱，但若有人不由自主地哭泣，将受到长者的呵斥与责骂。一是家人悲痛地哭泣将吸引鬼魂的注意，可能加速亲人的死亡；二是若亲人确实已死，而生者的眼泪不慎落到死者身上，死者的鬼魂将有可能带走生者的灵魂。因此在临终前的耳边叫唤均由不易激动的长者或男性担任，其他人则相离稍远，以免有上述不当行为。

3. 哭丧

莽人认为在亲人去世前，即便难抑悲情，也不可号啕大哭，以免有催促亲人尽快死去的嫌疑。当众人的千呼万唤毫无反应时，通常还由胆大的男性亲属看其眼睛、听其呼吸、察其心跳。若眼睛无光且眼珠不再转动、呼吸停止、心脏不再跳动，则可以宣告死亡。当确认亲人已逝，若幼子在场，由他为死者阖上双眼；若无子嗣或子嗣均不在场，则由同一世系群的男性亲属完成。这时女性亲属方能悲恸地放声痛哭，而男性亲属亦不免哽

① 小名为出生三天后所取的族名，同一世系群或有姻亲关系的晚辈通常不可叫喊长辈的小名，否则视为无礼。但在田野调查中也发现牛场坪的罗家并不遵守这一规矩，甚至有人称呼叔伯也用其小名。

咽抽泣。但久别未见的子女须在家外停留数小时后方能吊唁死者，以免死者见到子女因惊喜而将其魂魄带走。除了在场目睹死者已逝的亲属在短暂时间内哭丧外，其他闻讯赶来的亲友（包括子女）虽然心中悲戚，但多不哭泣，亦无汉人"哭路头"与"接外家"之俗，报道人对此的解释是"人死没得办法呢"，或可表明他们对死亡的态度较为淡然。

4. 换衣、束发或戴帽、拴线、照明

前文即已指出丧葬事宜主要由同一亚氏族的男性负责处理，闻知死讯，他们务须立即前往丧家相助其处理后事。人死之后，男性亲属首先撤除死者卧室朝向火塘的木板墙或篱笆墙，此即意味着解除死者生前的私密空间，也因减少了障碍而有更大的空间处理丧事。接着通常由幼子以布或毛巾蘸清水为死者象征性地洗脸、洗手、洗脚，一边洗，他一边说"爹/妈，我为你洗干净，你好上天"，洗罢再为其换上干净的衣服。莽人的衣服昔时极为稀少，改革开放后虽有所好转，但老年人至今依旧不过几套，甚至有些还是他人捐赠之物，多搭挂在家中绳索之上或放入背篓之中，所以极易找到。待干净的衣服拿到死者身边后，幼子为其脱下生前所穿外衣，再按先上衣后下衣的顺序换穿干净的衣服；如果死者是女性，还要为其穿上裙子与绑上绑腿；同时还对死者说："爹/妈，我为你穿上衣/下衣/裙子/绑绑腿，请你松软身体，穿好衣服就好瞧了，才好去天上"。如果是女性死者，还须用一根粗红绳将其头发在头顶处扎束好；若死者为男性，则须为其戴帽，以免头发凌乱。但束发的头绳不可有饰珠、衣服不可有金属扣子、身上不能佩戴金属首饰，否则家眷身上会发疼（篾垫裹尸前须清除尸身所有的金属物）。打扮整齐后，在旁观看的老人们还异口同声地称赞道"××真好瞧，这样一定得到天上"。总而言之，诸事意在使死者到彼岸世界时干净、漂亮。

此后幼子将死者双脚靠拢，再用白线（若无白线，用白布剪成布条亦可）将其双脚大拇指及双脚拴在一起（见图 5 – 9），称为"拴线"*han huae de jvang en*，han 为拴、huae de 为绳子、jvang en 为脚拇指。该做法用意有三：一是扎住脚拇指，以防死者双腿分开，便于入殓；二是腿脚伸直，便于死者"上天"；三是拴住死者后，死者的鬼魂就不会走路外出，从而祸害人畜。然后将其仰躺着放于床铺之上，为其盖好毛毯或被子，宛若生者一样；现在多用被单或垫单将死者全身包裹起来，再放于床铺。最后再在被子或垫单上面放置一把用竹篾编制而成的三角形扇子，用于驱赶蚊蝇。诸事已毕，若死者为已婚女性，幼子（若无子，可由配偶代替）还须在尸体旁边放置若干金钱，系用于偿还死者原来世系群的"骨头钱"

（详见后文）。

图 5 - 9 死者双脚拴线

若天色已晚或者已是夜晚，为免死者受寒，家眷在尸边燃烧三根干柴，作为火塘，并保持其在天亮以前一直不能熄灭；与火相似，在死者头旁还要点燃蜂蜡为其照明至黎明。该蜂蜡取自俗称岩蜂的排蜂（Megapis dorsata Fabr.），在火上略作烘烤，待其柔软后包入作为蜡烛芯的布条，再将蜂蜡搓成长条，放置在用木棒做成的十字形木架上点燃。须注意的是蜡烛在天亮之前也不可熄灭，否则死者在黑夜中找不到"上天"之路；而胆小者亦不致害怕。即便村中已通高压电，有电灯照明，这一习俗依旧延续至今。

5. 放饭与含币

为了死者不致饥饿，幼子须为其特意做饭。他首先在碓窝中用木棒手舂糯稻谷（若自家没有，只能取自同一世系群或亚氏族家庭；现可向他人购买），接着以簸箕簸除稻壳，再将这些糯米在甑子或竹筒中煮熟，最后取一饭团放于死者左手，男女皆同。抬尸出门前孝子取下该饭团，丢到偏僻之处，以免鸡猪误食。莽人解释粮食为生者所需，死者不可将其带走，否则生者以后粮食生产将歉收；鸡猪也不可食用该饭团，因为死者已经享用，否则鸡猪将会成为祭品而难以成活。

此外还要给死者口中含着或咽喉/胸口部位放置一枚货币，以此表明死者到天上后有钱可用，并为家人说好话。昔时皆为一块"老钱"；后因老钱难得，换为"花钱"或10分的法制银币；也可以现在流通的硬币或纸币来代替。实践中也有家庭并不放钱。

以上诸事完毕之后，家人必须清查死者的私人物品，诸如穿戴的衣物与使用的日常用品，并将它们集中堆放在死者身旁，以示死者现在乃至在彼岸世界仍然继续使用它们。若发现有借用的他人之物，须立即归还。

6. 吊唁与献祭

为献祭死者，亲戚朋友以家为单位略备财物前来吊唁，村民称为"埋人要帮一点"。昔时一般每户"帮一只鸡、一瓶酒、一点米或者一点谷子"；现在依照旧俗亦可，或者根据村规民约至少赠送二十元。已婚子女每人须至少献祭一头小猪、一只鸡、一床新篾垫、一筒布、一瓶酒。各人所献物品均须分开，因为是以各人的名义报答死者养育的恩情，并告知死者"爹/妈，我送猪/鸡/白布/黑布/酒给你了，你在天上好好在，以后不要再找我要了"。至今这些物品依然必不可少，其他财物则视个人情况而定。虽然习俗如此，但在实践中并不与此完全吻合，如在我参与的两次丧事中，某一出嫁之女未返回娘家参加母亲的葬礼；某一成家立业的儿子未献祭小猪给亡父。若子女已成人但未婚，习俗并无具体规定，按村民的说法为"看个人的良心"，但未成年人可免。诸如篾垫与布等祭品将全部直接用于包裹死者，可无须告知死者；若是动物牺牲，首先须拿到尸旁献祭，并告知它为何人赠送。据说这样死者在天上将有肉吃，然后才能将其打死并做成肉食共享。献祭者可自行禀告死者，亦可由死者同一世系群中懂礼节的长者代劳。鸡是直接被拿到死者身边，说"这只鸡是××给你的，××没有丢你，你以后不要找××的麻烦"，诸如此类的话。而猪、牛之类的大型牲畜均由直系亲属供奉，因不便拉到死者身前，则以象征之意来指代，如献祭者拿着拴猪或牛的篾条告知死者"这头猪/牛是我（子/女名）送给你的，你要认得，以后不能再找我要了。我是不丢你的，你以后不要害我家，要保护我们"（见图5-10）。

莽人认为只有活的牺牲，死者方能带走享用，因而不能直接宰杀它们，而须用其他方法致使它们丧生，如鸡是拧颈使其窒息而死，用开水浇泼后拔毛，再放到火上炙烤以清除余毛。而处理猪的方式是二人抓住小猪后腿，另一人一手抓住猪耳朵，一手用木棒猛击猪头数次，还有一人一手抓住猪的另一只耳朵，再用另一只手持刀插入猪的咽喉放血；褪毛之法是先用茅草烧炙后再用刀清刮，并用清水冲洗，如此反复多次，直至清除干净为止。牛则颇费周折，首先须将牛拴于树桩；待其卧倒后，用一树干压住牛脖，并将两头分别用藤条与某一物体捆扎牢实；再将牛脚分别用藤条或绳索捆紧，并将捆扎四脚的藤条或绳索连在一起；做好这些准备工作后，有人压住牛脖子的树干、有人抓牢牛的双角、有人拉住牛尾巴，更多的人压住牛身；一人持斧头数次猛击牛的双角之间，之后一人迅速持刀刺入牛的咽喉，直至牛死亡为止；另一种便捷方法为用绳索拴住牛脖，悬挂于树，牛窒息而亡后再放血。褪毛之法与猪相同，不再赘述。对牺牲之血

图 5 – 10　以拴猪篾条代向死者献猪

的取舍各村又有差别，如龙凤村皆舍弃不要，而牛场坪则可取用，但须煮熟而不若平常直接食用"血旺"。鸡肉与猪肉常常一起煮食，因牛肉分量较多，可以单独烹饪。

在众人每餐进食之前，所有饮食均须先献祭死者，其他人才能享用。这些祭品有一杯酒、一碗米饭、一碗肉菜，其中鸡肉、猪肉、牛肉可混装在一起。昔时这些祭品放在一簸箕之中，置于死者身边。如今的安居房内情况有所不同，正对死者脚头要摆放一张桌子，该桌仅限于家眷落座，且落座的位置也体现家人与死者的亲疏关系：正对脚头又靠近死者的为死者位置，它独享一方，有一簸凳，桌上摆放着一杯酒、一碗米饭、一碗肉菜，一双筷子（莽人忌讳触碰死者所用诸物），反映了"伺死如伺生"；站在死者身边朝门外看，死者位置的左边为孝子，并按长幼距离死者渐远；右边为配偶，接着为媳妇，同样按长幼落座；其他家人的位置较为随意。

报道人特别提醒，丧事没有蔬菜，只有肉食，其原因在于"（治丧期间所有）吃的东西死人都要带走，只有动物有脚，死人才能拉得走；那些青菜没有脚，不会走路，死人带不走。这样他/她就要请人帮忙送青菜，所以村子里就还要死人"。另一种解释是昔时莽人并不种菜，因丧事大家均不得外出采摘野菜，所以延续传统而无蔬菜。这一习俗直到最近几年始被打破，龙凤村的彝族与苗族帮助莽人丧事，增加蔬菜以丰富菜肴，但家眷就餐依然遵循旧俗。

7. 守铺

从死后至出殡前，死者家眷均须陪伴死者，以免其孤单，此即为"守铺"。守铺须做好四件事：一是防止狗、猫、鼠等侵扰尸体，发生尸变①；二是夜间保证蜂蜡与火笼不熄灭；三是每天就餐前叫死者起来吃饭喝酒，并与死者同桌而食；四是死者生前用品一应齐全，诸如烟筒、衣服、鞋，均摆放在其身边。这一习俗与邻近村寨的黄苦聪人、哈尼族格角支、瑶族蓝靛支系、彝族、苗族（黑苗与花苗支系）均有所不同。而为了陪伴死者家眷，其他辅助人员皆不可离开丧家，可喝酒聊天到天明，也可寻觅一地"随便睡睡"。

8. 其他习俗

为了尊重死者、减少死者不悦，治丧期间，家眷须遵守以下禁忌：穿着不可光鲜；不能洗澡；男性不可戴帽；女性须披头散发，最多用篾条随便束发②；就餐不可用筷子，只能用手抓食；不能用狗肉汤泡饭吃③，但其他的肉汤可以；不能啃食骨头。若不遵守此俗，死者将报复他们，使其生病。待七日后，该禁忌解除，因为死者的鬼魂其时已离家远走。这些习俗大多依然遵守，但就餐时用手取食则见仁见智。原坪河中寨某位报道人在2005年首先打破这一禁忌，他告知笔者："我才不管那么多呢，规矩总要有人破，我家爹死的时候，我就用筷子，我家妈、我老婆用手，她们老是害怕，害怕得病。"从我观察的丧事来看，绝大多数用筷子，但还有极少数用手取食。第二天清早丧家在盖尸白布上还放有一些红线，用于给家庭的儿童佩戴于项脖或手腕，以期保佑他们长命百岁。

与死者同一世系群或亚氏族者在自家与丧家可以进出自如，但在丧家用餐后却不可进出其他人家；其他人可前往丧家探视，如果未在丧家饮食，则随时可以回家；若已进食，则须在魔公为死者领路后，脱掉全部衣服，洗澡换上干净的衣服后才能进家。如果想回家拿烟抽，因本人不能进家，他须用一块石头充当钱币"买"烟，即在家门口，当家人

① 据说猫狗等碰到尸体，该尸体"像人一样站起来，活人控制不了哦"。
② 前来相助丧事的男性通常不戴帽子，男女大多身穿破旧衣服；如今也有少数女性衣着如常亮丽。
③ 据说家眷如用狗肉汤泡饭，天地不容，但具体原因不明。

将烟筒递给他时，他将手上的石头放在门口。前往丧家帮忙的女性可以洗碗做饭，但不可触碰牺牲，如女性不可去拔鸡毛、不得切菜。众人在丧家通宵达旦陪伴，既是"不丢死人"的表现，又给予丧家心灵的安慰。在得知死讯后，与死者不同世系群或亚氏族的家庭在大门前栽插一根悬挂着绿色植物的棍子，用于阻挡死者的鬼魂进入家中。抬尸所经之处的蔬菜瓜果也常提前摘取，以免遭受死者鬼魂侵扰而不洁，食用后因此而生病。丧事结束后，其他协助人员在葬后第二天洗澡洁净后就可以拜访其他人家，但死者家眷须在三日之后，这一点与死者家属进出其他人家的时限相同。

（二）埋葬仪式

尸体一般在家停灵 3 天即可出殡，在原坪河中寨与雷公打牛，常常杀牛献祭，则时间可能延长 1—2 天。以我 2010 年 10 月与 2011 年 9 月在龙凤村全程参与的两次丧事来看，因未做特殊处理，尸体第二天后即已散发出浓烈的气味，因而停尸数日即须出殡也是务实的做法。但须选择坟地、制作棺材、挖掘坟坑、搭建草棚；诸事已毕，众人才抬尸出门、包裹尸体、出殡、送葬与下葬。与婚礼不同，莽人丧葬仪式中的相助者有较为明确的分工，一般分为炊事组与丧葬组：前者负责众人的饮食问题，包括处理牺牲、做饭做菜，无须赘言；后者则承担挖坑、制作棺木、出殡抬尸等直接接触死者的事务。

1. 选择坟地

莽人的坟地可由死者生前选定，但多由其子临时决定。以 2011 年 9 月龙凤村的丧事为例，亡者原已选择离村步行约 2 小时的某一山坡，但其子认为"路太远，（抬尸体）走不动"，最后择地在离村步行约半小时的一处向阳山坡。坟地具体位置亦无太多讲究，有较大的随意性。简而言之，莽人选择坟地并无风水之说，但必须在向阳的山坡，且大体为东西朝向，这与建盖家屋是相同的，因为坟地就是死者的"新房"。

2. 制作棺材

据报道人告知，"老古八代的时候，就用篾垫把死人包起，抬去埋就得；后来到老林砍树来整棺材，把死人放到里面再埋哦。"依此而论，莽人的棺木也呈现多次变迁。制作棺材的莽语为 *o he ji he*，其中"o he"为砍/打之意；"ji"为做的意思；"he"是棺材。

往昔并无预备棺木之俗，而是现时用原木制作。死后次日，长子①须

---

① 仅一子前去即可，多是长子，其他诸了在家陪伴死者及处理其他事宜。

带人前往森林砍伐树木以制作棺材。动身之前，他以木棒或绳索比量死者的身高，再携带该木棒或绳索以便截取树干。他们通常挑选粗大的树木，如黄心树（Machilus bombycina）、俗称麻木树的银木荷①、尤其喜欢质地较为松软的木棉树（Bombax ceiba）。长子先砍之后，其他人才能动手相助。由于没有现代化的砍伐工具，仅有砍刀与斧头，所以费时甚多。为了节省体力与时间，莽人并不齐根砍伐，而是余留 0.8 米左右的高桩，并在树干两边对应砍伐，这种砍伐方式也便于树木重新成长。树木砍倒以后，从根部截取比死者身高长 30 厘米左右的树干，将它抬到墓地再制作棺材。不同世系群或亚氏族者不可使用剩余部分，否则将招致死者鬼魂的伤害，甚至丧生，至今依旧遵守此俗。制作棺材时，首先剥去树皮，在两头用斧头破裂；再用斧头砍出一些槽口，在五六处塞入削尖的木棒，用大棒猛击，尽量使树干裂开，在对立面再如法炮制，直至基本裂开。再用砍刀使其完全分离后，在树干的中间部分用斧子、砍刀挖空，修整光滑不致过于粗糙，能放入尸体即可。而棺材两头均留出 5 厘米左右并不凿空。

随着以林换路及成千上万亩山林被承包②，曾以林为生的莽人已然落入连棺木之材也已缺乏的窘境。因此近年来亦有家庭预置"大板"或棺材，以备不时之需。所谓大板即是从大树截取的木板，待需要时再拼接成棺材。它每面均由一块木板组合而成，但不刮灰油漆。尤须注意的是，须将制作棺材剩余的木屑清理干净，以免生者，尤其是孩童不小心触碰。莽人认为丧事是污秽的，生者易于遭受死者鬼魂的侵扰。一旦外人接触到死者的用品，死者的鬼魂将可能会带走他们的魂魄，他们将因此失魂而生病。2011 年 8 月 12 日我曾见平和村某家请 2 位哈尼族木匠为其母亲用大板制作棺材，每具工钱 200 元。

3. 挖坑、割茅草、找"蟒蛇"与"马"

棺材制作完毕，即须挖坟坑 on lu，其中"on"与"lu"分别为"挖"与

---

① 据说昔时若用麻木树做棺材，丧家将会遭到雷击，但从何时可以使用麻木树做棺材不得而知。

② 龙凤村曾经以林换路，该村现已难见大树巨材。牛场坪有 5007 亩林地被承包，据说另有万亩林地被承包，至于具体亩数及如何被承包，村民并不知情。在平和村曾以以林换路的方式被承包大片林地与荒山，据说面积有 2.5 万—3 万亩。我曾前往金水河镇政府去查阅莽人村寨具体森林面积，但相关人员以国家机密为由拒绝了我的请求；之后我在金平县林业规划局均未查阅到有关承包立项记录。

"坑"之意。在开挖之前长子要量好长度，昔时一般为"六脚"①；还须告知死者"爹/妈，我来给你挖新家，以后你就在这里好好在，不要找我们了"，在他先挖之后其他人才能相助。20世纪60年代前后挖坑只有刀斧与掘棒，因而效率低下；此后引入锄头等工具，效率大为提高。坟坑的长、宽、高比棺材分别仅多出数厘米，能够放入棺材即可。但因地方狭小，不便多人同时操作，故耗时约2小时方能完成。据说昔时在坑上横放三根木棒，棺材就停放在它们上面。而据我实地观察，现已改变，而是大致平行地放在坟坑旁边。

　　为了提高工作效率，当有人在挖坑时，也分别有人去割取用于建盖草棚 ji han 的茅草 la blang、寻找捆尸的"蟒蛇"与抬尸的"马"。"蟒蛇"实为一种弯曲的红藤（Sargentodoxa cuneata）②，它生长在海拔1000米以上的森林中，墨绿的叶子分为3瓣，外皮为黑色，内层微红，纤维丰实，捆扎物品较为牢固；因其弯曲的形状与外皮同蟒蛇相似而得名。"马"是指抬尸的竹杠或树木，因喻指死者借此可以"上天"而得名。"马"大多为质地坚硬的银木荷或竹龄2年以上的大竹，但因银木荷较为沉重，所以竹子更为常见。无论是树木还是竹子，砍伐时一次均须砍倒，若超过一次，暗示村中近期将有丧事。"蟒蛇"与"马"无须扛到坟地，因用于丧事之物皆被视为不洁，故而放于半路，待出殡前再带至丧家。

　　挖好坟坑并修理平整之后，在其上面还要搭建一个简易的人字形草棚，为死者遮风挡雨。为此棺材两边各需3根立柱，共需6个带叉、高1.5—2米的木棒，这些均就地取材，但第1根须由其子砍伐。栽植立柱时，首先栽中间比其余四根略高的两根，由众人中年长者执行。栽好6根立柱之后，接着在立柱两边搭起人字形顶棚。两边各有3根梁条，中脊1根，共7根，将它们分别用篾条捆扎在4根人字形的檐条之上。棚架建成之后，另以7大把茅草覆盖棚顶，即两边各3把，中脊1把。盖好茅草，还须在人字形草棚的两边各用3根木条压住茅草，并用篾条分别将对应的梁条与压条捆扎在一起，以免它们被风吹走。

　　以上诸事皆由前去砍树制作棺材的"原班人马"共同完成，有时略

---

① 即走6小步的长度，比死者长30厘米左右，因为莽人身材矮小，男、女性成人的人均身高分别为154.6厘米与146.8厘米（郑连斌、陆舜华、许渤松、罗东梅、张兴华：《中国独龙族与莽人的体质特征》，《人类学报》2008年第4期）通常不足2米。

② 红藤有 mang hang dang 与 mang ha jia 两种，是治疗腹痛的药材；现在收购价约为1.5元/千克；后者可采食嫩芽，味苦。

有分工。若以昔时去森林砍伐原木制作棺材而论，即需一日；因缺乏锄头之类的劳动工具，仅以刀斧与掘棒来挖坑，亦需半天。因而在一天半完成上述诸事，也较为忙碌；如今有大板或棺材，劳动工具也大为改善，减少很多工序、提高劳动效率，因而节约不少时间，相对较为清闲。但有一习俗尚须遵守：前去砍树制作棺材者每天均前往坟地三次，而且须按第一次从家到坟地的路线。即便坟坑已经挖好，无事可做，也需如此。莽人将坟地视为死者的"新家"，据说如此死者从丧家前往新家就不会迷路。当然因坟地诸事已做妥当，众人可以不必到达坟坑，行至半路，闲聊片刻再返回即可。

此外昔时人死之后，家眷应将刀斧等铁器从家中取出，放置屋外，既便于众人以之砍伐树木、制作棺材等事宜，又不致死者的鬼魂因害怕它们而不敢离开。又由于往日刀斧较少，常常需要向其他人家借用，若取自同一世系群或亚氏族，因属于"一家人"无须付钱；否则丧家还要象征性地支付租金，但在归还时他人又将钱财返还。

4. 回收"骨头钱"

在第三节中即已指出，女性出嫁后生为男方养、死归男方埋。但在她死后男方须向其娘家付费购买她的身体，这笔费用俗称"骨头钱"*nian bha*，nian 为"钱"，bha 为"老"之意。骨头钱至少超过一元，通常由长子交给大舅，昔时为两块"老钱"，现在一般为 16 或 20 元。该钱只能购买食物消费，但儿童不可食用；与之相应，大舅也须赠送 5 尺包尸布。在给钱的同时，外甥对大舅说："现在把你们的骨头钱给你，没在我们的头上，以后不要找我要了。"大舅接过钱后回答说："骨头钱收完了，你家妈以后就不找你们的麻烦了。"若丧礼时丧家未交付该钱，他日要另杀猪或杀狗做礼宴请大舅。这样势必平添诸多麻烦，因而基本上均在丧事时处理。若外甥未给大舅骨头钱，大舅也未送包尸布，则双方今后的生活将受到死者鬼魂的侵扰，而难以安宁。

5. 抬尸出门

抬尸出门前，拴脚的白绳由长子解开丢弃，拿一围腰盖住死者脸面，再用白布与黑布盖住尸身。同一亚氏族的男性亲属用布或垫单将尸体包裹起来，往昔多用傣族制作的土布，现在均从市场购买长 2 米、宽 10 米的棉布，上下各两层，将尸体放于中间包裹起来。莽人因视死者不洁，多从象征不洁的小门抬出①。在如今的安居房内，只能从唯一的大门抬出。对

① 仅有陈姓中 du wang she hi 世系群的男性长者可从大门抬出，其他均从小门抬出。

此葬人有些文化上的不适应，却又以"没得办法"自我安慰。抬尸时长子抬脚、幼子抬头①，其他诸子与家人相助将尸体从家中抬出，放在子女献给死者的新篾垫上。之后亲属须清除死者衣服上的金属物，甚至还能从死者身上找到珍藏的钱财，如某次曾见亲属从死者腰部找出 120 元，该钱归赡养死者之子。在整理好衣服后，将亲朋送的白布与黑布覆盖在尸体上，再以丧家编织的两床篾席对接包裹，并将多余的部分在头脚位置分别向内折叠，再在颈部、腰部与腿部分别用"蟒蛇"捆紧，将"马"插入"蟒蛇"之中，务须注意的是"马"的根梢位置应与死者的脚头部位相一致。

6. 出殡与送葬

出殡的时间通常为 15：30 左右，因为葬人必须在天黑之前将死者埋葬，否则送葬者的魂魄在黑夜中易于被死者带走。出殡时首先由长子抬脚部，幼子抬头部，其他诸子相助。如果死者无子，则由同一世系群的哥弟代替。葬人认为女性不能抬尸，否则丧家"会败家"，即无子嗣之意。出殡的路线与以前去坟地的路线相同，途中尸体不能落地。如果尸体不慎落地，不仅死者的鬼魂会停留在该地作祟他人，而且丧家还会重丧，即短期内将有人去世。因此一旦抬者疲惫，即需有人换肩，一直不停歇地抬到坟地。当诸子不抬时，他们走在送葬队伍的最前面带路。众人将尸体放到坟坑旁边后，对死者说："××，起来看你的新房。"

所有家属都要送葬，其他村人虽然悉听自便，但每户至少有一人代表。因女性操持家务、伺候长者，所以随葬品亦由女性送至坟地，它们为死者生活的一应用品，穿的衣服、鞋子；若是女性，则必有围腰与裙子。饮食用品有一双筷子、一个菜碗、一个饭碗、一瓶酒和一个酒杯、一个用于装水的竹筒、一个水瓶、一个烟筒、与烟筒配套的装有烟丝的烟盒与用细竹做成的"打火机"②。生活劳动用品有：一个背篓、一把木制的砍刀、一个背包、一根用木棍削成的拐杖、一个脸盆、一个篾凳、3 根燃烧的柴火。以上诸物分别由四位女性携带，即一人拿"火"，一人拿竹筒，一人拿烟筒与拐杖，一人背背篓，其中装入剩下物品（见图 5 – 11）。

7. 撵魂

撵魂 wan nv 是指将生者的魂魄从坟坑与空棺材中撵出来，不与死者

---

① 据说抬尸体头部者运气好、最幸福。

② 打火机分为上下两部分，上部分装有铁片，用石头做火镰，摩擦铁片溅出的火花点燃下部分的火草（Epilobium angustifolium）。

图5-11　女性将死者死后所需物品送往坟地

的鬼魂在一起（见图5-12），这实为莽人信仰的具体反映。昔时为原木
棺材时，首先从坟坑中撵出生者的魂魄，再从空棺材中撵。我所参与的两
次皆为大板棺材，在抬尸之前已经放入坟坑之中，因而省略了从坟坑撵
魂。在尸体入棺之前，首先要将生者的魂魄从棺材里导引出来，在棺材头
部的左边用一根青色的木棍代表楼梯，以此象征男性生者的灵魂乘着楼梯
走出坟坑；而在脚部右边用一根枯木象征楼梯，便于女性生者的灵魂借此
走出坟坑。在清除棺材中的杂物后，还要点燃一些茅草，撵出棺内活人的
魂魄。如果死者为已婚女性，则须进行两次，第一次由大舅执行，将点燃
的柴火从棺材头撵到棺材尾，众人大呼"呜——呜——呜！"；第二次是
由死者长子完成，同第一次。最后清除燃后的灰烬，撵魂仪式结束。

　　8. 入殓

　　昔时在入殓之前，还须打开裹尸篾垫，喊叫死者察看其新家，再重新
裹好入殓 hv ha shi de he（直译为"放人死棺材"，即放死人到棺材之意）。
莽人的入殓极其简单，将尸体放入棺材即可。若是原木棺材，首先砍断捆
扎尸体脚部的"蟒蛇"，接着是腿部与颈部，再将篾垫包裹的尸体放入棺
材，再盖上另一半，并用红藤捆扎。众人用手将棺材抬至坟坑的木棒之
上，再从脚至头依次砍去木棒，棺材即落入坟坑之中。若是木板棺材，众
人用"马"抬起尸体悬放在棺材上面，接着首先砍断捆扎尸体腰部的
"蟒蛇"，接着是腿部，将尸体的脚部放入棺材后，再砍断颈部的"蟒
蛇"，待尸体全部落入棺材后，略作调整，踩平裹尸的篾垫，再盖上棺

图 5 – 12 撵魂

盖。务须注意的是女尸的头部朝西、脚部朝东，男尸则相反。

9. 埋葬与陪葬品

埋葬 *dam ha a shi* 直译为"埋人死"，即埋死人之意。尸体放入坟坑之后，长子将献祭猪牛的绳索丢入坑中，再用手刨一些泥土丢到棺材上，接着再用锄头挖土掩埋，并告知死者："爹/妈，你死了，我来埋你，报答你养育我的恩情。"之后其他众人均须协助填土掩埋，并说请死者保佑之类的话。掩埋时每个人务须小心，尤其是不能弄伤流血。习俗认为，出现这种情况是死者在流血者身上做记号，将把他/她带走，所以流血者在不久的将来有因此丧生的可能。而一旦发生此事，则须请魔公献祭死者，方能避免厄运①。掩埋时将捆扎的"蟒蛇"在死者头部与脚部各留出一根于地面，以便将生者的魂魄引导出来，也是应对他人施放黑巫术的一种对策。由于莽人坟墓的表面平整即可，无须如其他邻近民族须垒砌坟包，所以约莫半小时即可埋葬完毕。之后诸子将送葬品放于尸体的中间位置，并告知死者"爹/妈，你用的东西我都放在这里，以后你自己拿着用，不要

---

① 陈继新曾因参加 2010 年 10 月龙凤村的一场丧事而失魂致病，为此他延请一位苗族魔公为他到该坟地念经引魂，并在家中作法献祭后，身体康复，参见第六章第二节招魂例 4。

再找我们要了"；他人砍断并丢弃抬棺的"马"；各人在附近捡些干柴放于死者的柴火堆（位于死者头部的左下边），并告诉死者"××，我帮你埋好了，我又帮你砍柴火了，你就放心地烧吧"。之后众人即可返回。

此外在新坟的棚屋内，如果死者为罗、刀、盘、龙等姓氏的高寿之人，还要在死者头部处按男左女右插入7根棍子，做成门的形状，再捡枯枝为柴火放在门外。据说以往陈姓也是如此，但有位老者死后，等其家人"送火"巡山之时，发现在其棚屋里有一只老虎，此后他们就不再做门（见图5-13）。

图5-13　陈姓死者的新坟

（三）葬后仪式与习俗

莽人视丧事是污秽的，因而埋葬死者之后，所有参与者均须清洁去污，而丧家更须彻底清扫。为了死者能顺利回归祖地，得以上天与祖先会合，丧家须延请魔公为其亡灵领路。此外葬后每隔二天，子媳还须为死者"送火"，该仪式共进行二次。

1. 返家

埋葬完毕后，为感谢众人相助，往昔诸子会请大家吹烟筒，现在大多是给每人分发一支香烟。每人均须接收该烟，不然视为不接受丧家的谢意，但是否抽吸则由接收者决定，不抽也可丢弃。返家 win de nva 时，有四点须注意：按从丧家至坟地的原定路线返回丧家，此其一。其二由长子带路，如果多子，则幼子断后。其三每人在返回途中均须捡拾一些柴火带回丧家，既有实际功能又有象征意义，前者为魔公在凌晨为死者送魂时生火取暖之用，后者意为带来财运。其四路遇水源之处，众人皆须洗脸、洗手、洗脚，以清除丧事中的污秽，死者的鬼魂也不会附着在生者身上，更不会随着生者进家门。

2. 找"枪"

到达丧家之后，众人再度洗脸、洗手、洗脚，清除丧葬的不洁，地点从昔时的小门改为前门的自来水处。据说若不清洗，眼睛会发蒙而看不清东西。之后长子在附近寻找用于送魂的"枪"*bang hi*，实为"野草果"*bang huo*（Amomum koenigii J. F. Gmelin），长于海拔千米之上的森林之中，性喜阴凉潮湿，顶部结青色果实，"枪"身越直越好，须有完整的根部，梢部至少留有一片叶子。

3. 割发

割发俗称砍毛*len huo de chi ha*，对应直译为"剪/割头发死人"，即割头发给死人之意（见图5-14）。找"枪"之后，待死者家眷全部到齐（不包括出嫁之女与入赘者的小家庭成员），一位魔公手拿一竹片或刀按辈分、先男后女与亲疏关系依次在每人的前额中间割一缕头发（若丧家未找到魔公，则不割发）。报道人对此的解释不一，"活着的家人不要再挂念死去的亲人，要开始新生活""做记号，死人回家就认得家里人""砍毛就像汉族戴孝一样""你死了，一辈子就好好在，我们难得见了，砍毛了，再死人也没人埋了"。以此而论，割发与"割阄"意义相同，即"俗信割阄能与死者灵魂断绝关系，从此免受其扰。对于死者亲属来说，生离死别，天人永隔，悲痛眷念，多么希望能留住逝去的亲人。但是，另一方面人们又担心鬼魂徘徊人间，作祟危害生者"①。以某一娶了二位妻子的男子葬礼为例，魔公割发的顺序为：大妻、小妻、长子夫妻、幼子夫妻、孙子、孙女。昔时这些头发塞入覆盖家屋的茅草之中；如今的安居房难以如此，而是妥善地放于某一隐蔽之处。

4. 去污仪式

由于丧葬是污秽的，所以参与送葬的每人均须在丧家用清水清洗脸、手、脚。众人清洁后，丧家要全面冲洗家中晦气，尤其是打扫死者曾经居住的卧室，如某家为此就消耗一千克洗衣粉。该卧室在一个月内不再堆放物品，也不住人，包括配偶，以免人与物的魂魄被死者的鬼魂带走。虽然已经去污，但众人还不能返家，以免死者的鬼魂跟随他们回家，而带给家人灾祸，须在魔公将其鬼魂送走之后方可。

---

① 方宝璋：《闽台民间习俗》，福建人民出版社2003年版，第185页。

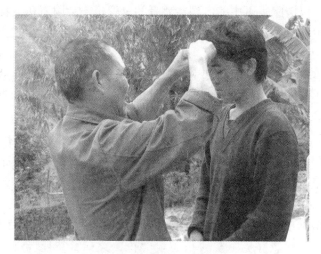

图 5 – 14　魔公为孝子割发

5. 魔公领路

在死者空荡荡的卧室内，夜晚照例须燃烧一笼火，但无须再点蜂蜡。因为死者肉体虽已死去，但其魂魄尚存，须生火送他/她上天。晚餐一如昨日，依然有死者的位置。晚饭之后，酒足饭饱的众人打扑克、看电视，等待领路仪式 la hang 的开始。

领路仪式又称送魂 o bang huo，直译为"叫/念野草果"，即丧家请魔公用野草果将死者的鬼魂送到祖地①，再从该地上天。据说如果魔公念不好，诸如遗漏了段落，一家人的眼睛将可能失明或看东西模糊不清，包括其兄弟的家庭也会遭殃。有的魔公担心受怕而拒绝领路，即便付给工钱也不愿意。正是由于魔公承担风险，丧家必须给予他一定的补偿。当长子在领路之前或之后付钱给魔公时，他将钱放置的地方有所不同：之前魔公将钱塞在脚下，待领路结束后再放入口袋；之后则可直接放入口袋。就数额而言，昔时为 2 块银圆，现在通常是 20 元钱。送魂的魔公不能为死者同一世系群的晚辈，最好也不是姻亲关系的晚辈。无论魔公与丧家的亲疏关系如何，该报酬是必不可少的，如陈继新请叔父为亡父送魂，他也须付钱给叔父。为了避免死者的鬼魂带走生者的魂魄，在送魂仪式前，有人将村中熟睡的莽人全部喊醒。但他们不必到丧家，可在自己家里，甚至可以躺在床上，只要睁开眼睛即可。举行该仪式一般在午夜 12 点后开始，约持续 1 小时，地点在丧家后门附近，如今的安居房则选择家屋附近的某一偏

---

① 若未领路，全村要休息七天七夜后方能外出劳动；在此期间可以砍柴火、摘野菜。

僻之处。丧家生起一笼火，长子右手持"枪"默默地蹲在前面，魔公坐在长子身后的凳子上为死者念经送魂（见图 5 - 15）；如有人认为是追述死者的功德、为其后人不能挽救其生命而开脱、赞扬其后人孝敬的丰富祭品、请死者安心地回归祖地①。牛场坪村魔公陈小大告知，领路共念四段，大意分别为：告知祖先，××已死；告知死者，子女已拿鸡猪等献祭死者；告诫死者，今后自己照顾好自己，自己养好鸡猪，不要找后人要东西了；训诫死者，家中的祖先也不要他/她了，也无人叫喊他/她的小名了，家人也撵他了。也有报道人说是将死者送到盘古王那里，送到月亮上，送到天上。牛场坪村陈四新则说是将死者"送到越南巴丹，后来从勐莱②过河、过桥才到天边地方，天上的人关门，不给他回来"。龙凤村魔公陈继新告知，送魂有三个意义：一是帮助丧家洗掉与死者的关系；二是将送葬者的魂魄招回来；三是撵走死者，请魔公的师傅将其鬼魂指引到越南莱州 en li（地名，具体地点不清）再上天 rv bling。据说该处为所有水流的汇集之地，中心有一通向天庭的水洞。死者随水进洞再上天，世界所有民族的鬼魂均须引到该处才能上天。待魔公念完领路后，长子将"枪"按根前梢后的样式像投掷标枪一样地丢到偏僻之处。投掷时如果根部反转对向长子，则不吉利，意味着丧家近来还有丧事③。此后丧家还须杀鸡请魔公吃，席间长子或丧家某一长辈向大家致辞："各位帮我们埋人，辛苦大家了。我真心地感谢大家，一样菜都没得，喝些空酒，对不起大家了。希望我们以后还像这样地团结，互相帮助。我家××埋好了，悲伤的心情也到此为止，大家重新开始快乐的生活，辛勤地劳动，干哪样都得吃。"酒过二巡，他将鸡头送予魔公享用，并请他喝双杯，其他礼节与一般席间相同。散席后众人自行离开返家。

6. 送火

送火 she ji nie de jiang 直译为"送做火坟"，即送火到坟地之意，实则送的有饭、火及水（见图 5 - 16）；若不送家眷害怕死者回家索讨，该习俗与汉人巡山献祭的意义相似。葬后第三天下午约 3 点，长子在死者生前

---

① 杨六金：《莽人的过去和现在——十六年跟踪实察研究》，云南教育出版社 2004 年版，第 244—249 页。

② 巴丹，越南莱州省的一个自然村，从牛场坪驾驶摩托车到该村约一个小时的车程；勐莱即莱州，越南西北部的一个省。

③ 龙凤村与平和村由儿子持"枪"并丢弃，魔公不敢触摸；牛场坪则是魔公所为；具体原因不知。

图 5－15　送魂

的卧室点燃用丝篾捆扎在一起的 3 根干柴，带着它们沿着原来从家至坟地的路线为死者"送火"，亦须带些死者生前喜欢的食物，如牛场坪村多为高山地区的大头鱼；亦可根据死者的个人喜好而献祭，如我曾见一长子携带了 8 包袋装方便面送给其亡母享用。同行的只有死者配偶与兄弟、子、媳及未出嫁之女，其他人可不必前往。与以往相同，女性不能触摸这些祭品。

　　到了坟地，诸子常察看埋葬情况。据说仔细检视其中的蛛丝马迹可以猜测村寨近来是否将有丧事，个中细节，无法访谈，故不得而知。长子将"火"放在埋葬时的火塘之处，添加一些柴火，并对死者说："爹/妈，你自己的火，我们送来了，你自己的东西你自己用，什么都有，你以后不要找我们了。"其他诸子则告知死者："爹/妈，我把鱼带来了，你自己吃吧。"媳妇则捡拾一些柴火，添加在柴火堆处。至此送火即告结束，他们亦按原路返回。同样在进家前他们须洗手洗脚，去污清洁。间隔二天后，再送火一次，包括葬时一次共计三次。若曾在坟棚内做门，则在最后一次送火离开坟地之前，长子将两根做门的木棍拴在一起，再用一根木棍横插在门上，此意为"关坟门"*shang nang jiang*，象征丧葬仪式全部结束，家人再也无须前往坟地吊唁①。在关门之前家眷还告知死者："爹/妈，没吃没穿没柴火，你自己去苦，有什么困难，我们管不了你了，我们家太忙了，帮不了你。"换言之，送火（包括关门）的结束即标志家眷希望与死者从此两隔，互不干涉、互不往来，各自开始独立的生活。

图 5－16　子媳为亡母送火途中

7. 其他习俗

以上描述的是丧葬仪式，还有其他一些葬后习俗尚须补充说明，方能全然了解莽人的丧葬文化。

魔公为死者领路之后，其他人既可在丧家休息，待天亮后返家；也可立即返回各自家中，但在进家之前，务须清除丧事中的污秽，因为莽人认为与丧事有关的任何事和物都是不洁与危险的。无论男女均在屋外洗澡，脱掉所有的衣服，换穿上干净的衣服后方能进家。因这些衣物也参与了丧葬活动而有死者的鬼魂附着其上，所以它们只能由参与丧事者自己清洗，并且告诫家人，不得触碰它们，以免失魂生病，甚至影响到他们的生命。尤其是孩童如果将触摸这些衣服的手塞入嘴中，他们近日内将患感冒、腹泻等病症。协助丧事者回家之后，该日必须好好休息，不能从事劳动，以免污染谷魂而使得庄稼歉收；此外他们须在 5 天之后才能再到丧家。

对丧家来说，随着丧事的结束，献祭剩下的所有酒肉均须丢弃，不可

---

① 访谈得知平和村有一老年妇女在丈夫死去后曾经连续三年去坟地看望。牛场坪有一报道人告知他每年农历三月均去越南祭奠亡父，祭品为一只鸡与一瓶酒，但他不能携带，而须邀请他姓男子代劳；祭奠之后在坟地边杀吃后返回。

留存饮用，否则家中将会有重丧。家中清洁之后，与死者共食的饭桌即放回治丧时的原位。七日内家眷最好还在该桌吃饭，至少须在家中食用，不得外出用餐。葬后第三天家眷可以洗澡梳头，衣着与平常无异。送火之后家眷方能食用青菜。葬后第四天，家眷务须外出，去田地劳动亦可，出门闲逛也行；若未出家门，则须连续在家生活 13 天，否则不久将会遭遇不幸之事。葬后第四天家眷即可以去他人家中拜访，但因丧事阴影尚在，最好在七日之后前往，以免他人不悦。昔时丧家七日内每餐均须留一饭团在桌上给死者食用，1985 年后这一习俗即已不存，原因不明。死者死去一个月后，家眷才能食用果子形状的食物，诸如芋头、鸡蛋、多义果 *blv mo gong*①，否则女性生育时将难产；做菜时可以放入蒜、姜等佐料，如果提前食用，死者将此视为对己不敬而心怀不满②；也可以开始性生活，据说如果提前发生性爱，"雷公会打雷，老虎会咬屁股"。

　　昔时寨小人少，若有人去世，大家须协助处理丧事，因而全寨人三天均无暇兼顾劳作，也害怕死者鬼魂影响作物收成。现在有报道人对此提出异议，尤其是年轻人，"三天不劳动不成吧，不管这些老规矩了，不做哪得吃啊?!""看时候吧，不忙的时候无所谓，忙的时候不干怎么办啊，别人又不帮你干啊"。在死者尚未埋葬期间，就曾见莽人去森林打猎、去草果地除草、去田里干活等；而那些在老林里或劳动或打猎的人也并不立即回家。昔时丧事的肉类均为水煮，现在可以红烧炒食。此外一年之中一人参与丧事不得超过三次，否则将有失魂落魄之危险。姑且抛开传统的变迁不论，但遵循传统业已出现冲突，这是不争的事实。

三　简化的丧葬仪式

　　判断是否为正常死亡的最基本的标准为地点，即死于（家）屋内的为正常死亡，如老死家中、医院；（家）屋外的为非正常死亡，如跳崖、溺水而亡。莽人视非正常死亡者极其污秽，其鬼魂多为非作歹，因而不可将尸体抬入村中处理后事，大多就地掩埋，草草了事。正常死亡仪式的繁简与死者的年龄、死因、家境等诸多因素有关。可见莽人处理丧葬事宜虽有定规，但在实践中也根据实际情境而有所调整。范·盖纳普（Van Gennep）所述的过渡仪礼的重要价值在于新员（novice）及其密切相关人士

---

① 多义果为圆形果实，大小同荔枝，在 7—8 月时成熟，果皮红色，内有核，味酸甜，学名代考。

② 家眷不能主动投放佐料，但若是他人所为，丧家可以食用。

如何在生命关口（life crisis）进行调适，从而平顺地融入社会，恰当地扮演各自的社会角色①。婴幼儿、青少年与成人社会身份不同、牵涉社会调适的人员多寡有别，因而在以下讨论中以此分类并分别举例说明。

（一）婴幼儿丧葬仪式

前引杨翔等的研究述及莽人婴儿死亡率高达68.36%②，据我2013年3月对2011—2012年出生婴儿统计，婴儿死亡率为25%。因婴儿死亡对社会的影响不大，为此需要调适的人员不多，故其后事的处理相对较为简单；可从参与丧葬仪式的人员、持续的时间与"做礼"等事宜看出。若出生不到三天即死亡，当天其父将死婴连同胎盘一起装入一节大竹筒中，用破布或篾絮塞紧筒口后，乘天黑之际，找一偏僻之处掩埋即可。但因是丧事，所以清洁去污必不可少，即进家前，须洗脸、洗手、洗脚；家中也稍事清洗，并丢弃死婴的所有物品，如2012年龙凤村的某个婴儿三天死亡即是如前所述般处理。但也有家庭以簸箕装死婴埋于偏僻之处，但并不搭建棚屋，如2011年平和村某人如此处理17天的死婴。若已满月不到周岁，也是当天即处理：其父用簸箕装入死婴，并邀请1至3名男性做伴，在附近随便找一僻静之处将其埋葬，在坟地上方常搭建一个较为简易的棚子，并放置婴儿生前的一应用品，如2011年6月坪河下寨某家即如此处理数个月大就因病去世的婴儿（见图5-17）。当晚该家邀请一位魔公为其领路，并为此付费给他；但因婴儿的鬼魂力量弱小，不足以对他人的魂魄构成威胁，因而无须将村人喊醒；此后除清洁去污之外，并无其他仪式。周岁以上却未成年的儿童，以篾垫包裹，多不用棺材，但因招待他人就餐，丧家亦须杀鸡备酒。有些富裕的家庭对死于家中的数周岁儿童，也按照齐备的仪式操办，如以棺材厚葬、献祭鸡猪等；但葬后仪式阙如，因不"做礼"，村人多无须"帮一点"。如牛场坪村某报道人告知，2010年4月他与岳父、2位兄弟一起用旧篾垫包裹因病去世的3岁女儿，将其葬于某一僻静之处，再在坟坑上随便搭建一草棚，但未请魔公举行领路仪式。与之相比，某家则较为隆重，牛场坪某报道人不仅用木板做棺材埋葬去世的2岁儿子，还用水泥做一墓碑，上刻死者姓名与生卒年月。

婴幼儿丧葬仪式的共同点是后事均是当天处理、埋葬后均无送火等其

① A. Van Gennp, *The Rite of Passage*, Monika B. Vizedom & Gabrielle L. Caffee（trans.），Chicago：The University of Chicago Press，1960. 余光弘：《A. van Gennep 生命仪礼理论的重新评价》，《中央研究院民族学研究所集刊》1986年第60期。

② 杨翔、马培洲：《云南莽人人口素质的调查研究》，《中华优生与遗传杂志》1995年第3期。

图 5 –17　婴儿之坟

他仪式、不"做礼",村人也不资助。因婴儿长幼、家境等诸多原因,丧家又有不同的处理方式,如盛装尸体或用竹筒、簸箕、篾垫,或用棺材;坟坑是否搭盖草棚;葬后是否延请魔公领路,概由各家自行决定。因文化采借之故,莽人也出现了为死者立碑的新情况,或许这一变化在今后将逐渐流行。

(二)青少年与成人丧葬仪式

婴幼儿多因病而死,但青少年与成人则死因不一,常因溺水、跳崖、坠楼、泥石流等丧命。本节主要讨论非正常死亡与特殊的正常死亡的丧葬仪式。非正常死亡仪式中,如果未能找到尸体,家人也要象征性地挖坑埋葬并延请魔公为其领路,将死者的鬼魂送到祖地。若找到尸体,不可将其抬入村中,以免污染村中人畜及其他,而是采取就地掩埋的形式迅速予以处理。就此而论,裹尸的白布与黑布、包裹尸体的篾垫与棺材常常付之阙如;更无停灵、送火之说;但墓穴之上盖一草棚、葬后领路则不可或缺。随着社会的发展,也有新情况出现,如外出务工人员非正常死亡的丧事、特殊的正常死亡的丧事。这些丧葬仪式极其简化,从中彰显莽人害怕鬼灵作祟的心理。

例1. 2009 年 6 月某日[①]原坪河中寨一对老年夫妻夜宿田棚,当晚因泥石流冲毁田棚而不幸丧生,属于死在外面 *ha di ge hang* 的非正常死亡。找到尸体的当日并未进行换衣、拴线、含币、喂饭等习俗即被抬至某一向阳

---

① 子女忘记具体日期。

山坡埋葬。墓穴之上没有建盖草棚，也无送葬品、葬后也未送火。此外家眷穿着打扮并无特别要求，也未遵守前文所说的葬后禁忌。当晚丧家杀一头小猪宴请协助者。因该猪并非献祭死者，所以剩余之肉第二天可以继续食用。

例2. 2011年正月初四（2月6日）龙凤村一名男性青年去森林打猎，同伴只见到其背包与猎枪，却未见人。后其亲戚与朋友曾经三次去森林寻找，均无所获。家人曾去牛场坪找一魔公打卦问卜，据说他因砍伐龙树而遭受龙树鬼的报复，无法解救。一个月后，本地一位瑶族在距离中国边界不远的越南原始森林中发现一具尸体，告知其家人查看。之后死者兄弟邀约数名男性亲朋前去认尸，确认后就地挖一东西朝向的墓穴，对业已腐烂的尸体未做任何处理就予以埋葬，其上也搭建一为死者遮风避雨的草棚。葬后他们在草棚内死者头部左边也同样堆放一些柴火，但没有放置死者生前所用的物品；死者虽然姓刀，但也没有像往常一样在草棚内用木棒建一门户；此后也无人前来送火。诸事已毕，他们即返回中国刀家田棚休息，并洗去污秽。次日凌晨请一魔公为死者送魂；中午众人各自返家，再脱去全部衣物，洗澡并换穿干净的衣服后进家门。事后死者生前个人所有物品皆予以丢弃；卧室彻底清洗，包括床铺。

例3. 2012年2月龙凤村某一在广东东莞打工的青年因醉酒坠楼丧生，其兄长接到电话通知后前往广东处理丧事。因需其他手续，他又返回家乡办理，并将材料寄往东莞民政局，尸体由当地民政部门出资就地火化，死者的骨灰盒也留在当地殡仪馆。待尸体火化后，丧家仍然请一魔公为死者的鬼魂领路。虽然丧家并未做礼，但有数家至亲与邻居前来吊唁，并略有资助。当天家眷及相助者均在丧家屋外就餐、卧睡，其他并无任何仪式。据报道人告知，兄弟死在外面为非正常死亡，处理后事不能在家中；没有象征性地挖坑埋葬是因为他有算作新家的骨灰盒；如果不为死者送魂，则"一家人"包括本村的同一世系群都须为他吊丧，不得外出劳作；这些相助者与他家有礼尚往来，以后他们必须回报，一般在金额上再加10元。

例4. 牛场坪村某人患有高血压与癫痫（当地俗称"老母猪病"①），还经常喝酒、醉酒。2012年9月患者二哥夫妇将其送到勐拉乡某医院就诊，因无疗效，当天他们又花费1000元包车将患者转至金平县人民医院医治，但10多分钟就不幸死于医院。当天兄嫂花费4600元租用该医院车

---

① 莽人将癫痫视为传染病，害怕与患者接触，甚至患者坐过的篾凳也须以火炙烤后才能落座。

辆将死者送回牛场坪村，约凌晨 2 点到家。因他人不愿相助，兄嫂二人将死者抬下车后，摆放在死者家的篾垫之上，按脚前头后的方式抬入家中，再按头朝内脚对门的位置摆放。据死者兄长告知："兄弟不做礼，脚也不拴线、嘴巴里不放钱、衣服裤子都不换，手里也不放糯饭、不献鸡猪、不请魔公、不盖棚子、不送火，一样都不搞。因为我家兄弟有病，我们人不敢摸"，因此由丧家出资 2600 元将后续丧葬诸事"承包"给附近村寨的哈尼族代为办理。次日上午 10 点他们将死者抬往坟地，放入用死者家从旧房拆下的木板组合成的棺材之中，再予以埋葬。送葬的仅有死者的二位兄长，死者年事已高的父母、死者之妻、养子、大哥、侄子与侄女等均因惧怕死者的疾病传染而不敢送葬。两位兄长每人各抓一把土撒到墓穴之上，告知死者"你死了，我拿一点土来埋你眼睛，以后不要乱说我们、不要找我们麻烦就得了"，最后坟上放一些绿叶子即已表明该丧事结束。

　　家眷①与死者因为存在亲属关系而须操办丧事，具体表现是为死者举行丧葬仪式，以期死者在另一世界有房可住、有衣可穿、有肉可食；又通过割发、洁净、送火与关门等仪式，与死者永隔，从而生者得以安心重新开始生活。以此而论，家眷与死者通过丧葬仪式达成了一种平衡的交换关系：死者安然离去，不再眷恋尘世而作祟家人；生者祥和安宁，重新生活。丧葬为污秽之事，为避免死者鬼魂危害人畜，他人既在家门口悬挂绿色植物予以防御，又派人前往丧家相助处理丧事：不仅向死者献祭，而且多方面协助丧家，如情感安慰、劳力支援、财物相助等。而他人与死者的关系通过协助丧葬事宜主要又转化为他人与家眷的关系，即家眷在今后的交往中必须在他人需要时予以回报。换言之，彼此的相助既是责任，又是义务；既是今天的存储，又是明日的提取。因此我们可以发现隐藏在丧葬仪式中的这两类关系的逻辑实质是为了应对社会风险而进行的互惠性交换。如果将这一发现推演到庆生、成年与结婚仪式，类似的互惠性交换一再发生，如庆生仪式实为强化人与人之间的彼此关系，并期待今后生活中的互惠回报；成年礼仪主要体现了青年男女之间的情感交换，为步入婚姻的前奏；而婚姻仪式表面上看是人的流动，实则为人与物、物与物之间的交换。

　　我们可以发现从庆生、成年、结婚到丧葬的众多礼仪均以男性为主导，所以其社会关系与运行逻辑以男性为主、女性为辅。具体而言，若不

---

① 家眷在此为一广义概念，可指与死者同一家庭的成员，也可指与死者同一世系群或亚氏族的成员。

属于同一世系群，则生死皆不可在外人家中；成年礼仪中虽以女性的外部显性特征为表征，实则以男性更为积极主动的社会交往行为为标志；婚礼中也以嫁娶婚为主，并围绕着男方支付女方的礼银钱而产生一系列繁复的仪式。

第六章 疫病防治仪式

　　往昔受限于科学知识的莽人常将病害灾祸归因于他人施放巫术或鬼魂作祟所致，采取的应对之策是防御与救治。防御是指建立家屋超自然的防御体系，拦截妖魔鬼怪及不洁之物；当家屋的防御体系出现疏漏，或者家庭成员在外招致灾祸时，则须采取必要的解救手段方能康复。这些将是本章讨论的重点，从中即可洞察疫病文化的变迁，具体分为四节。第一节简介传统民俗与现代医疗两种体系并存的事实，为理解仪式防治的实践理性做一铺垫。第二节讨论建构家屋超自然的防御体系，即在迁入新居时，举行驱鬼仪式；并在家屋的门窗处悬挂一些拦截恶鬼及不洁之物的厌胜物。第三节关注的是禳灾避厄之法，即家庭成员受鬼魂的侵害后，如何解救，并以具体实例予以说明。通常魔公须先打卦问卜，查明病因；再以必需之法施救；若患者病情缓解、身体好转，则三日后须按承诺举行献祭仪式，这些仪式又可分为叫魂、攘鬼、补命、分命、改命等多种情况。第四节是关于巫术的讨论，涉及黑巫术的施放与白巫术的救治两方面。因巫术极其隐讳，资料收集困难，论述较为粗浅。

第一节 莽村的医疗体系

　　生老病死、旦夕祸福本是司空见惯的现象，但各种文化对它们的解释与诊治却千差万别，我们难以简单地以"科学""理性"来界定，从而做出明确的价值判断。莽人也有其独特的文化阐释系统，昔时他们将灾祸病变归咎于鬼魂作怪与黑巫术的陷害；随着民族文化交流与现代医疗体系逐渐进入莽人的日常生活，他们对此的认知也相应地发生了一些变化，出现传统民俗与现代科学并存的解释体系。虽然本书主旨在于疫病的防治仪式，但若不介绍其医疗体系，可能因背景不甚明晰而难以理解仪式防治的实践理性，故特辟小节予以交代，具体分为民间治疗与现代医疗系统，而将疫病防治仪式留待后文讨论。

一　民间治疗

莽人极少有意识地利用医药知识去预防疫病，而是在出现病症后，进行有限的治疗，这一方式主要有草药治疗与其他疗法。

（一）草药治疗

与邻近的瑶族、苗族、哈尼族等相比，莽人的医药知识较为贫乏。虽然当地蕴藏着丰富的药用动植物资源，但莽人对其利用多较为简单直接，可称之为非配方药材，包括草药与动物的某一或某些器官；若是多种药材配合使用，则为配方药。近年来随着与其他民族交往的深入，这一现象略有改观。

在非配方药方面，如野三七泡酒数日后饮用，可治疗跌打损伤、止瘀活血等；煎服名叫 *so bong*① 的植物（见图 6-1）可用于调经、治疗妇女的腰部酸疼；每日三次嚼食 3 个菱桃（Prunspersica）② 嫩芽 *blv ma wu yi*，可治疗腹泻，故被称为"莽人的泻痢停"；野芭蕉（Musa acuminate Tutch.）皮可治烫伤；土茯苓（Smilax glabra ROXB.）泡酒饮用可治风湿、关节痛肿。熊胆泡酒数天后饮用，可治咽喉肿痛、发烧发热等；熊毛按于伤口可以止血；虎骨泡酒后服用，用于治疗跌打损伤、散瘀消肿、关节疼痛；马鹿（Cervus elaphus）心血可治疗心脏病；鹿胎盘治疗子宫病、肺病、咯血等；猴子经血可治月经不调；将野猪鞭用开水泡软后，放于产妇头顶，可治疗难产；蛇胆用于明目、消炎等。

我仅见两种配方药，其一为山羊血泡酒治疗内伤：配方以 568 毫升的矿泉水瓶为例，山羊血约 40 毫升、0.1 千克的野三七一根、胡椒一矿泉水瓶盖、草果 5 颗、木薯一大片切碎，其余为白酒；服用方式为一日三次，一次饮用一两。其二为板蓝根叶子清热降烧：方法为将板蓝根叶子捣碎，放入少许食盐与酸笋，用芭蕉叶包好，放入火灰中烘烤 3—5 分钟后，包在患者脚底与手心，外面再用塑料袋密封，以防汁水渗出，时间约为 1 小时。这种方法为一哈尼族驻村工作队员教给莽人，他们现已能运用自如。此外报道人告知有一种治疗糖尿病的配方，需要 10 多种药材，但具体情况不详。

---

① 植株可长至 1.6 米左右，每年夏季开淡红色花一次，学名待考。
② 所结果实较小，夏末秋初成熟，学名代考。

图 6-1　*so bong*

（二）其他疗法

其他疗法是指并不使用药材，而在日常生活实践中积累的行之有效的治疗方法，其特点为经济实用，主要有刮痧和化瘀止痛。

1. 刮痧

莽人对"何为痧"并无清晰的概念解释。据我观察，他们似乎将身体的一切不适症状均视为"痧"，如头昏、腹胀、咽喉肿痛、食欲不振、发热发烧，甚至醉酒。刮痧的具体做法为以清水或水烟筒中的水为润滑剂，用食指与中指夹住某处皮肉拉起再放松，常发出噼噼啪啪的声响，如此反复数次，直至有瘀血出现；被刮的部位以背部、肩部最为常见。以下以我所见略举数例以资说明。

某女（53 岁）因感到头昏、腹胀而自认为着痧，于是请其媳妇为她在背部刮痧。事后访谈，患者告知"好在多了"。某男（26 岁）打猎时夜宿森林二晚，感觉身体不适后返家，症状为头痛、流鼻涕、食欲不振，于是其妻与一位兄弟为他在背部与肩部刮痧。第二天患者告知病情减轻，已能正常饮食。某女（19 岁）咽喉肿疼，饮食不便，说话声音沙哑，她请丈夫为她在咽喉处刮痧，次日她告知肿疼略有缓解。依我看来某人实为过量饮酒，但村民认为他是着痧，于是几个人忙碌着为他刮痧（见图 6-2）；被刮痧者为娶亲时男方的大媒人，早餐喝了数杯烈酒，醉得近乎不省人事，他踉踉跄跄地走到相隔约 150 米的新娘家，终于坚持不住，但因为他在婚礼中的特殊身份,于是众人为他在背部刮痧,希望他能继续参加在新娘家的仪式。虽然他未能如众人所愿坚持主持有关仪式(后由其弟代替),但4个小时后他又恢复如常,来到新娘家"做礼"。上述事例说明刮痧具有一定的疗效,而且近乎为零的成本与仅有皮肉之痛的副作用也使得这一疗法有广阔的实际用途。

图6-2 刮痧

2. 化瘀止痛

化瘀止痛之法主要有两种,其一为将刀放在火焰上面煅烧,烧红之后,用手沿着刀把一直摸到刀锋,数次后迅速将抹刀的热手覆盖于患者病痛处,并略微用力揉搓,如此反复多次。其二为将芭蕉叶在火上烤热,贴敷在伤处,用于消炎化瘀。但这两种方法仅对瘀痛不重的患者有较好疗效,或对严重的患者起辅助治疗的作用。

二 现代医疗系统

除了民间治疗方法外,现代医疗体系在莽人并村定居后也逐渐进入莽人村寨。它经历了农村合作医疗站的建立与解体、私人诊所的建立、新型农村合作医疗制度的建立与完善三个时期。

(一)农村合作医疗站

据史书记载,金平县境内的现代医疗体系筹建于民国三十二年(1943)。民国三十三年(1944)建立了仅有的第1所卫生院,开业时仅有1名医生(兼院长)及1名助手。金平1949年前该院仅剩1名医务人员及少量药品。为了扶持边疆地区的医疗建设,蒙自专区于1950年5月派遣林钟山、袁淑英等人到金平县组建县人民政府卫生院,当时仅有1名医师、2 名护士、5 张病床。之后金平县的医疗卫生事业逐步发展，进而延伸到区（乡镇）、大队（行政村）、村民小组[1]。

1955 年金平县将第三区接生站（位于勐拉街）改建为区卫生所，时有医务人员 3 人，以预防疫病和巡回医疗为主，并协助防疫部门在勐拉地区开展抗疟工作。但由于人手少、任务重，无暇亦无力兼顾到偏远的莽人山村。1958 年"大跃进"期间，金平县开始兴办农村医疗保健工作站，但很快又在农业合作社的潮流中趋向萧条。直到 1965 年农村卫生组织才开始复苏，以大队（行政村）为单位建立合作医疗站，配备保健员与民族民间医生各 1 人，医务人员被称为"赤脚医生"。20 世纪 60 年代末期莽人所属的大队均建立了医疗站，医务人员 1—2 人，他们的口粮由所属的生产队供给，或由大队向下属的生产队摊派。参加合作医疗的社员每人每年缴纳 1—2 元的合作医疗经费，可以享受免费医疗[2]。不可否认，这一制度对边疆地区的医疗卫生起到非常重要的作用。却也存在两方面的问题：一是当时的众多村民并不信任医生，亦无多余的"闲钱"缴纳相关费用；二是缺乏医务人员。但农村合作医疗站还是顽强地延续到农村土地改革，并随着农村集体所有制体系的解体而不复存在。无论是访谈村民，还是有关的医务工作人员，均提及 2 次疫情，这可视为医疗体系渗透到莽人村寨的重大事件。

1968 年农历 3 月刀家寨与雷公打牛寨的莽人中出现麻疹病，莽人称为"毛筋病"，症状为生疮、"3 晚不过就死去咯"。据报道人告知，在一个月的时间内，两寨共有 8 家有人死亡，其中最多的 5 人，最少的 1 人，合计死亡人数 25 人。牛场坪村陈四新告知，"医生来打针，一边打，一边死，我三个妹妹都死了。我家害了 5 个人，后来我们都跑到老林去了"。出于对疫病的恐慌，莽人四处逃散。为了诊治病情，安抚村民，地方部队与政府联合组成驻村工作队。当时勐拉区由胡仕源[3]带领一位沈姓医生和一名警卫员前往；部队由一位排长带领一个班的战士，共 10 多人。他们于 9 月底进村，春节前返回，驻村共 3 个多月。据胡仕源回忆，他们步行二天才抵达南科新寨，当时仅有两位老者尚在村寨，其他所有人均已

---

① 金平苗族瑶族傣族自治县地方志编纂委员会：《金平苗族瑶族傣族自治县志》，三联书店 1994 年版，第 688 页。

② 同上书，第 688—689 页。

③ 胡仕源 20 世纪 60 年代开始在勐拉区工作，1984—1987 年任勐拉区委书记，后历任金平县办公室主任、副县长，后调职于红河州国土资源局，现已退休。

逃散。经过工作队的不懈努力，平复了莽人的心理恐慌，再次安心定居。

1975—1976年南科新寨又因麻疹病而死亡若干人。据时任乡村医生的邓朝粮老先生回忆，他们曾经去该村发药，但村民对此并不信任。他们反而认为，服用医生开的药剂，会加速人的死亡。为了控制疫情，南科卫生所所长彭姓医生强制性地要求为患者打针，最终才控制疫情。

这两次疫病事件对莽人转变治疗的思想观念产生了一定的影响：在疫病传播的初始阶段，莽人求助于魔公占卜与撵鬼。当疫情被医生知晓后，他们介入治疗却不被绝大多数莽人所接受。敢于服用药剂者已是处于"死马当活马医"的状态，当这些患者终于无力回天时，莽人将死因都归之于打针吃药。这就是村民所说的"一面打针一面死""打针就死了""跑到老林还能在，吃药就死人"。这种谣言与心理的恐慌曾经在莽人中蔓延，互相以讹传讹又加剧它的传播与扩散。通过这两次事件，当疫情终于在医生的努力下得以解决后，他们对疾病与医疗的认识才有所改观：从完全依赖于民间治疗体系到逐渐信赖医生与医疗机构。

（二）私人诊所的建立

合作医疗站解体后①，莽人附近村寨曾经有一段时间出现没有卫生室的真空期，对此的弥补得益于私人诊所的出现。以南科村委会为例，1985年后合作医疗站关停，有一哈尼族退伍军人在联防村开办了第一家私人诊所，成为距离莽人居住区最近的医疗室，当时距离最远的雷公打牛村与坪河下寨的村民要清早赶路，加速步行一天才能赶到。20世纪90年代距离雷公打牛村较近的田房上寨开办了诊所，村民步行约3小时可以到达；2007年两村之间的简易公路修通，骑摩托车约35分钟即可抵达。但交通最为不便的坪河中寨与坪河下寨一直难以解决求医寻诊的困难，如2010年11月原坪河中寨的一位报道人告知，"5年前，为了给小娃看病，我和老婆二个人大清早就背着他步行去南科，到天黑才到，老是可怜"。2011年8月坪河下寨一位报道人诉说，为了医治长女，她一个人背着女儿走了近5个小时的山路，才到雷公打牛村大哥家，再与大哥一起背着女儿去八道班卫生室请医生为她治病。

私人诊所的创办方便村民看病求医，但交通的不便、医疗设施的缺

---

① 虽然合作医疗站被关停，但并不意味着公共卫生系统的完全瘫痪，如对婴幼儿的预防接种仍然有序进行，只是改到勐拉卫生院方能接受，诸如卡介苗、麻疹疫苗、小儿麻痹症疫苗、百日破等的预防接种。而交通的不便、村民预防意识不强，使得这一利民的政策未能完全落实。此外重大疫情的报告制度依然有效，主要是通过行政渠道自下而上反映。

乏、医务人员的业务能力欠缺等均制约了莽人的求医寻诊。这一状况的改善源于新型农村合作医疗与莽人扶贫工程。

（三）新型农村合作医疗的建立

为了解决边境地区村民看病难、看病贵的难题，金平县主要采取了两项举措，即建立新型农村合作医疗与开办村卫生室。

1. 建立新型农村合作医疗

2005年10月金平县被确定为云南省第二批新型农村合作医疗（简称"新农合"）试点县。该项工作于10月12日正式启动，2006年1月1日正式实施。至2008年4月莽人已有92户397人参加，参加新农合的比率（简称参合率）为58.3%，每年缴纳个人筹资20元。从2009年起个人筹资逐年增加，但因边民享受国家有关惠民政策，由国家民政部门下拨资金为莽人缴付，除待定人口外，参合率为100%。莽人参加新农合和大病医疗救助之后，降低了他们"无钱看病、因病致贫、因病返贫"的可能性，也改变了他们的疫病观，去医院诊治逐渐成为解决"不舒服"的首选，魔公治病的机会大为减少。

2. 新建与改建村卫生室

2008年4月开始实施莽人扶贫工程，即将新建牛场坪、水龙岩安置点两个村卫生室纳入实施规划之中，面积各80平方米，并为每个卫生室各培养2名莽人乡村医生。2009年5月村卫生室投入使用，莽人村医也培训结业，掌握了常见疾病的诊断与医治等基本业务，被分配到莽人村卫生室上岗行医，月薪400元。另外还改建了南科（行政）村卫生室。为三个卫生室全部配备了必要的设备和药品，使得莽人及附近其他村民常见病不出村即可医治、常用药不出村即可购买，极大地便利了当地村民的求医购药。为了提高莽人村医的业务能力，2010年又将2名村医选送到红河州卫生学校进行为期2年的培训学习。他们顺利完成学业，现已在莽村附近卫生室上岗，相信能为村民提供更加优质的服务。

莽人信仰鬼灵，惧怕黑巫术，这一文化模式虽有所松动，但影响依然深远。表现在医疗观念上，即从病害多由鬼怪与黑巫术所致到逐渐接受现代医学；治病的方法也由基本依靠魔公逐步转向医疗机构就诊。随着新农合等惠民政策的实施，医疗机构在莽人的治疗与保健方面将起到越来越重要的作用。但在日常生活中，深层的文化惯习（habitus）① 依然存在于莽人的观念中，并

---

① 惯习（habitus）是皮埃尔·布迪厄（Pierre Bourdieu）提出的社会学理论中的关键概念，指社会中的所有成员自然而然地遵循的实践原则。

成为他们行事的常态模式。就疫病的防治而言，在实践中莽人针对不同的病症，寻求不同的救治之道：第一种为首先请求魔公救治，若不见好转，再去医疗机构诊治；第二种途径恰恰相反，他们首先去医疗机构就诊，如果效果不显，转而寻求魔公相助治疗；第三种情况是两者并举。

第二节　防鬼：家屋防御体系的建构

"家屋"既指"屋"的物质空间，是人—环境的实体反映，又指"家"的社会空间，是人—人和人—鬼的生活世界。在莽人的观念中，家屋不啻为他们饮食起居与繁衍发展的神圣空间，须特别保护，免受邪恶鬼魂及不洁之物的侵扰。因此在建盖家屋过程中，须考虑众多因素，并举行驱鬼仪式；之后再添加厌胜物，增强防范功能；而当这一神圣空间被污染后，则须延请魔公举行"扫家"仪式，恢复家屋的洁净。

一　建盖家屋

家屋 nva 乃家庭生息繁衍之地，需要洁净与安全的生活空间，因而在建盖家屋 ji nva 时相应产生有关规矩与仪式，甚至不乏考虑超自然的因素。从选址开始，至迁入新居，无不折射出莽人的生存智慧与观念世界。

（一）选址

莽人虽无风水之说，但对人与环境之间的选择也显示出高超的生存智慧。家屋通常择地于离水源不远又向阳的山坡之上，接近森林与田地。就生活而言，便于取水、砍柴、采摘野菜；就劳作而言，便于刀耕火种与采集狩猎；就卫生而言，因阳光充足，病害较少，更由于沥水防潮，可减少疫病的滋生与传播。

（二）建造

家屋多为干栏式结构，下空 0.8 米左右，既有通风干燥之效，又便于家庭放养的家禽、家畜在栏下活动；面积大小视家庭人口多寡与经济条件而定。以下简要说明建造之法。

清除地基上的不洁之物，并平整地基后，方可择一吉日动工盖房，同前，不再赘述。建房最为重要的是由户主以木刻的方式在梯形地基上标示出祖先位置，再由他栽入大门东边的立柱，其他立柱可由他人相助栽入。栽好六根立柱之后，在立柱之间架设横木，并铺设干栏地板以稳固房屋框架。往昔梁木之间并无榫头，仅用藤条捆扎；之后学习邻近民族的这一技艺，方用于建筑之中。在房屋框架搭建成功后，再架构横梁，在人字形屋顶两边铺设条木，在上面层层相叠覆盖用茅草编制的"草瓦"①，并以藤条拉压扎紧，一般4—6年不会漏雨。

（三）迁居仪式

完工当日即可迁入新居，莽人称为"上新房"*zhu de nva mei*。虽无须请人选择吉日，但也须避开禁忌日，并举行相关仪式。首先须举行"攮鬼"仪式 *nong ma hun*，该仪式由老年男性或魔公主持，他左手拿一内装少许清水、米粒与谷糠的竹筒，右手拿着用藤篾捆扎的三根燃烧的干柴，在家中四处游走，并指挥数名手持棍棒的男子吆喝着在家中一边跺脚、一边四处敲击，协力驱逐新房中的鬼灵。驱鬼完毕，他们均将手中所持之物从小门丢到屋外。其次户主抱着装有贵重物品的篾箱 *bong*② 入屋，放于其卧室之内；他人相助再抬入其他物品。户主在家屋大门外悬挂拦截鬼魂的绿叶，同时主妇在新房火塘生火，准备做饭备菜，设宴招待相助的众人。酒菜的丰盛程度与主家经济条件有关，但酒肉必不可少，富裕的家庭甚至杀猪待客③。在主家就餐的"客人"除了出工帮助建盖房屋者外，亦有以实物资助者，"米、鸡、酒、钱都可以帮，有哪样帮哪样，煮一锅饭都得，没有也没关系，看个人的良心"。在酒足饭饱之余，常有传统的山歌对唱与舞蹈展演。至此即构成一个完整的入户仪式。如今歌舞之风早已凋零，但村民自建家屋时的相关仪式不可或缺④。

家屋选址、择日建盖与迁居仪式的实际目的在于攮走危害的鬼魂，获得洁净的居住空间，家庭得以安康，按村人的说法即为"这样才好在呢"。当然这一防御体系尚不足以保护家庭成员的安全，为此还须添加厌

① 草瓦为茅草编织并以藤篾捆扎而成，颇费工时，故而在建房之前即已备好。昔时秋冬时节男女老少常一边闲谈，一边制作；现通用石棉瓦，故已少见该行为。

② 篾箱之中有祖先曾经用过的物品，抬入篾箱即表明祖先已经进入家中，此后绿色物品不可轻易拿入家中。昔时拆房前，户主须将篾箱抬至外面留2—3天后才拆房，以免祖先回家寻找，但多拿出篾箱中的贵重物品。此外祖先进家之后，户主不可长时间留宿不同亚氏族或世系群的外人，否则将招致祖先惩罚。这也是很多女婿在上门期间须在岳父家附近自己搭建家屋的原因之一。

③ 有一报道人告知迁入新居献祭祖先之事：主家须杀一只鸡，煮熟后将鸡头、鸡脚、部分内脏与鸡肉装入一个碗中献祭祖先，其他祭品还有一碗糯米饭与三杯酒。但对具体如何做，他却说不出所以然，甚至连祭品放于何处亦不清楚；而且他的说法遭到其他很多报道人的驳斥，故未予采用，特此说明！

④ 石奕龙、方明：《云南布朗莽人家屋文化的变迁及调适》，《民族研究》2013年第3期。

胜物，以增强它的防御功能。

二　厌胜物

在日常生活中，为了确保身体健康、家运顺畅，莽人常常在家屋的入口处悬挂一些厌胜物，以阻拦恶鬼及其他不洁之物进入家中，伤害家人。主要有绿色植物（见图6-3）、"八眼"（见图6-4）、人形法物（见图6-5），等等。

图6-3　入口的绿色植物

图6-4　房梁上的"八眼"

图 6－5　大门的人形法物

　　莽人是一个忌绿的族群，如前文所述，不可将绿色物品直接带入家中，否则将招致祖先的惩罚。这其实是一柄双刃剑，从另一个角度而言，绿色植物又具有保护与防御的功能。因此在特定的情境中，莽人常常将绿色植物 *laoe wang* 放置于家屋入口处，以防陌生的外力入侵①。莽人生育后的三天内，家屋门口均会悬挂绿色植物，虽有警示外人不得入内之意，更主要的在于保护新生婴儿不被陌生的力量及其他鬼魂伤害。举行撵鬼仪式后（详见第三节驱鬼仪式治疗），患者家屋入口处与大门前均悬挂绿色植物，意义同生育。每当村寨中出现丧事，与丧家不同亚氏族与世系群的所有家户，均在门口树立绿色植物，用以阻拦死者的鬼魂进入家中（参见第五章第四节丧葬仪式）。

　　"八眼" *la zha* 的"八"为虚指，很多之意；"眼"意为监督；一般以 12 根长约 0.7 米的竹篾交叉编织而成，用以拦阻外来鬼魂的多孔法物；亦有鬼魂因眼多迷惑而找不到家屋的入口之说。昔时莽人常将八眼悬挂于家屋前、后门。随着家屋式样与结构的改变，现在也挂于大门、后墙的窗户，甚至房梁之上。

　　往昔莽人常用茅草折叠成长约 15 厘米的草人，将之挂于前后门的门楣之上，起到阻挠恶鬼进入家中的功效，但悬挂时间不定。随着纸张大量进入村寨，现在多用纸张代替原来的茅草或阔叶草，张贴的时间统一为春节期间。迁入安居房后，这一风俗逐渐淡化。现今每村仅有几户还能见到这种法物。

_____

① 以往的研究者仅仅将此视为提醒外人不得入内，其实它在重要的生命关口也具有保护弱小者的功效；外人与鬼魂均被视为外力，予以防御。

除了上述之外，莽人的厌胜物并不统一，甚至带有个人喜好。如猎到大型动物，常将其下颚骨挂于家中，既向他人显示自己的能耐，也有驱邪的作用。因为莽人认为，大型动物的鬼魂比较厉害，有它们在家守护，恶鬼不敢进入。

为了居所的安全，莽人常在家屋内外悬挂或张贴绿色植物、"八眼"、人形法物等厌胜物。当家屋的神圣空间被污染后，莽人延请魔公举行"扫家"仪式，清除污秽，恢复家屋的洁净。

三　扫家

"扫家"为一种洁净驱邪仪式，由魔公择吉日通过象征的方式清除家中污秽与邪气，包括各种不吉的鬼魂，使得家屋成为宜居的洁净空间；据说一个月中仅有 3 个吉日可以举行该仪式。莽人原无这种仪式，系民族文化交流后由其他民族魔公到莽人家中操作，试举一例。

龙凤村某家从 2009 年 6 月迁入安居房后，一家人经常生病。2011 年 9 月 18 日罗姓户主请金平县十里村乡的两位瑶族（红头瑶支系）女魔公到他家查看。经她们打卦问卜，病因始于某一月子中的妇女曾来他家，由于"女人身上不干净的鬼得罪了罗家老祖公①，祖公生气了，家人就害病了"。为了家人身体安康、家业兴旺，该家请魔公为其"扫家"，恢复家屋的洁净。

当晚在该家客厅中间摆放平常吃饭的一张方桌充当供桌，桌上置一碗米、一碗清水、五杯酒等祭品。主持仪式的一位魔公一边念经，一边点燃三炷香；接着烧些黄表纸；再用纸张将原已编扎的稻草人包起来，宛如穿衣服。如此之后，两位魔公一边一起念诵驱邪经文，一边一前一后用桃树枝象征性地清扫家中各处；最后她们一起将稻草人丢到西边偏僻之处。此段仪式告一段落，魔公稍事休息，并吩咐主妇去家中鸡栏抓来一只红公鸡，拴住它的双脚与翅膀后，交给魔公。3 分钟后再继续举行仪式。主持仪式的一位魔公站在大门外，将该鸡从门外丢进来，坐在家中的户主接住公鸡后，又丢给魔公，如此反复三次。之后她将该鸡交给主妇，叮嘱她关好它，三天后才能放出去，而且今后不能杀吃该鸡。最后在大门门楣上挂

---

① 莽人并无显见的妇女因生理期与生育而"不干净"之说，但有未满月的产妇不得进入他人家中之俗。莽人常说"安居房里没有鬼，不像老房子，老祖公也没有"，这一说法源自安居房不像以往的传统民居，设有祖先的固定位置，但当家有不幸时，却又将之与鬼及祖先相联系。

上一段红布，以此预示今后家业兴旺、生意兴隆。至此持续 27 分钟的扫家仪式即告完成，而被扫之家须付给魔公报酬 66 元。

在家屋的防御体系中，建盖家屋时的多种仪式及附属增加的厌胜物皆为确保家屋的神圣空间。而一旦家屋被污染，则须举行相关洁净仪式，此即为外来文化的"扫家"。此外还有一种特殊的力量亦须提及，莽人称为"巫害" sha。相传"每个寨子的老人都会，我们不敢去别的寨子，怕他们放巫害搞我们，他们也不敢来我们寨子，怕我们整他们"。以此观之，巫害亦是一柄双刃剑。当家屋的防御体系被外力攻破、家人在外活动被人施放巫术而招致侵害时，为保安康，则须救治，这些内容将在以下两节予以讨论。

第三节　疫病治疗仪式

虽然现代医疗体系已逐渐渗透到莽人的日常生活中，但受传统文化的影响，仪式治疗尚有依存的空间。莽人将身体不适均视为有病，一种需医生治疗，一种为魔公救治。本书主要讨论仪式治疗之病，其病因约略可分为黑巫术伤害，自身灵魂失散及招致鬼灵侵害。下节探讨巫术，本节主要涉及灵魂失散与鬼灵侵害的治疗仪式。若病情不严重，莽人视为患者灵魂失散，可请年尊辈长者为其叫魂；若严重，则须延请魔公 mo gong 打卦检测病因，并据此举行相应的治疗仪式。本节包括两部分内容，第一部分为诊断仪式，分为请师、打卦测病、驱鬼三个过程；第二部分为救治仪式，分为请师、打卦、驱鬼、献鬼等过程，重点描述招魂、驱鬼、补命与分命等具体的救治仪式。

一　诊断仪式

莽人对灾祸病变有其自身的解释系统，并根据个人及其家庭成员所掌握的地方性知识予以应对，如前文所述的刮痧；当情况严重、自身处理无效时，才会延请魔公举行有关仪式检测病因、献祭治疗。莽人将测病方式统称为打卦 ba xv，指魔公据其所知说出病因，再掷卦询问其"天上的师傅"，并据卦象判断其所示答案。充当卦的媒介众多，诸如鸡蛋、狗毛、铁刀、筊杯、香。测得病因后还须以特别之法驱赶作祟的鬼魂，俗称"撵鬼" jia bli。

（一）请师

前文已述及魔公 *mo gong* 实为其"师傅"在世间的代言人，也即只有通过打卦占卜得到师傅的指示，他们才能治病救人，因而告知师傅为治疗的第一步。据我观察他们请师的特点有共性，又有差异：共性为念诵请师祷词、以酒饭等献祭师傅；不同则各有特色，如牛场坪龙玉忠须烧香、龙凤村陈继新则将燃烧的蜡烛塞入嘴中。

（二）打卦测病

打卦测病最为常见的两种方式为筶杯与铁刀打卦。

筶杯 *beng zhu* 以对为单位，每对卦均由大体相同的两部分组合而成，每部分有正、反面之分。它有竹质与木质两种，前者取材于野竹，如龙凤村陈继新所用的即为将一竹根一分为二而成，为其父所传，包括根部在内长约 16 厘米；后者只能取自岩桑树。据说若使用其他材质，使用者将受到雷公的惩罚，如牛场坪龙玉忠的卦为长方体，长约 12 厘米，宽约 4 厘米，高约 1.5 厘米。投掷一对卦的两部分相同为圣杯，俗称"好卦"。测病时魔公 *mo gong* 须念诵祷辞延请师傅前来诊治患者，待说出病因后投掷筶杯询问师傅，如为圣杯即得到师傅的肯定，尚需再次得到圣杯确认后方能最后确定；否则须再掷，直到连续两次获得圣杯，诊断方告完成。问询也是有规律可循，通常魔公会事先了解患者近日的所作所为，据此推测何种病因更具可能性，先喊叫该病因并投掷筶杯确认。祷辞大致如下：

> 巫害吗不是？是就得好卦；
> 是 ba hai 吗不是？是就得好卦；
> ××鬼，是吗不是？是就得好卦；
> ××鬼，是吗不是？是就得好卦；
> ××（病因），是吗不是？是就得好卦……

莽人认为"刀不像人那样乱讲话，认得什么鬼才能讲""我们叫刀张开眼睛找鬼，找到了刀就动一下，那就是告诉我们找到了害人鬼的意思"，此即铁刀打卦测病之法。其具体做法为魔公以一根细长的薄竹篾系住一把铁刀的两端，手持竹篾，保持两边平衡。待铁刀静止后，魔公先诵念请师祷词，再口念祷辞①，确定具体病因。该方式与打卦测病相似，如

---

① 本文有祷词与祷辞之分，前者用于魔公师傅；后者用于其他鬼灵。

患者曾去林中打猎，则先求证林中诸鬼；如往水边捕鱼，则是各种水鬼；若赴山地种植，则为山鬼，诸如此类。当魔公说出具体作祟的鬼魂之名时铁刀摇晃，则表明病因即为该鬼作祟。祷辞大致如下：

> 刀啊刀，是人害嘛是鬼害，麻烦你帮我们找一找，
> 找到了你就动一下；
> ××鬼，是吗不是？是就动一下；
> ××鬼，是吗不是？是就动一下；
> ××（病因），是吗不是？是就动一下……

　　打卦的时间也依据卦的材质而有所不同，如铁刀打卦多在天亮之前，否则测病不准确；相对而言，筊杯一般较为随意，白天与夜晚皆可，但亦有魔公根据自身经验选择更为灵验的时间，如牛场坪罗小二须在半夜鸡叫之时打卦，其他时间无效。若打卦确定病因为鬼魂作祟，魔公须请师傅驱赶作祟的鬼魂，俗称"退鬼"或"撵鬼"。同时魔公代替患者向鬼魂承诺，只要鬼魂不再作祟，三天后患者身体康复后，必兑现诺言，按其所需予以献祭。为此另须举行仪式，俗称"献鬼"。若病因为失魂所致，则须举行招魂仪式。若病因为命太薄或太硬，则须分别举行补命与分命仪式。

　　（三）驱鬼方法

　　测病查明作祟的鬼魂之后，魔公还须询问师傅该病是否可解与如何解救，即如何驱赶与献祭，使得鬼魂不再作祟，患者得以安康，具体仪式过程将在后文详加讨论。据说鬼魂惧怕刀与火，最为常见的驱鬼之物为刀与黄蜡。刀并无限定，各种刀皆可；黄蜡俗称土蜡 *cha li*，取自筑巢于陡峭石壁的黑色小蜜蜂 *bue di*（A. audrenijormis），因其难得，现常以蜡烛代替。通常有两种驱鬼方法。

　　第一种方法需少许黄蜡、一节小竹筒、一把铁刀、一件患者穿过的上衣。魔公略取少许黄蜡倒入竹筒底部，点燃黄蜡驱鬼。魔公在请师之后一边念诵驱鬼咒语；一边用铁刀敲击竹筒底部，象征该刀已在火上煅烧，再以刀触碰衣服，意为以"红铁"驱赶患者身上作祟的鬼魂（见图6-6）。

　　第二种方法为魔公请师后一边念诵驱鬼咒语，一边将蜡烛点燃，以烛油在一张白纸上画"＋"符；包好后再对白纸吹三口气，给予患者，并嘱咐其将该纸包随身携带三天即可。"＋"符意为押送作祟的鬼魂，吹气为施咒驱鬼。

图 6－6 刀、蜡驱鬼

二 救治仪式

若身体略有不适，莽人认为其魂魄可能已经逃逸，可由年尊辈长者为患者叫魂 *da nv*；若病症严重，须请魔公测病，并根据病因在测病三日后举行相应的救治仪式，这些仪式主要有引魂 *da nv*、驱鬼 *nong bli*、献鬼/退鬼 *ji bli*、补命 *dun ming*、分命 *bon ming* 与改命 *ji ming* 等。莽人以同一词汇指称叫魂与引魂，故将二者放入招魂中一同讨论。

（一）招魂

莽人认为人是肉体与魂魄 *nv* 的综合体，一旦魂魄逃离肉体，人将软弱无力，甚至多病遭灾。为了恢复健康，须将失散的魂魄招回肉身，此即招魂。本小节首先归纳失魂的原因，然后略举招魂数例予以说明，最后总结招魂仪式的特点，并兼论叫魂与引魂之别。

1. 失魂原因

灵魂失散的原因不一而足，大体可分为内因与外因。内因主要表现为灵魂因贪恋某物或迷失方向而未能回归肉身；而外因则来自外界的惊吓、恶鬼作祟、惹恼祖灵等。

（1）贪恋某物而失魂。2011 年 8 月 16 日中午坪河下寨数名莽人儿童带我去坪河洗澡，并要我见识他们"跳水"。当晚其中有名儿童发烧，次日其母告知"小娃的魂魄还在玩水，没有回家，掉魂了，难在"。

（2）迷路而失魂。莽莽森林为莽人提供丰富的食物来源，却也带来诸如迷路之类的不便。2010年11月2日平和村几位女性报道人告知，她们曾经一起去森林寻找药材，后因大雨而不辨方向。返家之后，有一人在梦中大呼小叫，不停地说要去森林"找钱"（药材）。她们认为这是其灵魂迷路而失魂的表现。

（3）受惊失魂是指因不经意间受到某种惊吓而灵魂逃逸。如在森林中行走时，不期然遇见蟒蛇、老熊等动物而受惊失魂；甚至戏耍某人，在其身后突然大声吆喝，亦有可能使其失魂。

（4）莽人认为鬼灵作祟是导致失魂最为常见的原因。如某人打猎返家后感到头昏眼花，失魂可能是林鬼所致；某人捕鱼后四肢无力，失魂大多归之于水鬼所为；某人不慎触摸死者的用品，则失魂系该死者的鬼魂所害。

（5）惹恼祖灵而失魂。如经期中女性不慎坐于祖先床位，将遭受祖灵惩罚而失魂；2011年2月3日（正月初一）中午我听到哭泣声，发现系某人失魂所为，原来在客厅沙发午睡的他（1969—）梦见去世多年的父母，责问他过年为何不送酒肉给他们享用。于是失魂落魄的他赶紧吩咐其妻备好酒菜，夫妇二人与亡父亡母"虚拟"地推杯换盏。

2. 招魂

莽人常背负幼儿或带着孩童前往田地劳作，长辈在返家途中常一路呼喊其小名，以免其魂魄失散。一旦失魂，则须招魂。为男女患者招魂有时空上的差异，即为男性须在早晨、家中、大门口；女性则在傍晚、家中、小门边。现今安居房仅有大门，为男性招魂位于大门偏左，女性则偏右。年尊辈长的女性常为失魂病症轻微者叫魂；较为严重者须请魔公举行相关仪式方可康复。据牛场坪村魔公陈小大告知，若请其招魂，须一公一母两只鸡、一碗糯饭、一碗清水、两杯酒、付费三元。他共念六段咒语，每段十二句话；每念完一段吐三口水，哄人的魂魄回家，并以鸡为象征带回失散的魂魄。各段大意为：第一段呼喊魂魄回家；第二段撵魂魄回家；第三段在鸡翅膀上拔三根毛，插入患者帽下，以防其耳鸣；第四段喊魂魄回家吃饭；第五段喊魂魄回家喝酒吃肉；第六段喊魂魄安家，躲灾躲难。若为男性招魂，须以公鸡将患者失散的魂魄带回家，因而不能宰杀该鸡，任其老去，故而宰杀母鸡为患者补命；女性则与之相反。做法大体如此，若以具体事例比照，则因魔公不同所行仪式的细节略有差别。

例1. 母亲为贪恋某物而失魂之子叫魂

男孩阿牛在河里洗澡玩耍，次日腹泻、食欲不振。其母认为阿牛的魂魄因贪恋玩水而未回归肉身，于是她手捧一碗米饭，早晨站在大门口为他叫魂，呼喊阿牛的魂魄随着她的叫喊声回家，部分招魂词如下：

> 阿牛，听到妈妈的呼喊了吧，
> 快点跟随妈妈回家！
> 水边不是你的家，
> 玩耍过后快回家！
> 听到妈妈的叫喊声，
> 跟着妈妈回到家！
> 水里没有吃的，
> 家里才有好吃的、好喝的，
> 快跟妈妈来家享用！

被叫魂的小孩在身体康复前均须待在家中，或在家附近玩耍，不可到鬼魅较多的森林及偏僻之处。

例2. 母亲为受惊失魂之女叫魂

坪河下寨少女阿文在森林中行走，不慎踩踏一条大蛇。受此惊吓的阿文全身冰凉，脸色苍白，夜晚在睡梦中还胡言乱语。次日傍晚其母手捧一碗米饭在后门口为她叫魂。部分招魂词如下：

> 阿文啊，听到妈妈的叫喊声就赶快回家吧；
> 家里有火塘，你来家烤火就不会冷了；
> 爹妈都在家，与弟弟妹妹一起玩耍；
> 蛇鬼啊，求求你，不要吓唬我姑娘；
> 她还小，原谅她的不懂事；
> 我在这里对你说对不起了，你放她回家吧；
> 蛇鬼啊，回到你的家去吧，不要在我姑娘身上，
> 只要你放她回家，我们给你吃的、喝的……

例3. 魔公为一多病儿童叫魂[1]

某男童（2010—）体弱多病，父母常为他求医购药，其父认为其子

---

[1] 与前述驱鬼方法中第一种做法相同，我认为是撵鬼仪式，但陈继新认为是叫魂。叫魂的患者一般并不认干亲，但该日患者父亲请我做其子的"干爹"。以此来看，习俗常无定规，当以情境中的实践为准。

可能失魂。他于 2011 年 3 月 16 日早晨请魔公陈继新为其子叫魂。

9：35 陈继新带着刀、竹筒等器具来到患者家中，其父母与陈略微寒暄。9：52 陈坐于患者家大门边，面朝门外，前面地上摆放着一件患者穿过的上衣。他在竹筒底部放入一些蜂蜡（并未点燃），一边招魂，一边以小刀敲击竹筒，象征刀已在蜂蜡上炙烤，再将该刀触碰患者的衣服，以此驱邪撵鬼并诵念召回失散灵魂的祷辞。仪式在 10：17 结束，持续时间为 25 分钟。此后陈还将刀与竹筒放于患者枕头之下，用于保护患者，三日后再取回。虽然主家无须为此付费，但须杀鸡备酒，宴请魔公夫妇以示感谢。

部分招魂词如下：

> 呜、呜、呜——
> ××（患者小名）快回家！
> 老林不是你的家，
> 不要在那里玩耍！
> 田地不是你的家，
> 你做不了它，你还没长大！
> 水边不是你的家，
> 你快点回家！
> 森林鬼、路鬼、山鬼、水鬼、数不完的鬼，
> 你们放了他！
> 这个小娃命太苦，
> 受不了折磨！
> 求求你们放了他，
> 爹妈给你们吃肉喝酒！
>
> 森林鬼、路鬼、山鬼、水鬼、数不完的鬼，
> 快快放了这小娃！
> 燃着的蜂蜡，锋利的尖刀在面前，
> 你们不放他，你们没有好下场！
> 放了他，要肉有肉吃，
> 放了他，要酒有酒喝！

例4. 苗族魔公为莽人引魂①

陈继新生病多日，去村卫生室输液并服药两天均未见好转。于是他前往南西村，请一苗族魔公为其打卦，查明病因为其魂魄被关于本村某一死者的棺材中②，需要将魂魄招引回来，他才能康复。

2010年11月18日约13：00，陈小华、陈小文带着苗族魔公前往坟地；约13：30他们到达坟地。魔公首先将一根木棒插入土中，待触到棺材后将它拔出，意为带出患者被关押的魂魄。接着魔公剪一纸人，并念经；最后魔公嘱咐陈小华将纸人装入包中，带回家给陈继新放于枕下，此即象征魂魄归附人身，不再逃逸。该仪式大约持续10分钟。吃完午饭已是16：30，该魔公再为患者举行引魂仪式，大约持续2.5小时。最后他在患者家大门门楣上悬挂一段红布，意为红运当头；门口竖起外人禁入的绿色植物。约20：30我未曾留意该标志，直接推门而入陈家，他们正在喝酒吃饭。陈继新热情地邀我入席喝酒，并请我为其拴线，此即意味着我将成为其"干爹"。因其比我年长21岁，我无法接受而旋即离开，故而未能当场访谈。次日陈小华告知"与我们的（魔公）做法不同"，如仪式时多次烧香，每次均为6炷。因他们既不懂苗语，对此也不甚关心，未能向我详细地讲述仪式的过程与细节。

例5. 陈继新为自己叫魂

陈继新一段时间深感不适，去村卫生室输液数天亦不见好转。他为此打卦问卜，得知其魂魄已在莱州。2010年12月26日他为自己举行招魂仪式。

8：38他先喝两口冷水吐到门外，意为将逃离的魂魄从睡梦中惊醒，再念诵祷词（见图6-7）。8：45他抓住一只公鸡为自己叫魂。9：02与9：05他从鸡翅膀上各拔下一根羽毛，分别插入帽下右耳与左耳上方（见图6-8）③，接着叫魂，意为"公鸡驮着魂魄回来了"。9：08他将此鸡放生。因该鸡领其魂魄回归，所以不可出卖或宰杀，须任其终老病死；若杀吃领魂之鸡，则说明他良心不好，生命不会久长；该鸡活得越长，预示患

---

① 在田野调查初期，我与莽人驻村工作队生活在一起，属于"公家的人"，而招魂撵鬼之类的"迷信"行为须加以"改造"，因而他们避讳我的观察。有所发现都是自己每天早、中、晚三次如幽灵般在村中游荡不期而遇的结果。
② 她死于2010年10月20日夜晚，23日埋葬。陈继新为该丧事中的主要协助者之一。
③ 若是罗姓患者，需要3根鸡毛，先插入帽下额头处，后依次为右耳与左耳，其他诸姓氏只需2根。差别原因不明。

者越长寿。9：16 他手捧一碗米饭，以此祭献致使他失魂的鬼魂，招魂仪式至9：32 告一段落。此后他宰杀一只母鸡并煮熟。10：29 他以白纸包入少许米饭与鸡肉，将它丢到西边的偏僻之处，献给诸多野鬼享用，请它们不要拦路，让其魂魄顺利回归己身；剩余的米饭与鸡肉由他一人食用，而且须将鸡骨头以破布包好，拴于其床铺之上①。由于他尚未完全康复，身体抵抗力较弱，易遭鬼魂侵犯，因此三日内不可出远门，仅能在家附近闲逛，做些不甚劳累的家务劳动。

图 6－7　陈继新为自己叫魂

部分招魂词如下：

> 我的魂啊，莫在外面乱窜，
> 听到我的叫喊声，跟着快来家；
> 鬼魂啊，放了我的魂，
> 让他回到我的身，让我的身体好起来；
> 我拿公鸡献给你，
> 你放了我的魂；
> 我用米饭献祭你，
> 你放了我的魂；
> 我还送酒给你喝，
> 你放了我的魂！
> 我的魂啊，跟着我的叫魂声回家；
> 家中才有温暖，不要在外玩耍；

---

① 在昔时传统家屋中，拴于床铺上方的横梁之上。

图6-8　陈继新手捧米饭叫魂

> 我的魂啊，快点到我身上；
> 我要干活计，得吃寿命长；
> 我的魂啊，不管山多高，快点回到家！
> 我的魂啊，不管路多远，快点回到家！

例6. 傣族魔公为莽人招魂

牛场坪村的某对夫妇经常生病，他们认为这是鬼灵作祟所致，故而特请越南某位傣族魔公①为他们诊治。后据该魔公察看，他们的魂魄果然丢失，须举行招魂仪式。

2011年7月30日9：30在患者夫妻卧室门前摆放一张方桌，上置一只熟鸡、一碗米饭、四个酒杯、四双筷子。患者坐在卧室门口，魔公与他们相对而坐（见图6-9）。魔公按先男后女诊治，所行程序与方式完全相同。她右手持一折扇，一边在患者身边扇去邪气，一边念诵咒语；左手端起一杯酒，含少许后喷在男患者头顶上方；接着用扇子在他全身从上到下、从后往前清除不吉；如此再对女性患者驱邪。

稍事休息后魔公从10：05开始念唱数句祷辞，她起身从供桌上拿起

---

① 该魔公原为金平县金水河镇人，后嫁到越南某村。其助手为牛场坪（前名雷公打牛）嫁到该魔公同村的莽人。

图 6 – 9　越南傣族魔公为莽人招魂

一杯酒，递给莽人助手，在念诵的同时示意与助手干杯。落座后她再念，右手持扇在祭品上轻扇，并指示助手扯些鸡肉，与米饭一起喂给男患者，如此共 6 次。接着她与助手分别端起一杯酒，她在男性患者身旁念驱鬼咒语数分钟后，与助手同饮。之后她右手抓住鸡脚察看，左手扇扇子，口中诵念数分钟，察看另一鸡脚与鸡头；再分别喷酒到鸡头与鸡脚上，并仔细察看。落回原座再念诵咒语，左手抓住鸡脚，右手扇扇，仪式至 10：27 结束。莽人认为最好有外人为患者拴线，意为将其魂魄紧紧地拴在身上，身体将因此而康健。魔公与我分别为男女患者在其颈脖拴线，并因此成为他们的"干妈"与"干爹"。

　　为配合治疗，魔公赠送一瓶其配置的药酒给患者饮用，但具体中草药名与配置的比例不详。除招待魔公及其助手就餐，患者还支付 260 元的报酬。

　　莽人将魂魄离开肉身视为"病"，应对之策为使魂魄回归。若病情轻微，年尊辈长的亲朋，甚至患者自己均可叫魂。若病情严重，在医疗机构医治效果不甚明显时，莽人可能转而求助于民间治疗体系，如延请魔公打卦占卜；若系失魂所致，则须举行引魂仪式。因而叫魂与引魂实有区别：叫魂意指年尊辈长者以口头呼喊的亲情方式将年幼者的失魂叫唤到患者身上；而引魂须魔公举行相应的仪式，多以恩威并举之法迫使作祟的鬼魂离开，如上述仪式中使用的铁刀、蜂蜡、献祭。这种方法不过是魔公代替患者与作祟的鬼魂进行一种交换，目的在于迫使鬼魂不再作祟患者。

　　（二）驱鬼

　　上文业已讨论灵魂逃逸肉体后须将其招回，方能恢复健康。若遭受鬼灵作祟而致病，则须及时延请魔公举行治疗仪式，否则不仅病痛不绝，甚至性命堪忧，此即为驱鬼仪式。驱鬼 *nong bli* 即撵鬼，更通俗的称谓是"献鬼"，指由魔公主持通过驱赶与献祭两种方式，将作祟的鬼灵驱出患者之身，恢复其健康而举行的治疗仪式。本节延续第三章第三节对鬼灵的四层分类，讨论治疗的有关仪式。为对此有一概略性了解，可参见表6-1；更细致的讨论，详见后文。

表 6-1　　　　　　　　　　　作祟鬼灵与献祭方式

鬼魂层级	鬼名	患者症状	献祭时间	献祭地点	主要祭品
天上	太阳鬼	头晕、腹痛、发冷发热	早、中、傍晚	野外	公鸡、糯米
	月亮鬼	头晕眼花、头疼	晚	野外	母鸡、糯米、鸡蛋
天上地下	猫鬼	头疼、发冷发热	晚	家外	小猪、酒
	扁婆鬼	发冷发热	不定	麻坡地	鸡、糯饭
	木头鬼	眼睛疼	不定	家中	无
地下	死人鬼	腹泻、昏厥、无力犯困	晚上	家外	小猪、糯米、食盐
水中	水猪鬼	生疮、红肿	晚上	家中	酒、香、清水

资料来源：笔者访谈整理。

1. 天上鬼灵

莽人认为太阳鬼 *bli ma ni* 与月亮鬼 *bli ni* 是天上威力最大的鬼灵，前者是兄长，后者为弟弟。若遭受该鬼作祟，患者会出现头晕、腹泻、发冷发热等症状。因二者是亲兄弟，所行驱鬼仪式的过程大体相同，如在家外进行三次，每次诵念相同的咒语。也因它们出现的时间不同，所行仪式的时间有别，即撵太阳鬼在白天，而撵月亮鬼在夜晚；此外不同的魔公操作的仪式亦有别。

撵太阳鬼的三次时间分别为日出之时、日正当中、日落之时。每次诵念的咒语相同，耗时约1小时。牛场坪陈小大的做法是敬请森林与水中的10种动物上天，请求太阳鬼不要作祟患者，让其安康。10种动物分别为森林的小鸟、松鼠、老熊、野猪、"白肚""普列狗"（果子狸 Paguma larvata）、飞虎、猴子；水中的螃蟹和鱼。前两次仅须念诵驱鬼咒语，第三次须在一张芭蕉叶上摆放以下祭品：1只公鸡；少许食盐、辣椒与糯米。念完第一遍咒语后，其助手宰杀该鸡并煮熟①，取些鸡肉再放于芭蕉叶上献祭太阳鬼。魔公再念诵一遍咒语，因而较前两次耗时约长半小时。患者不可食用该鸡的鸡肉，否则将再遭该鬼陷害，按报道人的说法为"病不

① 米却无须做饭，原因不知。

会好"；其他人若食用，也有"着病"的可能；因而一般仅有魔公及其助手能就地享用。因是"献鬼的鸡"，未吃完的鸡肉不可带回家中再食用，而须丢弃野外，所以献祭的鸡基本较小。

我并无实地考察攃太阳鬼与月亮鬼的机会，所悉皆为访谈报道人所得。牛场坪龙玉忠告知攃月亮鬼的时间为月出之时、月盈之时、月亏之时；所需祭品为一只母鸡、一颗鸡蛋、一些糯米，还有少许小盐系菜、辣姜、辣椒等佐料；据说咒语为四段共100多句，其中部分为：

> Huo duo muoduo ming, bli ming duo on duo ha;
>
> Yi huon ma mi, on jing bling ming jv o di da dan;
>
> Jia yi jia duo di bang on nva, win nva; win wang; mi la huo man, niong sua.
>
> De man, li juang su mu, she me, la han wan deng;
>
> Jiang me yi mi jing bling; jiong ba yi mi jiong tong bli jiong.
>
> Huon ga huon gi, yv dang dong.

大意为遭受月亮鬼伤害者会头昏目眩，看月亮为半红半白。为此须打卦，并以土蜡退鬼，再将鸡肉与竹筒装的白酒放入簸箕中，送到天上献祭，并以傣语呼喊月亮鬼来享用祭品。同前所述，一般仅有魔公及其助手能够享用这些祭品，所剩亦须丢弃。令我疑惑的是，他告知的信息与祭词中有所不同，如祭词中有白酒，访谈时无此内容；放于簸箕内而不是常用的芭蕉叶献祭，这些他均未能解释清楚。前文业已指出，魔公的救治方式极其个性化，如龙凤村陈继新攃太阳鬼的方式为：以三团糯米饭分别在患者腹部擦拭三次后丢弃，并因莽语的咒语太长而改用傣语，其中部分内容为："今天着（为……所害）你太阳鬼，拿一个红公鸡来献；有南方改南方，有东方改东方；头痛不给痛，头晕不给晕。"献祭月亮鬼的方式为：破开一节竹竿、夹入一些狗毛后点燃，请求月亮鬼吃狗肉，不要吃人肉。据说月亮鬼闻到焚烧狗毛的味道，即会前来享用祭品。

2. 天下地上的鬼灵

天下地上的鬼灵众多，魔公所行仪式又多具个性化，因而难以一概而论，如在空间上有的仅能在家中举行仪式，也有只能在野外；时间上有的仅能在上午举行，有的只能在夜晚；在所用祭品方面，有的以鸡为牺牲，也有以猪者。为了明晰这一极其复杂的文化现象，我将多举实例，并略作解释。

（1）家鬼

莽人传统的家屋结构中虽有祖先的特定空间，却无男性祭祀祖先之俗。仅当祖先因家人违反禁忌（如将绿叶在白天直接从大门拿入家中）致其生病时，家人才向祖先献祭。这些仅有耳闻，目睹的多为已婚妇女献祭父母鬼。

就献祭祖先鬼而言，在打卦、撵鬼之后，魔公在患者家中铺一芭蕉叶，上面摆放一团糯饭、一块布。魔公怀抱一只黄母鸡，"黑的、白的、花的都不成，不合祖公的心"，以莽语念诵祷辞，恳求祖先鬼谅解触犯者的冒失；接着魔公用布擦拭患处，意为将灾病擦去。助手将该鸡宰杀并煮熟后，置于芭蕉叶上，请祖先来享用鸡肉与糯饭。据说只有男性才能分享这些献祭后的鸡肉与糯饭；若女性食用，不但"祖公鬼"将返回继续作祟家人，而且魔公也将受伤，甚至倒毙而亡。

父母双亡后，若出嫁之女突发疾病，或身体长期不适，精神失常，病症可能源自"老祖公鬼找肉吃""爹妈来找姑娘要肉吃"[1]。在她们一生中至少须献祭三次，其中必有一次以小猪为牺牲，另两次可以鸡代替，因为猪较鸡贵重。献祭仪式极为正式，体现在时间、地点、人物三方面：在上午、在专用祭祀的棚屋中、由莽人魔公为盛装打扮的患者主持仪式。患者之夫及其他男性在她家附近特地搭建长与宽分别约为2米与1.2米的单坡棚屋，棚屋仅有2根立柱，屋顶用芭蕉叶覆盖，出入须躬身而行。屋内摆一张以竹篾编织的床垫，长与宽各约2米与0.4米。患者须身穿传统民族服装，即上穿长袖贴身对襟短衣、胸部系一围腰、下着黑色直筒长裙；魔公须戴帽，以免头发凌乱对献祭的鬼灵不敬。仪式结束后，搭建棚屋的材料与床垫均须丢弃，不可使用，否则将可能再遭献祭的鬼魂伤害。

例1. 以鸡为牺牲

因与前夫感情不和，曾育有多名子女的某妇女与一单身男子同居，不久她的身体长期不适、精神失常。2011年3月13日晚通过一个简易的订婚仪式，该男子由媒人交给患者娘家长兄260元，他们从此成为"正式的"夫妻，患者才能举行祭祀亡父亡母的仪式。2011年3月16日上午举行祭祀仪式，搭建棚屋不必细表。

10：27竹垫的左边摆放着一口锅，锅边烧起一笼火，象征火塘；右边摆放着垫有芭蕉叶的一个簸箕，内装一些烟草、一个盛有些许烈酒的酒桶与2根吸酒的薄竹杆、一把竹勺；此外还有盛水的竹筒、烟筒等物品

---

[1]　该老祖公鬼俗称"丈人丈母鬼"，对患者而言为"父母鬼"，但却很少听到这一称谓。

（见图 6－11）。患者端坐于魔公左侧。

　　10：36魔公首先念诵祷词，请其师傅前来治病救人。

　　10：45他代替患者向其亡父亡母解释未曾孝敬的原因，敬请他们谅解。

　　10：50在他人相助下，她将献祭的活鸡放于竹垫；魔公才诵念祷辞，言明患者的孝敬之心，恭请其亡父亡母来享用。稍后辅助者将该鸡宰杀，另有人以篾甑蒸煮糯米饭。

　　11：11魔公以竹勺舀些水酒，敬请患者父母饮用，再诵念一段后魔公稍事休息。

　　11：32辅助者以刀刮去鸡腿的鸡肉，再削 4 根竹签。

　　11：36他将竹签插入鸡骨眼中，每根鸡腿骨插两根，察看鸡卦"好"还是"不好"：若鸡骨眼的两根竹签插入深，而且竖直为最好，预示患者将会很快恢复健康；如竹签插入不深，但向相反的方向倾斜，而且角度相差不多，则为好卦，但患者不会很快痊愈；若竹签插入不深，且相对倾斜，则为凶卦，预示患者性命堪忧。本次卦象尚可，但患者仍在几个月后不幸离世。

　　11：46辅助者在背篓中垫入两张芭蕉叶，再将一包以芭蕉叶包裹的糯米饭、煮熟的整鸡及少许食盐、辣椒、味精等调味品装入背篓，患者于11：49亲自背到献祭的棚屋，放于魔公身旁。因她拄杖行走艰难，其夫还在一旁搀扶，但不可代劳背负祭品，否则该献祭无效。

　　11：54魔公将它们一一取出，摆放在芭蕉叶上；接着在鸡肉上撒些调味品，右手拿起一把篾质三角形扇子，一边扇着祭品，一边请患者父母及其他祖先前来享用。

　　12：05魔公以芭蕉叶包起一些糯米饭与鸡肉（包括鸡肝与鸡心），与鸡腿骨一起挂在棚屋右边的立柱上献祭（见图 6－10）。

　　12：11魔公再敬请其祖先来享用鸡肉、烈酒等祭品，不再为难患者，仪式至12：24结束。

　　12：38魔公将剩余可食祭品装入背篓，由患者背回家中火塘边。

　　12：42魔公将她背回的祭品从背篓中一一取出，放于一张芭蕉叶上。待辅助者做成菜肴后，由魔公先行享用，其他人方可食用，而且鸡头须敬给魔公享用，以示感谢。

　　例 2. 以猪献祭

　　某女常做噩梦，不仅梦见去世多年的父母，还在梦中胡言乱语，曾有数次从噩梦中醒来，感觉全身冰冷。于是请魔公打卦，确定病因为"死

图 6-10　献祭父母鬼的祭品

图 6-11　出嫁之女献祭父母鬼

去的爹妈来找肉吃"，须以猪献祭才能安康。

2010 年 11 月 11 日 9：20 开始搭建棚屋，至 11：52 结束献祭仪式。虽然主持仪式的魔公及其所用牺牲与上例皆不相同，但仪式程序与内容无异，无须赘述。以猪献祭，有所不同的是既无鸡卦可看，也无须另外留些猪肉献祭。以下描述吃午饭的情况。

14：18 酒菜均放于莽人传统的篾桌之上。往昔魔公坐于靠近火塘边的尊位，在安居房的客厅中座次并无特别讲究。在食用前，魔公并拢双手摊开双掌，祝福患者早日康复，并感谢主家的款待；主家以同样手势回谢，并客气地说辛苦魔公，无菜愧对他们之类的话。席上酒菜均由魔公最先享用后，其他人才可食用。酒过二巡，为了感谢魔公及其助手，主家特向他们敬献"双杯"，并将猪头与猪腿分别献给魔公及其助手（见图 6 - 12）；而魔公也夹起菜肴回敬他们；接受时均须摊开双手，并说些感谢与祝福的话。

图 6 - 12　魔公助手享用猪腿

以猪献祭仪式结束之后几日，患者告知一切安好；而以鸡献祭者却以中年之龄不幸于 2011 年去世。村民对其死亡深感惋惜，因为"她以前是我们村里最漂亮的女人，可能被人放巫害了，也可能是她家爹妈找她要肉吃吧。害病后拖太久了，早点整（请魔公治疗）就不会死的"。我再追问为何未早点诊治，"因为她又找了个男人，以前的男人（前夫）不会为她整的；后面的这个又没结婚，所以没法整的"。通过上述访谈，我们得知献祭父母鬼的女子须为有夫之妇，一旦遭受该鬼侵扰，务必及早治疗，此即该女子在订婚 3 天后即举行献祭仪式的原因。昔时女子少有离异，或离异后尽快再婚或许与此有关，以防病变无从着手。据说主持该仪式的魔公也容易招惹该鬼而"着病"，所以魔公大多不太愿意主持该仪式，以减少遭灾受病的风险。

例 3. 莽人魔公为彝族救治祖先鬼伤害

2012 年 9 月 15 日期腊村①的一位男性彝族（1978—）驾驶摩托车，载着女儿从勐拉赶集返家途中，突然路边一棵碗口粗细的橡胶树倒下，击倒父女二人，4 岁之女当场死亡，父亲昏迷不省人事，他被路人联系"120"送到金平县人民医院后获救。但 11 月 20 日我遇见他时还未痊愈，经常出现头晕犯困的症状。

11 月 17 日患者之妻来到牛场坪请魔公罗小二察看病因，他当晚半夜鸡叫时打卦，查明祸因系患者凶死家外的母亲所为。11 月 20 日上午患者姐夫驾车载他来牛场坪献鬼，所带祭品有一只鸡、一头小猪、一只鸭。首先罗小二分别用鸡毛、猪毛与鸭毛；鸡血、猪血与鸭血；鸡肉、猪肉与鸭肉在地上顺时针转 3 圈。之后他将这三种肉在火上烤熟后，再在患者头顶顺时针转 3 圈，还一边轻声念诵咒语，持续时间近 5 分钟。最后他另给患者一件佩戴于项部的饰物，它取材岩桑，其一面黏附一些具有驱邪功效的黄蜡。至此献鬼仪式全部结束，患者为此付给魔公 36 元报酬。

（2）林鬼

众多林鬼的献祭方式或繁或简，如遭受居于大树凹处水中的木头鬼 bli nvang hong 伤害，眼睛会疼痛。驱赶该鬼较易，具体做法为魔公左手握一筒底放有少许黄蜡的竹筒，一边用刀敲击竹筒，威吓木头鬼释放患者的魂魄，一边呼喊患者的小名回家，持续数分钟即可结束。有的仪式较为复杂，如下例"撵疯鬼"。

陈小妹（1956—）为魔公陈继新的胞妹，嫁给勐拉傣族男子。自丈夫去世后她经常生病，因而她特地赶回龙凤村，请胞兄为她治疗。

2010 年 10 月 27 日陈继新家客厅中央摆放一张传统簸桌，上面放置一碗清水、一碗糯米，其上竖放一颗鸡蛋；米碗左边有 52 元钱②、右边有三个酒杯。

18：18 他背对大门坐于簸桌边，她位于他的左侧。所行请师仪式同前，不再赘述。接着为查病仪式。

18：22 他向她询问病情后，拿起她带来的母鸡，在其背部顺时针转动 2 圈，并念诵咒语，再将鸡交给助手。助手将鸡拿到簸桌旁边交还给

---

① 该村隶属金水河镇，驾驶摩托车到牛场坪约需 1.5 小时。

② 一般为 3.6—36 元，所付费用的尾数多有 6，意为有福与顺利；现多为整数，最为常见的是 3 元。因本次是付给哥哥，所以费用较平常高出甚多。魔公根据钱数亦会退还 1 至数元，以免患者的魂魄可能黏附在钱上而被魔公带走，患者将再次失魂。我认为这是礼节性的回赠。

他，他一边撒米、倒酒于鸡身，一边再诵念咒语。

18：26 他吩咐助手宰杀该鸡，并将鸡血装在碗中，放于篾桌，献祭作祟的鬼魂。

因为鬼魂惧怕火与打猎的铁砂，18：30 他叫其妹妹站立，他手持火把绕着她逆时针转行两圈，并撒些"铁砂"① 到火把上驱鬼，同时还与助手一起有节奏地踩脚。

18：33 他回到篾桌前诵念驱鬼咒语，将三杯酒均再喝少许。18：36 助手将纸装的 2 份相同的祭品放于篾桌，包括有一些未煮的鸡肉、鸡血和米饭；分别献给其夫与作祟的鬼魂（见图 6 – 13）。

图 6 – 13   撵鬼的两份祭品

18：39 他点燃蜡烛，放于两碗之间；再端起酒杯，从右至左在祭品上稍微停留后再从左肩到右肩献祭，依然每杯均喝少许。

18：46 他双手紧握篾杯，双目下垂，问询其师何种献祭方式可治愈病症。通过多次掷杯，终获师傅诊断的"答案"。

18：51 他包好第一份祭品，吩咐助手将它丢到东边，献祭作祟的鬼魂。

18：52 他端起酒杯均喝少许，在第三杯时还洒数滴酒到祭品上，再同前掷杯。

18：55 他包好第二份祭品，请助手将其丢到西边，献给妹夫的亡灵。时至 18：57 他与助手各喝一杯酒，庆祝仪式结束。

———————

① "铁砂"实为菜种与米糠。

仪式用鸡煮熟后，他须先装盛数块鸡肉，还有一杯酒与一碗饭，献祭其师以示感谢。此外他还须打卦问师，在征得其同意后，众人才能分享鸡肉。据悉作祟之鬼为林中"疯鬼"*bli de*，为该鬼所害者容易发疯，且四肢无力。次日早晨他还须在家门口为她叫魂，持续时间约15分钟，之后再将黏附黄蜡的一件饰物拴于她的颈脖，意为将其魂魄拴牢，不再逃逸（图见6-14）。她至少须佩戴3日，此后可以取下，放入随身携带的包中或口袋之中，但绝不可丢弃。与通常不同的是，诊断与驱鬼仪式合二为一，叫魂也在早晨进行，概因患者并非本村人士的缘故。

图6-14　魔公为女患者拴线固魂

我曾收集到很多关于林鬼的报道，却极少观察到驱赶林鬼的实例，原因或许在于莽人现已改变曾经以林为生的生活方式。

（3）其他

其他鬼魂众多，所行仪式有别。如献祭萤火虫鬼的具体做法为：魔公在野外举行退鬼仪式；诵念三段咒语，其中第一段请求该鬼不要到处乱飞，危害他人；此后将一筒糯饭及少许食盐放于一张芭蕉叶上，与一头小仔猪向该鬼献祭，再念第二段，内容为请鬼魂来享用祭品；最后助手宰杀小猪，煮熟后再献祭一次，念诵咒语的内容为请该鬼来享用熟食，现在已无猪肉、米饭，今后不可再找患者索要。除患者外，其他人均可食用献祭后的猪肉与糯饭，但剩余食物均须丢弃。

例1. 撵野鬼

龙凤村某男童（2007—）鼻孔流血，在联防村某卫生室输液2天不见好转。2010年12月15日晚其父请陈继新打卦，诊断结果为山上的野鬼所致。据患者父母告知，当晚小孩就不流鼻血。因此按照打卦时的"约定"，16日傍晚他们再次请陈继新退鬼与献鬼。仪式程序及祭品与前述陈继新主持的撵疯鬼大体一致，不再赘述，仅列举仪式不同之处。

①他抓起一把米，分别撒向左肩与右肩之后，意为以马料喂马，请它将鬼驮走。②他左手握住一把烧红的铁刀的刀柄，右手洒些清水淬刀，之后将该刀多次放于患者头部上方撵鬼，并口念驱鬼咒语（见图6-15）。后将铁刀放于患者大门右边拦鬼，三日后方可取走。③杀鸡献祭后，打卦得其师傅指示，须将鸡肉、鸡血和米饭包好丢到西边，献祭山鬼。④喝完杯中之酒，他一边诵念咒语，一边将那碗清水倒到门外，意为已将作祟的山鬼撵走。⑤患者不能触碰祭品，更禁止食用献祭的鸡肉。

图6-15　魔公手持"红铁"撵野鬼

3. 水中鬼灵

献祭水中鬼灵的仪式过程及所需祭品与前述大体相同。以献祭彩虹鬼为例，魔公在请师之后，以黄蜡、竹筒、刀将作祟的鬼灵撵走；再以一只白鸡、一筒糯饭、少许食盐放于芭蕉叶上献祭，请鬼前来享用；将该鸡宰杀煮熟后再献祭一次即可。献祭水猪鬼与此无异，不再赘述。

4. 地下鬼灵

俗称"死人鬼"*bli meng dan* 的地下鬼灵常因在埋葬时未得到亲戚的献祭而作祟于他们，以此向他们索要本该奉献的祭品，尤其是葬时未做礼者的鬼魂。下述二例的病因即为此，而仪式由同一魔公主持，其中一例我仅见打卦仪式，而另一例我观察到献鬼仪式，因而描述二例，勉强可视为一个完整的献祭地下鬼灵的治疗仪式。

例 1. 打卦仪式

牛场坪村某男童（2010—）感冒数日，其父母带他前往村卫生室打针吃药后于 8 月 2 日康复。2012 年 8 月 4 日其父母去原始森林草果地①砍草，将他交由祖父母代为照看。中午他突然倒地不起，并且口吐白沫。从手机中获知这一消息的父母火速赶回，下午到家后其父驾驶摩托车载着妻与子前往勐拉乡惠民医院就诊，后转至金平县人民医院，半个月后出院。2012 年 11 月我见到他时尚未完全康复，病前已能独立行走的他却难以走动，而且左部有半身不遂的迹象。2013 年 3 月再见时他已能行走，但左脚不灵便、左手无力且反应迟缓。

2012 年 8 月 4 日其祖父请魔公陈小大为其打卦查病，仪式于 21：38 开始至 21：54 结束，仪式过程分为测病与攛鬼二部分。第一部分为请师查病，即禀告师傅小孩生病之事，请师傅代为察看，经打卦后病因为"死人鬼"作祟，即患者大舅去世时，其父母未献祭，因而他们必须弥补祭品，该鬼才不再作祟患者，该段耗时 6 分钟。第二部分为攛鬼仪式，耗时 10 分钟，同前而不再赘述。

虽然当时患者在医院未有明显好转，但三日后傍晚的退鬼仪式还是如期举行，这完全不同于其他事例中仅当病症有所缓解时才献祭。其父告知，夫妻二人每天坚持以金平瑶族的草药为出院不久的患者泡澡，也带他去平和村请魔公刀玉明诊治。据刀打卦查病后认为，"小娃身体里有东西"，堵住筋脉的血液流通，所以他不能行走。因病情严重，需要多次治疗，将堵塞之物吮吸出来后才能疏通筋脉。其父对刀氏的病情分析深表怀疑，却又对他通过打卦知道他们在医院准确的花费惊讶不已。此后其父并未带其请求刀氏医治。该例表明，遭遇不幸，莽人常选择多种救助方式。

例 2. 献鬼仪式

2012 年 11 月 13 日下大雨，某妇女（1992—）一直忙于在地棚中烤

① 草果为套种在自然保护区内的原始森林中，每亩每年须向该区管理委员会缴费 10 元。

香草。次日其嘴突然歪斜，但无痛感。据说敷用泥鳅血可治该症，但她并未采用该法，而是去村卫生室就诊。医生开些药剂（药名不知），但她服用三日后症状同前。后经祖父魔公陈小大打卦，系一个月前去世的叔父的鬼魂所为，因为葬前她并未献祭，报道人的说法为其夫未献"死人鬼"①。因越南南丹猪价比中国便宜，18 日其夫兄弟二人驾驶一辆摩托车去该村购买用于献祭的仔猪。他们花费 100 元买到一只约 3 千克的小猪，于 22 日下午到家。

当日在她屋外某一偏僻之处由其祖父举行献鬼仪式，其夫协助。在一床旧篾垫上摆放着她穿过的一件上衣与一件围腰，献祭的小猪拴于一旁。仪式始于 16：42，包括杀猪、除毛、煮肉等事宜，至 18：11 结束。其祖父共念 9 段（俗称"排"）咒语，内容依次如下：第一段向鬼魂献猪；第二段将布献给鬼魂；第三段用篾垫献祭；第四段告知鬼魂，死者一般所需的猪、布与篾垫全已敬献；第五段告知鬼魂，如果祭品不够也不可再为难她；第六段向鬼魂献祭猪血，并告知它一切祭品都已齐全，以后不要再找她的麻烦，意为不可再次作祟她而索取祭品；第七段敬请鬼魂享用糯饭与猪肉；第八段告知鬼魂，她家中现已无猪可取，再去索要亦是徒劳；第九段明确告诉鬼魂，必须回归其所，不可再制造事端，危害他人。其中第五段后其夫杀猪，以碗装猪血放于篾垫献祭；在其祖父念诵第六段时，其夫将该猪直接放入锅中沾湿沸水，以刀刮毛，之后将已除毛的整猪放入锅中煮约 10 分钟，再将该猪放于篾垫上献祭；此外还有一包糯饭；在其祖父诵念第六段时，其夫就地简单处理内脏后切碎，再放入锅中煮熟。

仪式完毕后，其夫再将整猪切成小块，与内脏一起煮食。除患者之外的其他人皆可食用这些祭品，因献祭的鬼魂不是祖先，即死者与其夫为不同的世系群②，因而不可将祭品取回家中享用。献祭仪式均不能唱歌，否则"那样老天也看不起我们"。

例 3：傣族魔公为莽人退鬼

某男性患者（1973—）精神失常，曾将家中卖草果的数千元取出乱丢③。

---

① 参见第五章第四节简化的丧葬仪式中例 4。
② 患者为死者侄女，属于芭蕉陈，而患者丈夫为红陈。
③ 后经村民小组会议，拾到者将钱交还。

仪式前须采撷一束名为 *nvo bon* 的野花（见图 6 – 16）[①]；以白线为芯，将蜂蜡做成蜡烛；杀 2 只鸡，并将整鸡煮熟。

图 6 – 16　*nvo bon*

2011 年 7 月 30 日患者家中客厅内摆放两张方桌，左边桌上的祭品有一只熟鸡、四杯酒、四双筷子、一束野花、一碗米、米碗中竖插点燃的二炷香与竖放的一颗鸡蛋。右边供桌仅比左边的少一束野花与一颗鸡蛋（见图 6 – 17）。按该仪式的过程与内容，大体可分为察看病情、驱邪撵鬼、洁净康复三个阶段。

（1）16：45—16：58 为察看病情阶段。魔公与患者背对大门分坐于左、右供桌。魔公右手持折扇轻轻摇动，口中唱念祷词。之后她将刀尖插入点燃的蜡烛，以烛光照射患者身前身后，并轻轻吹气。接着她以在烛焰上略微烘烤的右手从患者背部、左手、左腿、右手到右腿抚摸察看。之后口含白酒，右手持折扇为患者轻扇；将白酒喷向野花，并以之轻拭患者身体，包括头部；此外还同前以在烛焰上略微烘烤的右手按摩患者额头与颈部。接着她以尖刀象征性地切砍患者，尤其是脊椎、胳膊与双腿的关节部位。她再口含白酒，并轻轻吹气，同时手持蜡烛在患者全身察看，尤其是集中检查其双眼与项部。

（2）17：03—17：22 为驱邪撵鬼阶段。上述仪式告一段落，魔公稍事休息后又回原座念诵数句咒语；接着分别以折扇与蘸酒的野花清扫患者

---

① 夏季开紫色小花的草本植物，可做药治疗腹痛腹泻，学名待考。

图 6－17　越南傣族魔公为莽人举行献鬼仪式

全身，尤其是头部。之后魔公在大门口念诵咒语，意为将患者身上的恶鬼撵出家门。17：08 魔公吩咐助手持蜡烛，魔公取一炷燃着的香在患者头部熏香，迅即咬断燃着的部分，朝患者头部吹气，再以折扇为其打扇。接着魔公口含白酒朝患者头部上方喷酒；以手掐灭该炷香，再对患者吹气与唱念，并按摩其身体。魔公起身分别端起左边供桌上的四杯酒，各饮少许后放回；吹灭蜡烛后落座并再念咒语。接着她展开折扇，左手从供桌的碗中抓出一些米粒，一边念诵咒语，一边依次落下米粒，以此预卜吉凶；再念咒语，并以蘸酒的野花清扫患者全身；之后她在大门口念诵咒语，将恶鬼撵出家门。

　　（3）17：23—18：17 为洁净康复阶段。患者起身离开供桌，魔公落座念诵祷辞数分钟，返回左边供桌继续念祷辞。接着她端起一杯酒，到患者床铺边念咒语；并将口中所含白酒喷吐在床铺上方，并以折扇清扫其床铺。之后她又返回供桌前念咒约 2 分钟，并再次在大门口念诵约 3 分钟后，返回左边供桌落座。她右手取出米碗中的鸡蛋，握紧，对着它念咒语，并喷酒在它上面。她示意患者落座右边供桌，起身手握鸡蛋在其背部察看病情，仅诵念寥寥数语。患者起身离开，魔公再落座，以左手所持尖刀挑起蜡烛的烛心，仔细察看明亮的烛光照射其右手掌心中的鸡蛋。接着再以烛焰炙烤患者，并念诵咒语，直至 18：17 仪式结束。为了辅助治疗，魔公还赠送患者一瓶其配置的药酒，患者共支付魔公 360 元。

　　由于患者尚未完全康复，需要特别保护，因而仪式后进入他家的路口与大门外均悬挂着绿色植物（见图 6－18），以防不洁的鬼魂及其他外来不明力量进入家中危害他，而身体虚弱的他也不可离家。若有外人不慎误入，则须为他拴线，成为他的干爹/妈。据说即便是已经分家的亲兄弟也是如此，而且必须当场叫喊。因为外来者不是家人，其魂魄是威胁患者的陌生力量；通过象征性的"拟亲"而成为一家人后，其魂魄将引回患者魂魄。由于外人为他拴线，等同于为他保命，故他家将杀鸡并"做礼"感谢这位干爹/妈。该仪式过后，双方形同陌路亦无可厚非；若双方为异性，彼此不得发生性行为，否则当事人将遭雷劈。若再有外人进家，虽然绿色植物依旧悬挂，但后来者无须再成为干爹/妈。

图6-18　谢绝外人的门口绿色植物

（三）补命、分命与改命仪式

莽人认为人皆有命 ming，但具体所指又语焉不详。通常若命太弱则该人活不长久，因此须补命 o ming；若命过硬则会祸及家人，故而须分命 bong ming；若命不吉，须改命 ji ming/gai nuo huon，以使命运顺畅。所行仪式均须以鸡献祭，但补命与改命之鸡在仪式结束后他人可分享；而分命之鸡只有当事人才能食用，因为分食鸡肉实为取强者之命补予弱者，从而使家人的"命"达到一种均衡。

若夫妻二人一方命太强而另一方太弱，则补命与分命仪式常同时进行。各位魔公操作的仪式过程及内容大同小异。以陈继新为例，其做法需三杯酒、一碗清水、一碗米、一只小鸡、3.6元钱。他将点燃的蜡烛塞入嘴中，迅速取出，此为请师，据说师傅闻到燃烧蜡烛的气味即会前来治病；再将鸡分别在夫、妻头顶顺时针转动并念诵咒语，掷卦问卜用于检测病因；助手宰杀该鸡并煮熟后，再如此进行一次，询问师傅如何解决病情。最后将碗中的米煮饭，与该鸡各分成两份，分给他们一次性吃完，象征夫妻二人的命通过削强补弱的方式而达致平衡。

若仅做补命仪式，祭品与上述大体相同。不同之处在于米碗上放一鸡蛋；再以纸包 8 小包米放于米碗内，象征增补 8 年的生命；水碗中放一枚硬币；一截黑白两色的彩线。仪式程序及内容大同小异，碗中的米与鸡蛋也仅有患者能食用；不同之处在于 8 小包米放入家中篾箱或患者枕下，并将碗中硬币凿一小孔，以彩线串起后拴于患者手腕，意为已付费买命，并将命之魂牢牢拴于肉体。在实践中根据患者实际情况常以某一仪式为主，兼及其他，如下例。

某女性患者（1997—）虽然饮食正常，但腹部时有痛感，该症状持续约 2 周。她于 2010 年 9 月 14 日前往村卫生室就诊，虽输液 3 瓶，并连续服药两天，但病情并未缓解。其父认为"姑娘（女儿）命薄，可能遇见了恶鬼，魂魄丢了"。9 月 16 日他邀请本村魔公罗文金为她医治。

罗文金诵念请师祷词后，打卦问卜，得知病因为患者夜晚外出时碰见野鬼而附身，须以恩威并济之法迫使野鬼离开，即向野鬼献祭为恩，以刀驱赶为威。具体做法为罗左手握住一把砍刀的刀柄，念诵驱鬼咒语，右手快速地擦抹左手中烧红的砍刀，接着再擦抹菜刀，以此威吓作祟的恶鬼。此后罗坐于患者对面，为她念诵内容相同的三遍驱鬼咒语，持续时间约 15 分钟。她上楼卧床休息，罗的助手到她家屋外西方的偏僻之处向恶鬼烧香献祭，因为西方代表太阳落山，意味着野鬼将回归其僻静之处，祭品为以卫生纸剪成形状大小不等的若干纸人与一炷香。该仪式结束后，罗分别将砍刀与菜刀放于大门口与厨房门口，拦截各种不吉的鬼魂，三日后方能取走。

为了补命，并增强她的生命力，其父还请罗为她主持补命仪式，这需要一些取自其他家庭的大米，于是其母与祖母在次日清早去不同世系群的数家乞讨一些。9 月 18 日 8：45 罗文金开始诵念咒语，持续时间约 12 分钟，内容不得而知（事后访谈，他亦无可奉告）。略事休息之后，罗与其父以竹篾共编织 3 个"八眼"，分别挂于大门的右边、房屋后面的窗户与她床铺的右上方。另还须为她做两件事：其父在她床头摆放一碗水、一碗米饭①、一把勺子（一双筷子亦可）、一个水杯，意为家中有吃有喝，其

---

① 该米饭为乞讨的米做成（图中未见米饭，患者之父解释为来不及做），下文中米袋内的米也是。

灵魂无须去他处寻找吃喝（见图6－19）。其二为罗以白、红与黑三色彩线串入一枚硬币（昔时为一块"老钱"或"花钱"），拴其右腕；其左腕佩戴一个以彩线串起的米袋，意为有吃有喝（见图6－20）。9∶37治疗仪式结束。

图6－19　床头的饮食用品

图6－20　双腕拴线

每逢年龄的尾数为7或8时（具体原因不明），如果身体长期不适或家庭多有不幸，须延请魔公举行改命仪式 *gai nuo huon*，改变多灾多难的命运。魔公龙玉忠的做法需1只红公鸡、3炷香、2杯酒；他以汉语念诵2次内容相同的咒语，其中第一次时祭品为活鸡，第二次为熟鸡。咒语内容有两段，根据录音整理如下：

是命是交教①哦，是嘛十八病咯，天上不给放，地上不给放，身上不给发热。是命是交教哦，只要三根香，今天来改年轻架子，改多灾多难，改到无灾无难。一个公鸡来献，改到年轻架子，改多灾多难，改到无灾无难，改身上不给发热，改身上不给发痧。

是命是交教哦，是嘛十八病咯，身上不给发热，身上不给发痧。天上是要放哦，地上是来改咯，来改年轻架子，改多灾多难，改无灾无难，人活都安心咯。是命是交教哦，来改年轻架子，今天要改多灾多难，改到无灾无难，天上不给放，地上不给放，身上不给发热，身上不给发痧。

上述改命咒语内容实为欲图改变发热发痧等病灾，使得身体安康、生活舒心。

第四节　巫术

本书在第三章中指出莽人不仅信仰巫术，而且至今仍存在被黑巫术陷害与白巫术救治的"社会事实"。前文已指出，巫师对其技能的自信、患者或受害者相信巫师的力量与群体的引力场作用共同构成巫术存在的共生空间。在这一空间中生活的莽人，将日常生活中的不适、疫病、灾难等常归咎于黑巫术的施放；而对其所救之道则是施行白巫术。

一　黑巫术的施放

黑巫术的实施极其隐蔽，又不能演示，因而我并无观察的机会，全仰仗报道人的口述勉强写之。以下仅能列举收集的寥寥数例以资说明，其共性在于魔公 *a zhang ji guang* 实施法术驱使恶鬼伤害他人魂魄，致其生病，甚至丧生。

（1）役使鬼魂伤人。魔公作法驱使鬼魂伤人之术，效果极其厉害，轻则长期生病，重则因之致死。首先魔公将从坟地取回的泥土撒到被陷害者家门口，若取自新埋的坟地则效果更佳；其次点燃三炷香后插入地上、

① "交教"系魔公的发音，具体所指不明。

下跪并双手祭拜；最后诵念莽语咒语（内容不详），请求"死人鬼"去害人。如果被陷害对象踩踏该土，即被陷害。该巫术最厉害，症状为"半死不活的，全身都痛；放巫害的人要你死，没人救，你就会死"。

（2）*ba hai* 为魔公将 8 张绿叶悄悄地放在被陷害对象走后留下的脚印上，并诵念莽语咒语（内容不详），驱使恶鬼伤害被陷害对象。该巫术较为毒辣，一般症状为身上疼痛，严重者鼻孔出血。据说如果施放者法术不高明，反会伤及自身。因而年轻人多不敢施放，以免反受其害；而老年人则出于报复他人的目的，采用"以牙还牙"的策略，鱼死网破亦不畏惧。

（3）*lu hai* 也是魔公偷放少许绿叶，但不敢放到被陷害对象家中，而是乘对方吃饭吃菜时偷偷地施放于对方身上，并在心中默念莽语咒语，驱使恶鬼伤人于无形之中。该巫术并不毒辣，受其伤害后虽然身上疼痛并不严重，但一直身体欠安，行事无力。一旦受害者察觉身体不舒服，延请魔公打卦占卜，查明病因，并请他破解，则施放者将反受自己所放巫术的伤害。

（4）与上述相比，实施 *jiv bai* 较为简单易行。该种巫术仅默念莽语咒语即可驱使无形的动物伤人。据说越南莽人擅长此法，并经常施放；中国莽人中虽也有魔公会此法术，但不敢陷害他人。如果被该巫术陷害，症状为吐血、大小便均带有血迹。正规医院的医生对此病症无能为力，须请魔公解救方能苟活。

以上所述的黑巫术仅听凭报道人的只言片语，据说若不付费，魔公不会代替他人实施黑巫术，因为这不仅会伤及人命，而且魔公自身也有反受其害的风险。此外还有以其他民族语言施咒的，如傣语、苗语，但具体情况不得而知。从访谈所获悉的信息发现，黑巫术实为魔公 *a zhang ji guang* 以模拟巫术的形式驱使鬼灵去伤害他人魂魄[①]，这也折射出莽人的鬼灵观。此外莽人对黑巫术的述说多有自相矛盾之处，如一方面他们认为中国莽人现已不再有人施放，另一方面又难以解释不断出现被黑巫术所伤害的事例。当然越南莽人承担了主要罪责，但若完全归咎于他们，则不足为信。故黑巫术在现今的莽人社会处于一个欲说还休的尴尬窘态，或许折射他们对它既惧怕又试图忘却的心态。

[①] 可能也有接触巫术，但未收集到这类事例。

二 白巫术的救治

巫术的调查颇不顺畅，原因在于魔公一度回避我的实地考察①。与黑巫术相比，调查白巫术的救治略有斩获，尤其是以身体有病为由请求多位魔公诊治获得的亲身体验。以下即从具体实例谈起。

例 1. 莽人魔公为其他民族患者治疗"放鬼"

南科村委会沙罗村民小组有一位中年哈尼族女性患者，其咽喉间断性疼痛长达 2 个月，也多次去村卫生室和乡镇医院医治，效果不甚明显；尤其是白天劳动过累，夜晚咳嗽发作就更为严重。2011 年 3 月 18 日上午其家人驾驶摩托车来龙凤村，接请魔公陈继新前往沙罗行医看病。经陈诊断，她系被人"放鬼"陷害所致。陈以蜡烛油在白纸上画"＋"符退鬼后当晚，患者身体有明显好转。2011 年 3 月 22 日患者夫妇特地来龙凤村"献鬼"，并感谢陈继新。以下分述诊断与献鬼仪式。

3 月 18 日 13：25 陈继新及其助手陈小华到达患者家中，稍事休息后开始诊断。

13：40 患者家中方桌上摆放一碗清水、一碗糯米，其上竖放一颗鸡蛋、一根蜡烛、三杯酒。患者、魔公及其助手背对大门坐于桌边，其中魔公端坐在中间，患者与助手分别位于他的左、右两侧。魔公首先敬请其"天上的师傅"饮酒，只见他神情庄严地依次拿起三杯酒，每杯均从左肩敬到右肩，再喝少许，以此象征师傅已经饮用，持续 3 分钟。再将点燃的蜡烛塞入嘴中，并迅速地拿出来又放于桌上，据说师傅闻到蜡烛燃烧的味道即会前来治病救人。

其次为敬请师傅吃饭，时间为 13：43—13：47。

他一边用右手抓起碗中的米分别从左、右肩部往后撒，一边用傣语②轻念祷词邀请师傅吃饭。再次为请师傅察看病情，时间为13：48—13：54。

他将点燃的一根蜡烛放于桌上，询问患者病情后，请师傅代为查病。方式为他双手共持筊杯，一边诵念卜辞一边打卦，每间隔数十秒即说一病因并掷杯一次，7 次之后得一圣杯，但还须再次确认。换言之，只有他说

---

① 村民将之视为"迷信"，却又常常求助于迷信。据报道人告知，魔公害怕我的访谈与拍照，担心被公安局抓去坐牢，故而躲避我的观察。

② 该仪式的所有口供均用傣语表达，但该魔公平常生活中并不使用傣语。据说其这一能力是"师傅"在睡梦中教会他的。

出的病情连续两次得到圣杯，才能确定师傅的诊断结果。本次病因为他人放鬼。最后询问以何退鬼与献鬼，时间为 13：55—13：59。

同前所述，他得到神谕般的答案是可用蜡烛押鬼，待退鬼三日康复后再献祭作祟的鬼魂与"师傅"。这时他吩咐助手拿来一张白纸，以蜡烛油在纸上画一"＋"符，一边再念诵祷词，一边小心包好并对它吹气，接着庄严地告诫患者将它放入贴身口袋中，用于保护其魂魄不受鬼灵侵扰。三天后如果病情缓解，则须举行退鬼仪式，所需祭品为一只公鸡、一只母鸡、一个鸡蛋。简而言之，诊断仪式分为请师、打卦、驱鬼三个部分，若病情好转，则须"献鬼"。就此而言，魔公宛若"师傅"在世间的代言人，兼具神媒的特性。

患者也遵守诺言，3 月 22 日来龙凤村"献鬼"并感谢魔公。所谓献鬼是指患者在病情好转后，感谢曾使其着病的鬼魂业已离开，而按照此前的承诺予以献祭的行为。该仪式分为请师、献祭、分享三个部分。

在魔公家厅堂的中央摆放一张篾桌，他背对大门坐在桌边，以他的坐向来看，桌子上部左边是一碗米、右边一碗水，在它们之间的下部是一根点燃的白蜡烛，桌子右边摆放三杯酒。

请师部分与诊断仪式中相同，以下仅述如何退鬼。首先魔公左手拿公鸡、右手握鸡蛋念祷辞；接着分别用公鸡与鸡蛋在患者背部及头部顺时针转动，并念驱鬼咒语。其次魔公吩咐助手抱鸡坐其左侧，他撒些米粒到鸡身上，再吩咐助手将该鸡拿到屋外宰杀。接着魔公吩咐患者丈夫将火塘中烧红的铁刀拿来，左手握住刀柄，右手端起桌上的那碗清水，含一大口后喷向铁刀，再迅速地拿该刀在患者背部顺时针转动并念驱鬼咒语，因为鬼怕"红铁"，它会快速逃离患者。

魔公拿起母鸡，在患者背部及头部顺时针转动并念祷词。之后将鸡交给助手，并吩咐他抱鸡坐其左侧。魔公先撒些米粒后再倒一杯酒于鸡身上，意为敬请作祟的鬼灵享用，再请助手将鸡拿到屋外宰杀，以一张白纸装着少许鸡血与鸡肉，摆放在篾桌上；另一张白纸盛有一点米饭。魔公念诵祷辞问卦，征得"师傅"同意后，依次拿起三杯酒，从桌子的右边到中间敬到左边、再从左胸敬到右胸，每杯均喝少许，以此象征鬼魂与师傅均已饮用；之后他分别包起鸡血与鸡肉、米饭，吩咐助手将其丢到"太阳落山的方位"——西方，并告诫患者禁去该处。

该仪式中两只鸡的献祭做法有所差别：用公鸡时需要铁刀撵鬼，但并未倒酒到鸡身上，宰杀该鸡意为向作祟患者的鬼魂献祭，它因享用该鸡而离开患者，从而患者得以恢复安康，这其实是患者通过献祭与鬼魂进行的一种交换：鬼魂不再作祟，患者得以康复。实际上该鸡归魔公所有，无须煮熟分享。因为鬼魂已被撵走，所以第二只鸡无须铁刀撵鬼；而是用于为患者补命，增强她的生命力。助手将母鸡剁成小块，在魔公家中煮熟，先取少许献祭"师傅"以示感谢；再由患者先行食用鸡肉、米饭与酒，以此象征获取生命力；最后大家才能分享。

例2. 莽人魔公治疗的亲身体验

2012年5月我右腹部下侧有一蚕豆大小的硬块，用力按压会有痛感。我于7月与11月分别在蒙自市两家不同的医院做过B超检查，二位医生告知结果为良性肿瘤，并无大碍。2012年11月24日我请平和村魔公刀玉明为我诊治。他告知我须20∶00后看病才有效，但因我希望在天黑前能驾驶摩托车返回牛场坪，于是央求他提前。

17∶16他询问我病情后，用手指按压患处数次。接着叫我坐于篾凳，左手端起一杯酒，右手虎口顶住长约12厘米木卦的一端，将其余部分放在酒杯上，口中默默告知师傅事由。

17∶19他右手按住我左手脉搏，并看其手表约30秒后，询问我病情延续多久？我告知已6月有余。

17∶20他右手将木卦的一端抵住患处，一边轻念咒语，眼睛盯着左手端起的酒杯，2分钟后他告诉我"严重咯，里面有东西"。

17∶22他含一口酒，喷到患处，告诫我坐在凳上不要动弹，接着他俯身用嘴唇罩住患处，我感受到坚硬的牙齿与温暖的舌头触碰到患处。

17∶23他在患处吸出一小片"石块"（见图6-21），吐入装有清水的碗中。石块形状极不规则，面积约3平方厘米，厚度约3毫米；并能清晰地看到其周围有稠黏的液体。他虽告诫我"不要忙"，但其时好奇又兴奋的我迅速拿起相机，拍摄数张照片；再将石块从碗中直接用手拿出，放于携带的笔记本的白纸上继续拍照。这时他语气严重地大声呵斥"不要摸啊，你！摸不得！""你不会好啦，摸不得，呵呵。我都不敢摸"。接着他用筷子夹起石块，丢入火塘之中，并笑呵呵地对我说："你摸嘛以后不会好啦，呵呵。"在我追问下，他告知病因为"被人放巫害了，咋个放的不晓得，可能在一起吃饭时放的"，并告诫我"以后吃饭不要乱吃"。诊治共耗时约8分钟，并不收费。

因我当天即回牛场坪村，并于次日返回蒙自家中，并未进行次日早晨8∶00后的复查。当天返回途中，我感觉患处暖暖的，硬块似乎已经消失，但仔细触摸它还在，用力按压似乎疼感有所缓解，这种感觉持续到第二天夜晚。此后患处硬块一如既往地存在，症状既未加剧，亦未减轻。

图6-21　魔公从我身上吸出的石块

2013年3月12日晚我以身体未愈为由再请他看病，起初他以卦①不见为由婉拒我的请求。经我诚恳地央求，他终于答应在无卦的情况下为我诊治。

20：51 他含一口白酒，喷在患处，嘴唇微动诵念祷词，但听不清任何词语，如此三次。

20：54 他将蘸酒的刀尖在患处周围顺时针轻画数圈，再在患处中间画"＋"符号数次。

20：55 他将酒杯抵住患处，口中再念念有词，没有物质落入杯中。

20：56 他告知我："里面伤了，有东西，时间长多，没有卦，东西拿不出来，下次有卦再来吧。"事后访谈获悉，其治疗分为请师查病、能否解决、如何解决三个步骤，即第一步询问"师傅"我的病症是炎刀（根据音译）还是巫害，结果为巫害；第二步能否解决，结果为可以；第三步因本次无卦，改用尖刀代替，试图将我体内黑巫术的物质取出，遗憾未果。

2013年3月10日我请牛场坪村龙玉忠为我诊治。

8：00 他取出三炷香，吩咐我对它们吹三口气；接着他点燃它们，插于厨房的一个角落。他告知其师傅 bli de hang 闻到燃烧的香火味，即会前来治病。

---

① 据说他的卦为"师傅"赠予的，每年春节前后，师傅均将该卦收走，待一段时间后再送回。本次腊月二十左右不见该卦，在我3月17日离开莽村时，卦还未回家。

8：01 他含一口白酒，喷吐到木卦上，象征请师傅喝酒；接着询问我的姓氏与家中排行，我告知他姓方，家中兄弟中排行第二。根据录音整理他用汉语诵念咒语的片段为："天上师傅，地上娘娘，今天方二请你来看病，有炎刀改炎刀，有巫害改巫害，有 ba hai 改 ba hai，有红改红（手术开刀之意），天上师傅来改，地上娘娘来改，一个公鸡来献……"① 接着用木卦在我头顶顺时针转动，再喝一口酒，喷于木卦，并用木卦在患处画"＋"，意为"请师傅查病，把东西拉出来"。

8：06 他敲破一颗土鸡蛋②，倒入装有些许清水的碗中察看；他指着蛋黄的某处阴影告知我那就是痛处，"里面有伤"，并以香略微搅动鸡蛋，再用蛋壳舀些清水，在碗中鸡蛋上方顺时针转动，同时诵念咒语，如此两次后将水倒在鸡蛋上。

8：11 同前所述，再做一次，用于复查。据他告知病因为 ba hai，"吃东西时放的，我们这边没人放，南科（龙凤村）害你的"③；并告诫我不可食用大蒜与白鸡，以免再被人陷害。

8：13 他一边用木卦在碗口顺时针转动，一边念诵咒语；接着掷卦，得到圣杯，告诉我诊断结果正确。

8：15 他先将卦在碗上顺时针转动，后再在我头顶顺时针转动，同时均念诵咒语与掷卦，至 8：16 结束。他告知我最后念诵三段咒语内容皆相同，意为以鸡献祭，请该鸡将离散的魂魄带回我身，我将痊愈；并嘱咐我傍晚再请他复查。该鸡蛋即便是魔公也不可食用，否则将招致 ba hai 陷害，因此他将其倒至门外偏僻之处。

19：50 我来到他家，他询问病情是否好转："还痛不痛？包包（硬块）还在不在？"我有硬块消失之感，虽然它依然存在。

19：54 我对三炷香吹三口气后交还给他，他点燃后插于早晨同处。这次他拿来两对卦，在喷酒于卦后，他逆时针地旋转，念诵同早晨相同的咒语。

19：58 他再喷酒于卦，并将四支卦分别抵住患处。

19：59 他将四支卦一同掷杯，告知我"鬼撵出来了"。

20：01 他用刀尖在患处轻画数次，"用刀改病（开刀手术之意）"；

① 他告知天上有夫妇两个师傅，即丈夫王雷 de hang 与妻子王两妹 jia de hang，妻子负责地上生育事宜。de hang 意为"雷公"。

② 他告知我杂交鸡蛋不行，而且鸡蛋不可取自他家。后我去村中某家购买，当她得知鸡蛋是用于治病时，不肯收钱。

③ 据前文所述，病因当为 lu hai。

再将刀插于火塘边，意为将鬼钉死于刀下。他告诉我如果次日病情缓解，须买一只公鸡来献鬼；此外他原本收费 36 元，因我与他很熟，仅须付费 16 元。遗憾的是未见好转。

2013 年 3 月 11 日清早还未起床，我就触摸患处，发现硬块还在。洗漱之后请该村另一魔公陈小大诊治。

8：27 他以两个酒杯装满清水；接着左手拿一杯水，轻声用莽语诵念约 35 秒，喝一口水；接着右手拿另一杯水，再喝一口。

8：28 他拿起两杯水，各含一口后喷到患处；接着左手拿一杯抵住患处察看，他告知杯中并无物体的影像。

8：29 他再拿起两杯水，各含一口喷到患处后，用右手在患处顺时针画圈，最后画"＋"符号；他告知我"不是巫害，去找草药吃就得（可治愈）"。

8：30 他两杯水各喝一口后，将水倒到门外。事后访谈得知，他的诊治也是三步：首先询问"师傅"是否是巫害，若是，施放的物质会被师傅拉出来，落入杯中，结果不是。其次察看是否为鬼魂伤害，若是，水中能见"鬼"，结果为否。最后查询是否为天上的鬼魂所害，结果也不是。因而我的病情既非黑巫术所致，也不是鬼魂作祟；寻医问药即可治愈。

从参与观察与访谈获悉，魔公实施白巫术既有共同点，又显现个体差异。共同点为患者在治愈 3 日内须遵守一些禁忌，诸如不出远门、不去鬼魂出没之处；治疗程序大体一致，分为打卦请师傅察看病情、是否能够救治、如何救治三部曲；治愈三日后须献祭作祟的鬼灵。不同在于个人的规矩有别，如刀玉明的规矩是每天早晚可各诊治一次，分别为太阳升起的 8 点与西沉的 20 点之后；每天看病人数不超过 3 人，否则不仅"魔术不灵"，其自身亦将受到伤害；不收取任何费用，但接受馈赠；若患者在他家食宿，须自带酒菜煮食，但住宿免费提供。龙玉忠则根据不同的黑巫术收取费用有别，一般 36 元、66 元；较高的 160 元；最高 360 元。

昔时莽人惧怕黑巫术，甚至影响他们与他人的日常交往。随着教育的逐渐普及与现代医疗体系的渗透，莽人对此的信仰有所变化。有报道人声称并不相信它，但当家有不幸或身体不适时，却又怀疑被人施放黑巫术陷害；有报道人将魔公治疗黑巫术的法术视为"魔术"，认为并不足信，却又不时寻求他们的帮助；而更多的报道人对魔公赞誉有加，"老是厉害，医院医不好的病，他们都能整好"，如牛场坪某位妇女因胆结石在金平县人民医院就诊 45 天，包括食宿在内共花费近 8000 元，出院后一直感觉身体不适，去平和村请刀玉明治疗 7 次后身体康复。据其夫告知，第一次刀在她背部吸出一只猪脚；第二次在腹部吸出一个鱼头；第三、四次分别在背部吸出一块布与一块猪肉；第五次因"东西跑得太快，吸不出来"；第六次从背部吸出一块鸡肉，身体较以往有明显好转；最后一次在腹部吸出一Y形物质。很多其他村寨的患者皆慕名而来，如2012年11月24日我在刀玉明家就遇见龙凤村莽人与其他村寨哈尼族各一位患者前来求治。若患者康复，则说明魔公能力出众、法术高强。倘若魔公未能救治，患者须另觅他人相救，多不怀疑魔公的法术，而是怨恨施放黑巫术者，并因被陷害而自认倒霉、命运不济。无论是黑巫术还是白巫术，均已今非昔比是不争的事实。仅由于传统文化的惯性，尤其是莽人的信仰中还存有巫术观念，它一时还不会销声匿迹。

本章在介绍莽人的医疗体系后，主要讨论莽人如何以仪式的方式应对疫病。为了确保生命的安康，莽人利用其所知的生存智慧，建构家屋的防御体系。当这一体系遭到巫术或鬼魂的破坏时，莽人须举行叫魂与扫家等仪式；若病情严重，尚须延请魔公举行相应的解救仪式。虽然魔公所行仪式极具个性化，但仔细分辨其仪式过程则发现基本雷同，即在各自"师傅"的指示下进行治病救人，分为两个阶段。第一阶段为打卦测病、查明病因后是否可以解救、得到可救的卦象后则为如何救治。若三日后病症缓解或消除，则须献祭，这是第二阶段的内容，即以恩威并济之法迫使作祟的鬼灵离开患者。具体而言，以刀、火、铁砂等鬼灵畏惧之利器驱赶为"威"；以鸡、猪、米、酒等献祭为"恩"。治疗仪式的实践逻辑实为在患者与作祟的鬼灵之间进行一种交换，即患者通过向鬼灵献祭而恢复身体的安康，鬼灵得到祭品后不再作祟患者而安然离去，交换双方各有所得，实现双赢。

本文以大量篇幅描述莽人的疫病防治仪式，实际上现代医疗体系在莽人的生活中所起作用更为显著，如坪河下寨陈玉光（1978—）从2006—2009年为医治长女陈美芬（2006—）共花费3万余元、牛场坪陈海云（1990—）仅2012年为医治长子陈新（2010—）花费的医药费与车旅费就近6000元。换言之，求医购药逐渐成为莽人应对疾病的主流。但作为传统的文化认知，即将灾祸病变归之于魂魄失散、鬼魂作祟、黑巫术的施放等信仰观念还存于心中，则打卦、叫魂、撵鬼、献鬼等治疗仪式在短期内就不可能消亡。正如报道人告知，"我们在医院看过后，还常常找魔公看看，这样以后好在些"，无疑投射出莽人避害的心态。但随着现代医疗体系的完善与拓展、莽人自身教育水平的提高与科学知识的提升，防御与治疗疫病的仪式毫无疑问将逐渐萎缩，但具体的文化变迁仍有待后续更深入的研究。

第七章 结论

前文主要描述了基于信仰的仪式实践，并对文献回顾中所评述的莽人研究的 10 个问题提出我的答案与理解。行文至此，该回归前述两个目标了：是否通过莽人的信仰与仪式，呈现莽人的文化特色有待于读者评判，但在本书结束之前，我有责任对信仰与仪式略做总结，以之作为莽人社会文化变迁的缩影；并在归纳仪式中两类交换的基础上，再进行理论探讨，讨论仪式的实践逻辑。

第一节 信仰与仪式

本书对前述莽人研究中的 10 个问题未能一一作答，如莽人源流问题仅能据我所知提出质疑与思考；因我对莽语研究一窍不通而只能期望有更多的学者能进行深入研究；其余 8 个问题均有或繁或简的描述与解答，如以陈姓莽人有 5 个亚氏族而论，前贤红、黑、灰的三种氏族分类并不准确；将订婚视为成年的标志、描述两次婚礼及探讨婚礼仪式的变迁、讨论黑巫术的施放与白巫术的救治亦多为他人所未述。以下讨论的信仰与仪式，既可视为上述 10 个问题的总结，也可算是申论。

一 信仰体系

莽人的宇宙观、鬼灵崇拜与巫术信仰并非分立，而是与图腾崇拜融为一体的信仰体系。这一体系以鬼灵观念为基础，虽然坚守文化传统的深层结构，却也随着时代的发展呈现诸多变迁。

（一）信仰之变

信仰之变因人而异，难以一概而论。大体来说，宇宙观的四级分层并未变化，但其方位时空观却与昔时有所不同。仅以家屋中的空间布局而言，安居房的结构与传统的完全不同，难以体现其原有的尊卑、社会年龄、性别的等级差别。如设计安居房时并无火塘，为便于生活由各个家庭自行添设，与之相应的就餐也不再分桌而食，由此自然导致昔时以火塘为中心的尊卑区隔逐渐没落；安居房仅有大门而不像传统家屋有大、小门之分，因此生死皆由同门出入，而与昔时生死各有其道不同，并曾一度令莽人有些文化不适应；安居房没有预留祖先的所在，因而"安居房没有鬼，老祖公都不在"的说法似乎成为共识，较为明显的标志为减少加强防御恶鬼侵入的厌胜物及有关洁净仪式，但当遭遇不幸或身有不适时，却又常与之相联，并导致心理恐慌①。巫术信仰与此类似，即一方面常否定黑巫术的存在与实施，另一方面又寻求白巫术的施救。"变"的原因可归之于文化接触后的主动改变与强势文化的涵化而被迫调适，这两种方式又常常互相交织，难分彼此。

（二）难辨之魂

前文述及莽人认为有生命的物体死后其魂转变为鬼，但若以人来对照，则颇费思量，因为葬后次日凌晨魔公已将死者之魂送归故地，并由此上天；而另一方面，死者之鬼又成为驻守家中的"老祖公"。我的疑惑是人到底有几个魂？送往故地之魂与祖灵是否同一呢？死者之鬼游走于天上与家屋之间吗？当就此问题请教报道人时，他们均不能言明。但他们告知，父母死后的魂魄会变成鬼，进入其子与未嫁之女的体内，他们因此而增加"力量"，在与他人的争吵斗殴中占据优势。以龙凤村父母双亡的罗继忠与盘世忠为例，据说他们躺在地上，其他人若从他们身上跨过，将受到其父母鬼的伤害，受害者将出现头晕、腹痛等症状。若不献祭退鬼，受害者的病症短期内不会化解。以此而论，鬼魂又具有直系传承性。这些难辨却又有趣的问题只有融入莽人的文化核心，才有获解的可能，有待于后续的深入研究。

（三）神邪之间的三类鬼域

莽人将一切鬼灵统称为鬼 bli，在前文中我按其宇宙观的分层分为四类予以介绍。若根据鬼灵之善恶，可将其分为神灵、祖灵、邪灵三类。其中神灵为魔公之师，当莽人遭受病变灾祸时，魔公须请其治病救人。当然魔公仅有少数人，因而作为魔公之师的神灵数量甚少，而且基本均非莽人的本土神灵，甚至与莽人自身的鬼灵概念相冲突。如牛场坪魔公龙玉忠的师傅为汉族观念中的雷公夫妇，普通莽人的雷公概念为雷公鬼 bli de hang，并非保护人的神灵，而是侵扰人畜的邪灵。据说遭受其害，在现今

---

① 石奕龙、方明：《云南布朗莽人家屋文化的变迁及调适》，《民族研究》2013 年第 3 期。

的莽人中仅有个别魔公才能解救。祖灵主要指男性户主上溯三代的直系家鬼,既存在于传统家屋中其固定位置,又通过黏附于其遗留物而寓居于篾箱之中。通常而言,祖灵具有保护家屋免遭其他邪灵侵扰之功能;而一旦触犯禁忌,则又将招致其惩罚,受害者须予以献祭才能获救。正是在此意义上,祖灵实为亦正亦邪的家鬼。其他鬼灵皆可归入邪灵一类,包括已婚女性的父母鬼,因为它们总是侵害他人失魂生病,以期获取祭品而成为邪恶的力量。

二 仪式的变迁与坚守

仪式的变迁主要表现在为重要生计活动而举行的仪式已成追忆、节日相应发生置换;庆生仪式中减少生产诸俗,增加生日庆典;成年仪礼中已无拔毛、文嘴、服饰之俗,相应突出教育、技能、挣钱等能力的学习过程;婚礼仪式的变化较为显著,体现"短、平、快"的简单化趋势。仪式的坚守主要表现在丧葬仪式与治疗仪式上延续传统。

(一) 仪式的变迁

昔时旱稻稀少,莽人出于对作物丰收的希冀,围绕稻作的收成举行一系列的仪式,例如当稻禾枯黄或稻谷抽穗不良时,莽人认为这就是鬼魂作祟,户主本人或延请魔公特地为此分别举行禾苗治病仪式与稻谷抽穗仪式;最能体现莽人重视稻谷生产的仪式是祭祀谷魂仪式,从精心准备献祭谷魂的祭品开始,到小心谨慎地前往田地,再到虔诚地献祭,最后一心一意地收割聚垛。富有文化特色的是这些仅能由妇女执行,表面看与传说中的莽人耕作稻谷与妇女有关,实为妇女丰富的再生产能力的一种隐喻表达;与之相应,在收割的妇女享用之后,再将剩余的米饭拌入稻米之中,全家共享,而且不能给予他人食用,以免谷魂不悦而逃走,从而影响稻谷的收成。当开垦水田、修建灌溉水渠、选种优良品种、加强田间管理之后,曾为稀有资源的稻米不过是如今的平常之物,加之科技知识的提升,围绕稻谷生产与收割的仪式一去不复返。

与生产仪式不同,节日的变迁则趋向多样化,但其曾经的共性保存完好。新米节随着稻作生产的普及与平常已成追忆,尤其是越来越多的年轻人当家做主后,对曾经的收割仪式不屑一顾,该节自然与稻作仪式一起消亡。耐人寻味的是龙凤村的莽人受联防村拉祜族及迁居本村的彝族与苗族的影响,他们也仿效附近的其他民族庆祝中秋节,目的在于犒赏自己的辛劳与享受丰收的喜悦。与龙凤村附近村寨较多、信息流通较快相比,无论是昔时的坪河中寨、坪河下寨与雷公打牛村,还是迁址后的平和村和牛场坪，均相对较为闭塞，接受外来信息也较为迟缓，显现出莽人村寨之间节日庆典的不同。相同的是以春节替代昔时的"老年"沙吉恩节，并随着春节融入其生活之中，近年来也开始庆贺元宵节。沙吉恩节的字面意义即为"吃年"，由此我们可以发现其含义及其内容，即以饮食与娱乐为主要诉求。该节不同于新米节或中秋节的家庭庆贺，而是全寨莽人互相宴请，从腊月二十之后即已开始，一直延续到元宵节。前贤认为过年仅有三五天或长达一个月的说法忽略了村寨的规模这一事实背景，因为昔时一个村寨仅数户人家，过年数天即告结束；随着村寨家庭的增多，各家均须互相宴请，自然而然地延长了过年的时间。此外龙凤村过年时全村举行祈福仪式与去污仪式，而其他莽村无此习俗。

出于珍惜生命，莽人的产妇必须遵守有关禁忌，诸如不去河边以免"着鬼"、不食用大型动物的肉以免它们的鬼魂踩踏婴儿。而产妇不得在不同世系群的家屋中生产也极具莽人特色，尤其是入赘婚的产妇，这一习俗将莽人的父系继嗣制度彰显无遗。此外生育三日内，产妇之家悬挂绿色植物，既警示外人勿入，也阻拦鬼灵及陌生的外来力量侵扰婴儿。庆生仪式不仅仅庆贺家庭增加新员，更具社会意义的是，随着婴儿社会身份的确定，与之相关的直系亲属的称谓也随之调整，如其父母、祖父母分别以××（婴儿名）的爸爸/妈妈/祖父/祖母指称，与格尔兹（Geertz）夫妇调查的巴厘（Bali）人的亲从子名制相同[1]。随着文化接触的增多，莽人也学习其他民族举办生日庆典，这一习俗逐渐流行。

昔时缺衣少穿，因而穿衣戴帽即为一种成年礼遇；随着社会生活条件的改善，该习俗随之消失。相反的社会行为与社会交往的拓展，如在实践中历练如何成为一个好男人、好女人，更具现实的成年意义；其标志即为订婚后开始正式的夫妻家庭生活，与之相应，在家屋中占有私密空间的卧室，并拥有配套的火塘。随着家屋中火塘的减少、结构布局的变化、年轻女性的外嫁，诸多因素的合力导致莽人昔时以订婚为成年礼仪的特点不彰。

莽人婚礼仪式大为简化，也凸显莽人的经济理性。萨弗斯省思礼物交换与经济理性，突出互惠原则的可计算性[2]，这从莽人婚礼中的礼银钱由以实物为主、金钱为辅，转向以金钱为主、实物为辅，甚至完全由金钱充

---

[1] Hildred Geertz & Clifford Geertz, "Teknonymy in Bali: Parenthood, Age - Grading and Genealogical Amnesia" *Journal of the Royal Anthropological Institute* Vol. 94, No. 2, 1954.

[2] Marshall Sahlins, *Stone Age Economics*, Chicago: Aldine - Atherton, 1972, pp. 191 - 210.

当的变迁亦可得出相同的结论。但若以一般互惠、均衡互惠来考量，越来越呈现均衡互惠的特征，即与昔时相比，如今双方均付出更少的成本即可完成婚姻的交换。在繁复的婚姻仪式愈趋简化的当下，经济理性无疑是胜利者。但减少了繁复多样的仪式，其最为显著的负面作用为离婚事例增多。据我不完全统计，从 2011 年至 2013 年 3 月 17 日，包括外嫁其他省县的莽人妇女至少有 15 人次抛夫弃子重新婚配。以此而论，从说亲开始至回门结束的婚姻仪式，短则数年，长则甚至绵延数十年，即是维系与巩固婚姻关系的合理又有效的机制。

（二）仪式的坚守

莽人怕"鬼"在其所在区域颇有盛名，这一不争的事实主要表现在其心中有"鬼"及与之相关的一系列仪式上。身体不适、疾病等皆可归咎于鬼（包括黑巫术中的"放鬼"伤人），致使生者失魂、生病等。为恢复身体健康，患者须根据病情举行相应的送鬼、撵鬼、退鬼、献鬼等诸多仪式。以丧葬仪式而论，安葬死者固然是其有关亲友的责任与义务，即家眷、同一世系群的男性、同村的家庭须让死者入土为安，其实也折射他们害怕其鬼魂作祟而不得不送走的心态，这一点在后文的交换中将再加讨论。

疫病防治仪式包括防御鬼魂作祟、白巫术的救治、疫病治疗仪式三方面内容。为防御鬼魂作祟，莽人主要建构家屋的洁净空间并举行迁居仪式，还悬挂多种厌胜物以增强防御力量。黑巫术施放"妖鬼"伤害他人，与之相对，白巫术的救治则须举行退鬼仪式。虽然魔公方法不一，但其共性为"拉出病人里面（体内）的东西"、以刀与火等利器驱赶妖鬼、必要时还对其献祭。疫病治疗仪式的原理与此相同，仪式过程也大同小异，不再赘述。需要指明的是，疫病防治仪式在现今的莽人生活中逐渐萎缩是不争的事实，但作为一种防御与消除风险的工具和手段还将在一定时期内存在。

上述简略总结可视作莽人文化图像的概览，也折射莽人信仰与仪式生活的文化图式。从中我们可以发现，其图式并非一成不变，虽然有惯习的延续性，却也随着社会生存条件而有所改变。因为信仰，所以才有实践信仰的仪式；而仪式的实践又强化信仰，这实为一体二面的问题。当一面有所松动，则必然影响另一面，因而信仰与仪式实为同进同退的共生关系，它们终将与社会生存条件相协调和适应，或维持或变迁。

第二节 仪式的实践逻辑

莽人在 20 世纪初逃离越南，东一家、西一户散居中国苟且偷生；势单力薄的他们必须通过社会网络建立彼此的关系，才有应对社会风险的可能。并村定居后，虽然莽人也被纳入国家的政治体系之中，但依然凭借其传统的文化图式生活，即以四维一体的信仰体系为基础，具体表现为图腾崇拜、鬼灵崇拜、巫术信仰等。而其仪式实践即为岁时祭仪、节日庆典、生命仪礼与疫病防治仪式。本节在归纳两类交换的基础上，讨论仪式的运行逻辑为通过彼此的交换与共享，形成以父系世系群为基础，辅之以姻亲的互惠互助的社交网络，从而获得物资的帮助与精神的抚慰，安享平静又简单的快乐生活。

一 两类交换

就仪式中的交换主体而言，可分为人与鬼魂、人与人之间的交换。

（一）人与鬼魂之间的交换

人鬼之间的交换有禾苗治病仪式、稻谷抽穗仪式、祭祀谷魂仪式、过年中的祈福仪式与去污仪式、迁入新居的撵鬼仪式、白巫术的施救仪式、治疗仪式中的招魂、驱鬼等。具体而言，在禾苗治病仪式中，莽人因鬼魂致使禾苗生病而向这些鬼魂献祭狗毛或狗血，以获取禾苗的苗壮成长；而鬼魂通过不再伤害禾苗，得以享用祭品。换言之，双方通过祭品的交换均在付出与获益。稻谷抽穗仪式与前述相似，莽人付出的祭品是象征丰富生育能力的鱼与妇女的头发，得到的是作物丰富的生产力；鬼魂付出不再作祟而得到供奉。在祭祀谷魂仪式中，莽人不仅向鬼魂献祭鸡肉或猪肉，而且以象征的方式为谷魂搭建了安居的家屋，人鬼之间交换的是什么呢？莽人通过向谷魂献祭与建盖家屋获取谷魂安家，从而获取丰收，而谷魂享用祭品后安心安家。以此观之，上述农业生产仪式的目的在于作物的治病消灾与抽穗结实。换言之，莽人付出的遵守禁忌、辛苦劳作、殷勤献祭，不过是获得生产丰收、解决粮食生产的需求。当这一基本的生存需求不再成为莽人生活中的头等难题时，这些仪式就丧失了存在的意义与可能。

与此不同，人有旦夕祸福，无法操控生命的无常，因此过年中的祈福仪式与去污仪式、白巫术的救治仪式、疫病治疗仪式等依然长存。这些仪式共同的主题是身体安康、免除灾祸。为达到这一目的，人鬼之间的交换物为献祭，即魔公请其师傅为患者消灾祛病，获得身体安康、生活幸福；而作祟的鬼魂在得到患者献祭的祭品后不再作祟患者，双方在交换中均有付出与获益而达到交换的平衡。这些仪式的共同过程大体分为魔公请师测病、驱赶作祟的鬼魂、献祭三部曲。从中我们可以发现，与上述农业生产仪式不同的是，作祟的鬼魂通常须在患者病症缓解或痊愈的前提下才能得到献祭，而且莽人并非完全任凭鬼魂胡作非为，而是采用恩威两面策略与鬼魂进行交换，即一方面找到鬼魂害怕刀与火的命门而以之驱赶，另一方面在患者有确实疗效后才予以献祭。以此而论，莽人与鬼魂的交换体现出他们的实践理性。其实现代医疗体系如今也已融入莽人的日常生活，但现今莽人的疫病观中有两种"病"：一种为魔公救治的病，如鬼魂作祟在固定时间发作的病痛；一种为医生治疗的病。前者需魔公以仪式治疗，患者方能安康。即便是后者，患者在医院就诊之后也还请求魔公诊治，为何要多此一举呢？并无其他，求得心安，或者说双管齐下，总不是坏事，这样今后生活更为平顺、快乐，免受鬼魂与疾病之侵扰。

（二）人与人之间的交换

人与人之间的交换有节日庆典中的共享美食，如新米节/中秋节、沙吉恩节/春节、元宵节；生命仪礼中主家"做礼"时以家户为单位的交换、成年仪礼中男女双方的情感交换；疫病防治时患者与魔公之间的交换。

随着时代的变迁及文化的接触与采借，莽人村寨中不再举行新米节，取而代之的是时兴的中秋节；与此相似，沙吉恩节亦已被汉族的春节所代替；元宵节也逐渐为莽人所接受。但这些节日庆典均以饮食与娱乐为主要内容，并通过一起分享实现互惠性交换。以酒肉为例，在当地还是属于稀缺性物资，在节日中才有可能尽情享受，而延长享受的时间与次数就必须通过分享，即今日在我家给予他人，明天在他家予以回收。这种延迟性的交换可归属"以同易同"式交换，弥补了时差的物资匮乏与需要，从而分散物资匮乏的风险①；此外它在聚餐共享中维持、巩固、强化彼此之间的联系，这一社会交往行为相当于网罗了更多的人力资源，在分享的同时，也将共担社会风险；更不消说在无所事事的季节，大家在共享美食的同时，一起唱歌跳舞、沟通交流，为单调乏味的无聊生活增添丰富多彩的情趣。

---

① 余光弘：《兰屿雅美族以同易同式交换的经济实用性》，《中央研究院民族学研究所集刊》1996 年第 80 期。

　　男女双方通过劳作中的互惠互助、歌舞中的传情接触、闲聊时的卿卿我我发生情感交换，若彼此情投意合，自然双宿双飞，缔结婚姻。在其他的人生礼仪中的交换主要表现为若主家"做礼"，则其他有关家庭以户为单位，以多种形式资助相帮，从而该家与主家建立互惠的交际网络。前贤较多关注"做礼"时实体的礼物流动①，却常常忽略如劳动或情感支持这一普通却又常见的交换形式，如在丧葬仪式中甚至无须出资出力，仅须在场出席亦可算作对主家的帮助，否则我们无法解释该情境中数十人无事可干的社会意义。生者与死者通过丧葬仪式实际形成了三类交换，即家眷与死者的交换、他人与死者的交换、他人与家眷之间的交换。出于人的责任与义务，家眷通过丧葬仪式处理死者，并延请魔公将其鬼魂领回祖地。为此他们必须向死者献祭并遵守有关禁忌，交换所得为鬼魂安然离去，他们得以重新开始新生活。与此相仿，他人向死者献祭或在丧葬仪式中出力相助家眷，也是生者与死者最后一次交往，可视为往昔彼此之间交换的一个了结。而这种交换实际又转化为第三种交换，即他人与家眷的交换，再延续交换互动的网络。莽人常说"做礼"要"帮一点"，帮助可以钱财，也可以劳力或情感。简而言之，在丧家"做礼"的前提下，同村的每家至少须有一人出席相助丧葬事宜，获得的是丧家在他们需要帮助之时的类似回报。以此而言，这实为一种互惠互助以应对社会风险的有效机制。

　　疫病防治时患者与魔公之间的交换多是患者在事后宴请魔公以示感谢；此外也因魔公在救治过程中承担安全的风险，患者略表心意，以财物补偿魔公。适切的补偿自然不可按交易来看待，但近年来异族的魔公在莽人村寨以高昂的收费行医治病不属此列，如某些魔公在莽村叫魂"一口价"160元、撵鬼260元，甚至更高，仅2013年1月1周内就有2位瑶族女魔公在龙凤村为5家莽人举行仪式，总收费超过千元。

　　综上所述，人鬼之间的交换以献祭为媒介，即人通过献祭鬼灵不再作祟而得以安康，鬼灵享用祭品而安然离去。这些祭品仅是象征性的献祭，最后均为人分享（患者除外）。这种交换目的明确、手段直接、效益明显，可称之为及时性互惠式交换。人与人之间的交换有三种形式，即仪式聚餐中的物资交换、各种仪式中做礼时的礼物交换，包括患者支付魔公为死者送魂与治疗疫病的花费、各种仪式中人们交往中的情感交换。这些仪式中的交换与前相同，双方均有付出与收益，实现及时双赢；但不同的

---

① Yan Yunxiang, *The Flow of Gifts*：*Reciprocity and Social Networks in a Chinese Village*，Stanford：Stanford University Press，1996.

是，这种交换还可以存储，并在所需之时得到对方相助，即这种交换的目的有时隐而不彰、手段直接与间接兼具、效益短期与长期共存，因而还可称之为延迟性互惠式交换。简而言之，人鬼之间的交换为及时性的互惠交换，人人之间的交换包括及时性与延迟性的互惠交换。

二 仪式的实践逻辑

上文讨论了仪式中的两类交换，尚须追问的是仪式的实践逻辑是什么呢？这一问题需要超越这些仪式的表象，从围绕着仪式的社会关系去理解。

具体而言，生命仪礼内容庞杂、重点不一，如庆生仪式侧重于人与人之间的礼物交换，目的在于强化彼此之间的关系，并期待以后的回报；成年礼仪主要事关青年男女之间的情感交换，为步入婚姻的前奏；婚礼仪式表面上看是人的流动，实则为人与物、物与物的交换；丧葬仪式既是人与鬼之间以献祭的方式换取安宁，也是人与人之间通过礼物交换维系、巩固彼此的社交网络。疫病防治仪式主要涉及生命安全保障体系的需要，通过建立家屋的防御体系以阻拦邪恶的鬼灵危害家人健康；当遭受黑巫术与恶鬼作祟时，则须举行叫魂、撵鬼、献鬼、补命与分命等仪式，实则为患者以恩威并济之法与作祟的鬼魂进行交换，从而换取安宁与健康。简而言之，通过仪式互动中的交换，包括礼物、劳动互助、宴席中的共同消费，尤其是在这些仪式交往中的情感联系，使得彼此联结为"一家人""哥弟"，建立相互共生的道德责任，付出与获得及时性和延迟性的互惠。

生命的个体从出生伊始即处于各种各样的需求之中，既有前文所述的一般的饮食共享需求，也有应对诸如疾病、灾祸、鬼灵作祟等社会风险的需求。为了身体的安康、生活的幸福，人们总是利用自身的一切资源去减少灾难，增加快乐。据此我们就不难发现仪式的实践逻辑不过是通过交换以达成前述目的。因为个体势单力薄，必须组合成更为强大的力量集团才有达到目的与实现目标的可能，而仪式就提供了这样的契机与平台。总之，这是以父系世系群为基础、以姻亲为辅、加之地缘的亲友为纽带，通过彼此之间的互惠交换，联结社会交往网络，从而使得仪式成为荣辱与共的合作机制，而这即为仪式的实践逻辑。

参 考 文 献

曹贵雄：《消失中的布朗族（莽人）"赖笼"》，《民族论坛》2013 年第 3 期。

褚建芳：《人神之间：云南芒市一个傣族村寨的仪式生活、经济伦理与等级秩序》，社会科学文献出版社 2005 年版。

车文博（编）：《弗洛伊德主义原理选辑》，辽宁人民出版社 1988 年版。

陈友山：《莽族宗教信仰》（未刊本）。

刀洁：《芒人与"布莽"傣人丧葬习俗比较》，《云南社会科学》2002 年第 4 期。

刀洁：《金水河莽人社会调查》，载和少英《云南特有族群社会文化调查》，云南大学出版社 2006 年版。

刀洁、和少英：《守望国境线上的家园：金平傣族的社会文化》，云南大学出版社 2007 年版。

邓玮：《芒人》，载红河哈尼族彝族自治州民族志编写办公室《云南省红河哈尼族彝族自治州民族志》，云南大学出版社 1989 年版。

方宝璋：《闽台民间习俗》，福建人民出版社 2003 年版 。

方明：《从刻木记事到现代媒介消费——在莽人村寨感受到的变与不变》，《中国民族报》2012 - 6 - 22（06 版）。

方明：《从民生视角评估莽人扶贫工程的绩效》，《农业考古》2012 年第 3 期。

方明：《人口较少民族的扶贫与发展——以布朗族（莽人）为个案》，《黑龙江民族丛刊》2012 年第 2 期。

方明：《少小民族节日文化的变迁——以莽人为例》，《新西部》2012 年第 4 期。

方明：《中国莽人研究的回顾与展望》，《三峡论坛》2014 年第 3 期。

方明：《中国西南边境莽人的大众媒介接触调查》，《东南传播》2011

年第 6 期。

　　方明、刘晓程：《文化扶贫与大众媒介：莽人媒介接触的人类学思考》，载何明（主编）《西南边疆民族研究（9）》，云南大学出版社 2011年版。

　　范宏贵：《成年文嘴的越南莽人》，《中国民族报》2004 年 6 月 18 日第 4 版。

　　费孝通：《江村经济——中国农民的生活》，商务印书馆 2006 年版。

　　高丙中：《汉译人类学名著丛书·总序》，载 E. E. 埃文思 – 普里查德《阿赞德人巫术、神谕和魔法》，覃俐俐译，商务印书馆 2006 年版。

　　高立士：《曼人的社会经济与传统文化》，《广西民族研究》1996 年第 1 期。

　　高永奇：《莽语研究》，民族出版社 2003 年版。

　　何平：《中国西南与东南亚跨境民族的形成及其族群认同》，《广西民族研究》2009 年第 3 期。

　　和少英等：《云南跨境民族文化初探》，中国社会科学出版社 2011年版。

　　何星亮：《图腾与中国文化》，江苏人民出版社 2008 年版。

　　黄光学、施联朱：《中国的民族识别——56 个民族的来历》，民族出版社 2005 年版。

　　黄铮、萧德浩（主编）：《中越边界历史资料选编》，社会科学文献出版社 1993 年版。

　　金平苗族瑶族傣族自治县地方志编纂委员会：《金平苗族瑶族傣族自治县志》，三联书店 1994 年版。

　　金平苗族瑶族傣族自治县统计局：《金平苗族瑶族傣族自治县国民经济社会发展统计资料 1952—1985》，1989 年（未刊本）。

　　吕大吉：《宗教学通论》，中国社会科学出版社 1989 年版。

　　李道勇：《莽村考察》，《中央民族学院学报》1993 年第 1 期。

　　李道勇、李年生、粟锦辽：《我国孟—高棉诸民族群体人名考释》，《中央民族学院学报》1992 年第 1 期。

　　李根蟠、卢勋：《中国南方少数民族原始农业形态》，农业出版社1987 年版。

　　李昆：《顶城的生育与养育》，载余光弘、杨晋涛《闽南顶城人的社会与文化》，厦门大学出版社 2012 年版。

　　拉祜族岔满人调查组：《岔满人情况的调查报告》，1987 年（未刊本）。

罗列诗、郎启训、徐艺：《多元文化背景下少小民族的文化认同构建——基于金平莽人民间乐舞的研究》，《黄河之声》2012 年第 10 期。

刘鹏翔、许敏、张叔娘：《莽人传统文化保护研究》，《怀化学院学报》2014 年第 4 期。

郎启训、王一川：《莽人民间乐舞研究的意义》，《艺海》2011 年第 5 期。

郎启训、王一川：《生态学视野下少小民族民间乐舞的传承与发展——以云南金平莽人民间乐舞为例》，《红河学院学报》2011 年第 6 期。

鲁绍凯：《改革开放后云南莽人的生存发展状况研究》，硕士学位论文，昆明理工大学，2012 年。

林耀华：《中国西南地区的民族识别》，《云南社会科学》1984 年第 2 期。

毛佑全：《云南金平芒人的社会经济活动及其文化习俗概观》，《思想战线》1994 年第 3 期。

毛佑全：《云南金平芒人的文化习俗概观》，《阵地与熔炉》2002 年第 3 期。

盘文兴、刘国梁：《追踪神秘的莽人部落》，《绿色大世界》2000 年第 2 期。

盘文兴、刘国梁：《滇越边界的神秘"莽人"》，《东南亚纵横》2001 年第 2 期。

彭兆荣：《人类学仪式研究述评》，《民族研究》2002 年第 2 期。

阮鸾：《莽语概述》，载云南省民族研究所编《民族研究译丛》，范宏贵译，1986 年第 7 期。

宋恩常：《插满人社会经济调查》，载中国科学院民族研究所云南民族调查组、云南省民族研究所《云南省红河哈尼族彝族自治州金平县苦聪人社会经济调查》，云南省民族研究所 1963 年版。

宋恩常：《云南少数民族研究文集》，云南人民出版社 1986 年版。

施建光：《中越跨国民族的族群认同和国家认同研究——以莽人和苦聪人为例》，载李一平、刘稚《东南亚地区研究学术研讨会文集》，厦门大学出版社 2011 年版。

石奕龙、方明：《云南布朗莽人家屋文化的变迁及调适》，《民族研究》2013 年第 3 期。

石奕龙、张实：《畲族：福建罗源县八井村调查》，云南大学出版社 2005 年版。

田汝康：《芒市边民的摆》，云南人民出版社 2008 年版。

王敬骝：《莽语调查报告》，《民族调查研究》1986 年第 4 期。

王建新：《宗教民族志的视角、理论范式和方法——现代人类学研究诠释》，《广西民族研究》2007 年第 2 期。

王兰凤、许敏：《莽人的原始宗教信仰研究》，《科教文汇》2013 年第 3 期（中旬刊）。

王兰凤、许敏：《莽人传统礼仪和节日研究》，《学理论》2013 年第 15 期。

王兰凤、许敏：《莽人非物质文化遗产生存现状》，《学理论》2014 年第 7 期。

王铭铭：《物的社会生命？——莫斯〈论礼物〉的解释力与局限性》，《社会学研究》2006 年第 4 期。

袁春艳：《人口较少民族教育发展研究——以莽人为例》，博士学位论文，西南大学，2012 年。

杨福泉、杨士杰：《云南省少小边穷地区新型农村合作医疗机制研究》，中国书籍出版社 2009 年版。

晏红兴：《金平少数民族的历史和文化》，云南民族出版社 1995 年版。

杨六金：《越南西北部的莽人》，《世界民族》1997 年第 1 期。

杨六金：《金平莽人社会历史与族属研究》，1997 年（未刊稿）。

杨六金：《莽人的过去和现在——十六年跟踪实察研究》，云南教育出版社 2004 年版。

杨六金：《中国莽人对野生食用植物的利用和保护》，《红河学院学报》2008 年第 6 期。

杨明华：《璞山村的生育与养育》，载余光弘、杨明华《闽南璞山人的社会与文化》，厦门大学出版社 2010 年版。

颜其香、周植志：《中国孟高棉语族语言与南亚语系》，社会科学文献出版社 2012 年版。

杨翔、马培洲：《云南莽人人口素质的调查研究》，《中华优生与遗传杂志》1995 年第 3 期。

杨翔、张丽梅、丁猛、张亚平：《莽人、苦聪人 mtDNA 多态性研究》，《云南大学学报》（自然科学版）1999 年第 21 期。

余光弘：《A. van Gennep 生命仪礼理论的重新评价》，《中央研究院民族学研究所集刊》1986 年第 60 期。

余光弘：《兰屿雅美族以同易同式交换的经济实用性》，《中央研究院民族学研究所集刊》1996 年第 80 期。

云南省编辑组《中国少数民族社会历史调查资料丛书》修订编辑委员会：《思茅玉溪红河傣族社会历史调查》，民族出版社 2009 年版。

越南社会科学委员会民族研究所（编著）：《越南北方民族》，载广西民族学院民族研究所《民族研究资料丛刊之三》，范宏贵、孟维仁、徐泉英、古小松译，1986 年版。

张德强：《莽人部落：中国"阿凡达人"的神秘生活》，《文化月刊》2011 年第 5 期。

张德强：《探访"莽人"部落的神秘生活》，《民族论坛》2011 年第 10 期。

张健：《莽人舞蹈动律的溯源——与哈尼族、藏族舞蹈的对比研究》，《黄河之声》2012 年第 10 期。

郑连斌、陆舜华、许渤松、罗东梅、张兴华：《中国独龙族与莽人的体质特征》，《人类学报》2008 年第 4 期。

张渝光：《莽人：中国的斯巴达人》，《文明》2009 年第 8 期。

赵秀兰：《莽语与佤语的基本词汇比较——兼谈莽语与佤语吸收外来词的方式》，《红河学院学报》2011 年第 5 期。

郑连斌、陆舜华、张兴华、罗东梅、于会新、许渤松：《中国莽人、僜人、珞巴族与门巴族 Heath – Carter 法体型研究》，《人类学报》2010 年第 2 期。

郑宇：《箐口村哈尼族社会生活中的仪式与交换》，云南人民出版社 2009 年版。

Anthony F. C. Wallace, *Religion：An Anthropological View*, New York：Random House, 1966.

Annette Weiner, *Inalienable Possessions：The Paradox of Keeping – While – Giving*, Berkeley：University of California Press, 1992.

Annette Weiner, *The Trobrianders of Papua New Guinea*, New York：Holt, Rinehart and Winston, 1988.

A. Van Gennp, *The Rite of Passage*, Monika B. Vizedom & Gabrielle L. Caffee（trans.）, Chicago：The University of Chicago Press, 1960.

Bronislaw Malinowski, *Argonauts of the Western Pacific：An Account of Native Enterprise and Adventure in the Archipelagoes of Melanesia*, Illinois：Waveland Press, 1984.

Bronislaw Malinowski, *Magic, Science, and Religion and Other Essays*, Garden City, NY: Doubleday Anchor, 1948.

Bronislaw Malinowski, *A Diary in the Strict Sense of the Term*, Stanford: Stanford University Press, 1989.

Bronislaw Malinowski, *Crime and Custom in Savage Society*, Paterson, N. J. : Littlefield, Adams, 1962.

Catherine Bell, *Ritual: Perspectives & Dimensions*, New York: Oxford University Press, 2009.

Catherine Bell, *Ritual Theory, Ritual Practice*, New York: Oxford University Press, 1992.

Claude Lévi – Strauss, *Structural Anthropology*, Claire Jacobson and Brook Grundfest Scheepf (trans.), New York: Basic Books. 1963.

Claude Lévi – Strauss, *Tristes Tropiques*, John Weightman and Doreen Weightman (trans.), New York: Atheneum, 1966.

Conrad Phillip Kottak, *Assault on Paradise: Social Change in a Brazilian Village*, New York: Random House, 2004.

Đặng Nghiệm Vặn, Chu Thắi, Lúu Húng, *Ethnic Minorities in Vietnam*, Hanoi: Supplement and revised edition, 2010.

Emile Durkheim, *The Elementary Forms of the Religious Life*, Joseph Ward Swain (trans.), New York: The Free Press, 1965.

Fiona Bowie, *The Anthropology of Religion: An Introduction*, Oxford: Blackwell Publishers Ltd, 2000.

Hildred Geertz & Clifford Geertz, "Teknonymy in Bali: Parenthood, Age – Grading and Genealogical Amnesia" *Journal of the Royal Anthropological Institute* Vol. 94, No. 2, 1954.

Hoàng So'n, *Ngu'ò'ï Mẳng ở' chăn nu'a huyện Sìn Hô, tinh Lai Châu*, Hà Nội: Nhà xuất bản văn hóa dân tộc Hà Nội, 2007.

James George Frazer, *The Golden Bough: a study of magic and religion*, Beijing: China Social Sciences Publishing House, 1999.

JamesC. Scott, *The Art of not Being Governed: an Anarchist History of Upland Southeast Asia*, London: Yale University Press, 2009.

John Beattie, *Other Cultures: Aims, Methods, and Achievements in Social Anthropology*, New York: The Free Press, 1964.

Lu'u Xuân Lý, *Bản sắc văn hóa Dân Tộc Mảng*, Hà Nội: Nhà xuất bản văn hóa dân tộc Hà Nội, 2003.

Manning Nash, *The Golden Road to Modernity: Village Life in Contemporary Burma*, Chicago: the Chicago University Press, 1973.

Marcel Mauss, *The Gift: The Form and Reason for Exchange in Archaic Societies*, (W. D. Halls, trans.), New York: W. W. Norton, 1990.

Marshall Sahlins, *Stone Age Economics*, Chicago: Aldine – Atherton, 1972.

Marshall Sahlins, *Culture and Practical Reason*, Chicago: the University of Chicago Press, 1976.

Maurice Godelier, *The Enigma of the Gift*, Chicago: Chicago University Press, 1998.

Napoleon Chagnon, *Yanomamo*, Tex. : Harcourt Brace, 1992.

Nguyễn Hùng Mạnh, *Tho' ca dân gian dân tộc Mảng*, Hà Nội: Nhá xuất bản văn hóa dân tộc, 2011.

Nguyễn Văn Huy/Nguyen Van Huy, *The Cultural Mosaic of Ethnic Groups in Vietnam*, Ha Noi: Education Publishing House, 2004.

Nguyễn Văn Huy/ Nguyen Van Huy, 54 *Ethnic Groups in Vietnam*, Ha Noi: Vna Publishing House, 2008.

Nguyễn Văn Huy, Đẳng Nghiệm Vặn, Nguyễn Trúc Bình, *Nhũng nhóm dân tộc thuộc ngũ' hệ nam á ở' tây bắc Việt Nam*, Hà Nội: nhà xuất bản khoa học xã hội, 1972.

Patrick V. Kirch, "Prehistoric Exchange in Western Melanesia" *Annual Review of Anthropology*, Vol. 20, 1991.

Raymond Firth, *Economics of the Zealand Maori*, Wellington: Government Printer, 1959.

Rebecca L. Stein&Philip L. Stein, *The Anthropology of Religion, Magic, and Witchcraft*, Boston: Pearson Education Inc, 2008.

Stanley J. Tambiah, *A Performative Approach to Ritual*, London: The British Academy and Oxford University Press, 1979.

Thomas Barfield, *The Dictionary of Anthropology*, Oxford: Blackwell, 1997.

Thomas Hylland Eriksen, *Small Places, Large Issues: An Introduction to*

Social and Cultural Anthropology, New York: Pluto Press, 2010.

Victor Turner, *The Forest of Symbols: Aspects of Ndembu Ritual*, New York: Cornell University Press, 1967.

Yan Yunxiang, *The Flow of Gifts: Reciprocity and Social Networks in a Chinese Village*, Stanford: Stanford University Press, 1996.

致　谢

　　记忆的选择如同大浪淘沙，过滤人生旅途中的点点滴滴，留下值得铭记的砾石，沉淀于心中。本书是我在任职红河学院时主持的国家社会科学基金西部项目《中国莽人社会文化变迁研究》（11XMZ063）的最终成果。回首课题从申请立项、提交结项材料到如今最终成果的付梓出版，个中酸楚与坚辛自知。现在除了如释重负，就是感谢在研究过程中我遇到的那些"贵人"。他们的大力援助早已内化于生命断章，在某些不经意的时刻总是会去细细品味。

　　感谢兰州大学 柯杨 教授、北京大学高丙中教授、中国社会科学院前研究员杜发春等引领我走向人类学"希望的田野"。感谢厦门大学人类学与民族学系的所有师长，不仅提高了我的学历与学力，而且在田野调查与书稿写作中给予了很多的指导。主要有激情飞扬的郭志超老师、温文尔雅的彭兆荣老师、和善多才的石奕龙老师、浪漫睿智的宋平老师、博览群书的张先清老师、平易近人的董建辉老师，尤其是儒雅严谨的余光弘老师两次从头到尾帮助修改，这份恩德没齿难忘。也感谢五位匿名评审人的修改意见，部分在书稿中已经落实，有些有待于学养的提高。

　　感谢越南老街省文化旅游厅厅长陈友山博士、越南社会科学院中国研究所阮文根教授、红河学院杨六金教授、天津师范大学郑连斌教授、金平县地方学者晏红兴、金平县莽人扶贫办、金水河镇与勐拉乡人民政府等个人与单位对求教的答疑与文献资料的帮助；感谢陈文仙等翻译越文资料。感谢莽人忍受我长期的骚扰，将我接纳为"一家人"。虽然难以尽列他们的姓名，但龙凤村的陈继新、陈小华、罗继高，牛场坪的龙玉忠、罗剑、陈小大、陈四新，平和村的陈小大、刀玉明、陈忠明、陈玉光等报道人是必不可少的；也向收留并提供食宿的龙凤村莽人驻村工作队、陈海云、陈海林、罗剑、陈小大、陈玉光、龙树芬等致以万分谢意。

　　感谢红河学院前党委书记唐明生、前校长彭兵与副校长安学斌，现任副校长彭强等对我与本研究的关怀与帮助；感谢丽水学院民族学院"民族特色，人文情怀"的氛围，使我得以安心修改书稿；感谢课题组成员的互相勉励与智慧火花；感谢同学徐结坤与程涛雪中送碳般的帮助；当我在外地调研时，好友张祥熙凌晨将我母亲送往医院急诊的恩德今生不忘。感谢爱妻叶丽君的相濡以沫、相知相守，为本课题的完成提供可靠保障；感谢年近七旬之母，在完成接送孙子上学的光荣任务后，毅然返回故里，自力更生，减轻我们的生活负担；也感谢已近八旬的岳父母的体谅，宽容我在数年的研究过程中从未看望。本书的出版离不开中国社会科学出版社宫京蕾等编、校老师的辛苦付出，在此致以由衷的谢意！

通过本研究，课题组成员有 3 人职称晋升，6 人攻读博士学位，3 人获得国家社科基金立项。本研究结题略有延迟与主要成员的求学及其主持其他项目难以兼顾有关，最终成果为主持人独立完成。

上述文字不过是仪式性的一个附注，纵使妙笔生花，苍白的语言也无法表达我此刻的心情与内心的感受。但只要永存感恩之心，有一路星光做伴，人生不也是写意的吗？只要胸怀梦想，努力追寻，生活不就是快乐幸福的吗？

方　明

2016 年 5 月 9 日谨识于丽水学院

补　记

　　妈妈虽然不识文字，却也很幸运地看到了样书，遗憾的是未能看到本书的正式出版发行，就在与病魔竭力抗争后，安然地于 2017 年 5 月 24 日 2：20 驾鹤西去。

　　当伤痛与无奈在令人唏嘘中浮现时，除了泪千行，心中涌动感激的清泉：感恩文盲的父母节衣缩食，供养我从小学读到大学，并给予我他们所有的帮助、无尽的宽容与温暖的爱。

　　子欲养而亲不待，悲夫！惟愿您们在天国一切安好！

2017 年 8 月 23 日